*Investigações sobre o
entendimento humano e sobre
os princípios da moral*

FUNDAÇÃO EDITORA DA UNESP

Presidente do Conselho Curador
Mário Sérgio Vasconcelos

Diretor-Presidente
Jézio Hernani Bomfim Gutierre

Superintendente Administrativo e Financeiro
William de Souza Agostinho

Conselho Editorial Acadêmico
Danilo Rothberg
João Luís Cardoso Tápias Ceccantini
Luiz Fernando Ayerbe
Marcelo Takeshi Yamashita
Maria Cristina Pereira Lima
Milton Terumitsu Sogabe
Newton La Scala Júnior
Pedro Angelo Pagni
Renata Junqueira de Souza
Rosa Maria Feiteiro Cavalari

Editores-Adjuntos
Anderson Nobara
Leandro Rodrigues

DAVID HUME

Investigações sobre o entendimento humano e sobre os princípios da moral

Tradução
José Oscar de Almeida Marques

Título original em inglês: *Enquiries Concerning Human Understanding and Concerning the Principles of Moral*

© 2003 da tradução brasileira

Fundação Editora da UNESP (FEU)
Praça da Sé, 108
01001-900 – São Paulo – SP
Tel.: (0xx11) 3242-7171
Fax: (0xx11) 3242-7172
www.editoraunesp.com.br
www.livrariaunesp.com.br
feu@editora.unesp.br

CIP-Brasil. Catalogação na Fonte
Sindicato Nacional dos Editores de Livros, RJ.

H91i
Hume, David, 1711-1776
    Investigações sobre o entendimento humano e sobre os princípios da moral / David Hume: tradução de José Oscar de Almeida Marques. – São Paulo: Editora Unesp, 2004.
    Tradução de: Enquiries Concerning Human Understanding and Concerning the Principles of Moral
    Anexo
    ISBN 85-7139-526-8
    1. Teoria do conhecimento. 2. Ética. 3. Ciência política. I. Título.
04-1619.   CDD 192
                                                              CDU 1(42)

Editora afiliada:

Asociación de Editoriales Universitarias de América Latina y el Caribe

Associação Brasileira de Editoras Universitárias

Sumário

Nota a esta edição . *9*

Nota introdutória . *15*

Uma investigação sobre o entendimento humano

Seção 1
Das diferentes espécies de filosofia . *19*

Seção 2
Da origem das ideias . *33*

Seção 3
Da associação de ideias . *41*

Seção 4
Dúvidas céticas sobre as operações
do entendimento . *53*

Seção 5
Solução cética dessas dúvidas . *71*

Seção 6
Da probabilidade . *91*

Seção 7
Da ideia de conexão necessária . *95*

Seção 8
Da liberdade e necessidade . *119*

Seção 9
Da razão dos animais . *147*

Seção 10
Dos milagres . *153*

Seção 11
De uma providência particular
e de um estado vindouro . *183*

Seção 12
Da filosofia acadêmica ou cética . *203*

Uma investigação sobre os princípios da moral

Seção 1
Dos princípios gerais da moral . *225*

Seção 2
Da benevolência . *233*

Seção 3
Da justiça . *241*

Seção 4
Da sociedade política . *269*

Seção 5
Por que a utilidade agrada . *277*

Seção 6
Das qualidades úteis a nós mesmos . *303*

Seção 7
Das qualidades imediatamente agradáveis
a nós mesmos . *323*

Seção 8
Das qualidades imediatamente agradáveis
aos outros . *337*

Seção 9
Conclusão . *347*

Apêndice 1
Sobre o sentimento moral . *367*

Apêndice 2
Do amor de si mesmo . *379*

Apêndice 3
Algumas considerações adicionais
com relação à justiça . *389*

Apêndice 4
Algumas disputas verbais . *401*

Um diálogo . *415*

Nota a esta edição

David Hume (1711-1776) conta-se entre os espíritos mais luminosos de seu século e ocupa um lugar proeminente entre os autores de língua inglesa, não apenas por sua obra filosófica, mas também como ensaísta e historiador. Continuador da tradição empirista inaugurada por Bacon e desenvolvida por Locke e Berkeley, levou-a à sua mais extrema conclusão, culminando em um sistema que tem sido injustamente acusado de ser excessivamente cético e de privar a ciência e a moral de qualquer justificação racional.*

Os dois textos aqui apresentados têm uma origem comum, sendo ambos condensações e reelaborações de partes de uma obra mais vasta, o *Tratado da natureza humana*,** que David Hume redigiu em sua juventude, tendo-a iniciado em 1734, enquanto residia na França, e concluído em 1737, após seu

---

* Para uma breve, mas útil introdução à obra de David Hume, consulte-se QUINTON, A. *Hume*. São Paulo: Editora UNESP, 1999. 63p. (Coleção "Grandes Filósofos").
** HUME, D. *Tratado da natureza humana*. Trad. Débora Danowsky. São Paulo: Editora UNESP, 2001. 712p.

retorno para a Inglaterra. Essa obra fora concebida por Hume em escala monumental, e suas três partes, ou "livros" – "Do Entendimento"; "Das Paixões" e "Da Moral" –, pretendiam realizar uma verdadeira revolução filosófica pela introdução, nos estudos humanísticos, do "método experimental" propugnado por Isaac Newton para as ciências da natureza.

Sem pretender examinar os méritos e limitações da aplicação de um "método experimental" à filosofia, basta notar, aqui, que Hume pretendia, com essa ideia, apenas defender a primazia, nessas investigações, dos fatos experimentalmente constatados sobre a forma como os seres humanos pensam e são emocionalmente afetados em sua experiência do mundo e no convívio com seus semelhantes. O que se recusa é a representação da natureza humana segundo modelos derivados de hipóteses puramente conjeturais sobre, por exemplo, sua "racionalidade", e a consequente tentativa de fundamentar na razão todas as atividades que são próprias do ser humano, entre as quais se incluem a aquisição do conhecimento de fatos empíricos e o julgamento moral sobre as ações de outros e de si mesmo.

Outra característica distintiva do "método experimental" de Hume é a precisa concentração em seu objeto de estudo, que é o ser humano, ou antes, o fluxo de experiências que constituem a vida mental dos seres humanos. Assim, ao tratar do problema do conhecimento, Hume procede de forma puramente imanente e não recorre a uma ordem exterior e necessária do mundo que pudesse servir como referência e pedra de toque de nosso sistema de crenças: a aquisição de conhecimento se caracteriza pelo desenvolvimento de ideias ou expectativas acerca do comportamento das coisas e sua corroboração pelas impressões que efetivamente recebemos delas. Do mesmo modo, nossos julgamentos e avaliações morais não são referidos a um padrão transcendente do que é intrinsecamente bom ou mau, mas derivam integralmente dos sentimentos de aprovação ou desaprovação que experimentamos diante de certas ações, comportamentos e inclinações, e das consequências práticas dessas avaliações para o bom funcionamento da sociedade.

Uma importante consequência da escolha de Hume de seu método de investigação é, portanto, a *unidade* que essa escolha permite conferir a toda a obra. À primeira vista, o *Tratado* aparece como um conjunto heterogêneo de investigações sobre campos não relacionados, cobrindo desde questões ligadas a nosso conhecimento factual do mundo, das relações causais e dos objetos exteriores, até o estudo aprofundado do repertório de nossos afetos e emoções, e de nossas atitudes valorativas diante de nossas ações e de outras pessoas. Seu escopo abrange assim a epistemologia, a psicologia e a filosofia moral, áreas que a sensibilidade contemporânea acostumou-se a considerar estanques e incomunicáveis. De fato, uma correta compreensão da obra de Hume começa pelo reconhecimento da profunda unidade que subjaz à sua abordagem de cada um desses campos de estudo; uma unidade que deriva de sua perspectiva metodológica comum aplicada ao exame de um objeto igualmente unificado: o sistema de capacidades do ser humano que lhe permitem desenvolver tanto suas crenças empíricas acerca do comportamento dos objetos exteriores como seus julgamentos morais das práticas e caracteres de outros homens.

Sabemos qual foi o triste destino do *Tratado*, uma obra que, nas palavras do autor, "saiu natimorta do prelo". Embora a tenaz oposição dos círculos acadêmicos e eclesiásticos oficiais tenha tido um papel nesse fracasso, seu estilo pesado, complexo e emaranhado sem dúvida dificultou sua recepção. Convencido de que o problema não estava em seu conteúdo, mas no estilo de sua exposição, Hume decidiu, alguns anos mais tarde, extrair dele duas obras mais curtas, nas quais procurou dar um tom acessível ao texto, eliminar a prolixidade argumentativa, suprimir os tópicos não essenciais para a condução de seu argumento central e cuidar ao máximo da clareza da expressão. São essas as duas *Investigações* reunidas no presente volume: a *Investigação sobre o entendimento humano* e a *Investigação sobre os princípios da moral*, extraídas do primeiro e do terceiro livros do *Tratado* e publicadas respectivamente em 1748 e 1751.*

Nessa nova versão, as propostas de Hume alcançaram imensa penetração e influência, e constituem hoje pontos de passagem obrigatórios no estudo da teoria do conhecimento e da filosofia moral. Conforme a própria recomendação do autor, só esses novos textos revisados representam a expressão final e definitiva de suas ideias e princípios filosóficos, e, ainda que não sejamos obrigados a aceitar esse julgamento e continuemos a nos fascinar com o texto mais denso, profundo e desafiador do *Tratado*, não há dúvida de que são essas versões posteriores que constituem a melhor porta de entrada para o pensamento do autor.

---

* Uma terceira obra, a *Dissertação sobre as paixões*, extrato do Livro II do *Tratado* e publicada em 1757, carece de maior relevância. De fato, os tópicos de maior interesse filosófico do Livro II, como a discussão da liberdade e da necessidade, já haviam sido incluídos na primeira *Investigação*.

Acrescento algumas palavras sobre as presentes traduções. As duas *Investigações* já haviam sido anteriormente publicadas no Brasil – a primeira (em duas traduções distintas) na coleção "Os Pensadores", e a segunda, traduzida por mim para a Editora da Unicamp, em 1995, tomando-se como base, em todos esses casos, a clássica edição de L. A. Selby-Bigge, à época a edição mais respeitada desses textos de Hume. O aparecimento, em 1998 e 1999, das novas edições preparadas por Tom L. Beauchamp para a série *Oxford Philosophical Texts*, da Oxford University Press,* estabeleceu um novo *standard* acadêmico e abriu a oportunidade para o preparo de novas traduções brasileiras, o que foi feito quase imediatamente no caso da *Investigação sobre o entendimento humano*, publicada já em 1999 pela Editora UNESP.** Há tempos esgotada, esta é a tradução reimpressa neste volume, com algumas poucas correções tipográficas. Quanto à presente *Investigação sobre os princípios da moral*, trata-se de uma tradução inteiramente nova, que inclui o apêndice final, "Um diálogo", omitido na tradução de 1995.

Nesta tradução, modifiquei o emprego dos sinais de pontuação e das letras maiúsculas e itálicas para melhor refletir as modernas convenções, que são significativamente diferentes daquelas usualmente praticadas no século XVIII. Todas as notas de rodapé numeradas são de autoria do próprio Hume,

---

* HUME, D. *An Enquiry Concerning Human Understanding*. Tom L. Beauchamp (Ed.). Oxford University Press, 1999; e HUME, D. *An Enquiry Concerning the Principles of Morals*. Tom L. Beauchamp (Ed.). Oxford University Press, 1998.

** HUME, D. *Uma investigação sobre o entendimento humano*. Trad. José Oscar de Almeida Marques. São Paulo: Editora UNESP, 1999. 212p. (Biblioteca Clássica).

e sempre que acrescentei alguma informação (como dados bibliográficos mais completos ou traduções para o português de citações originalmente em língua grega ou latina) esse acréscimo aparece entre colchetes. Notas adicionais são introduzidas por meio de asteriscos, e destinam-se a prover informações sobre vultos ou acontecimentos históricos que não são hoje tão familiares como o eram na época de Hume.

Quando se considera a moderna divisão administrativa universitária, que separa as matérias práticas das teóricas e trata de forma compartimentalizada as questões referentes à filosofia moral e à teoria do conhecimento, pareceria mais vantajoso – quanto à eficiência da distribuição a seus respectivos públicos – que as duas obras contidas neste volume tivessem sido publicadas em separado, já que cada uma delas, de fato, tem seu lugar estabelecido nos estudos canônicos que levam ao moderno tratamento dos problemas respectivamente éticos ou epistemológicos. Mas, ao estudá-las separadamente, perde-se de vista sua unidade de perspectiva e seus paralelos metodológicos, e não se tira o devido proveito da iluminação recíproca que são capazes de lançar uma sobre a outra. Visando exatamente contemplar essa unidade e possibilitar ao leitor uma visão mais aprofundada do projeto filosófico humeano, optou-se aqui pela publicação conjunta, incentivando os estudiosos da epistemologia e os que se dedicam aos temas da filosofia moral e política a lançar um olhar recíproco sobre seus campos de atuação, recuperando, assim, na medida do que é hoje possível, o caráter unitário da filosofia humeana.

José Oscar de Almeida Marques

*Nota introdutória**

Os princípios e raciocínios contidos neste volume foram em sua maior parte publicados em uma obra em três volumes intitulada *Um tratado da natureza humana*, que o autor projetara já antes de concluir seus estudos universitários e que escreveu e publicou não muito tempo depois. Não o considerando, porém, um trabalho bem-sucedido, o autor reconheceu seu erro em ter ido muito cedo ao prelo e rearranjou todo o material nas seções que se seguem, nas quais espera ter corrigido algumas negligências em seus raciocínios anteriores e, mais ainda, em sua expressão. Contudo, vários escritores que honraram a filosofia do autor com suas réplicas cuidaram de dirigir todas as suas baterias contra aquela obra de juventude que o autor nunca autorizou, e presumiram ter triunfado em cada uma das vantagens que supostamente alcançaram contra ela; uma prática bem contrária a todas as regras da lisura e im-

---

* Esta nota foi preparada por Hume em 1775, pouco antes de sua morte, para prefaciar o segundo volume de seus *Essays and Treatises on Several Subjects*. (N. T.)

parcialidade, e um bom exemplo das artimanhas argumentativas que o zelo fanático se julga autorizado a empregar. O autor deseja, doravante, que os textos a seguir – e só eles – possam ser considerados como contendo suas opiniões e princípios filosóficos.

Uma investigação sobre o entendimento humano

Seção I
Das diferentes espécies de filosofia

1 A filosofia moral, ou ciência da natureza humana, pode ser tratada de duas maneiras diferentes, cada uma delas possuidora de um mérito peculiar e capaz de contribuir para o entretenimento, instrução e reforma da humanidade. A primeira considera o homem principalmente como nascido para a ação e como influenciado em suas atitudes pelo gosto e pelo sentimento, perseguindo um objeto e evitando outro, de acordo com o valor que esses objetos parecem possuir e segundo a perspectiva em que se apresentam. Como a virtude, dentre todos os objetos, é o que se admite ser o mais valioso, os filósofos dessa primeira espécie a pintam com as cores mais agradáveis, tomando de empréstimo toda a ajuda da poesia e da eloquência, e tratando seu assunto de uma maneira simples e acessível, como é mais adequado para agradar a imaginação e cativar os afetos. Esses filósofos selecionam as observações e exemplos mais marcantes da vida cotidiana, situam caracteres opostos em um contraste apropriado e, atraindo-nos para as trilhas da virtude com cenas de glória e felicidade, guiam nossos passos nessas trilhas por meio dos

princípios mais confiáveis e dos mais ilustres exemplos. Eles nos fazem *sentir* a diferença entre vício e virtude, excitam e regulam nossos sentimentos e, assim, basta-lhes que sejam capazes de inclinar nossos corações para o amor à probidade e à verdadeira honra para já considerarem como plenamente atingido o fim de todos os seus esforços.

2   Filósofos da segunda espécie veem no homem antes um ser dotado de razão do que um ser ativo, e dirigem seus esforços mais à formação de seu entendimento do que ao cultivo de seus costumes. Tomam a natureza humana como um objeto de especulação e submetem-na a um exame meticuloso a fim de discernir os princípios que regulam nosso entendimento, excitam nossos sentimentos e fazem-nos aprovar ou condenar algum objeto, ação ou conduta particulares. Parece-lhes vergonhoso para toda a literatura que a filosofia não tenha até agora estabelecido, para além de toda controvérsia, os fundamentos da moral, do raciocínio e da crítica, e que fale interminavelmente sobre verdade e falsidade, vício e virtude, beleza e deformidade, sem ser capaz de determinar a origem dessas distinções. Ao empreender essa árdua tarefa, eles não se deixam dissuadir por quaisquer dificuldades, mas, partindo de casos particulares em direção a princípios gerais, vão estendendo suas investigações para princípios ainda mais gerais, não se dando por satisfeitos até que atinjam aqueles princípios originais que, em qualquer ciência, impõem um limite a toda curiosidade humana. Suas especulações parecem abstratas e até ininteligíveis aos leitores comuns, mas a aprovação que almejam é a dos instruídos e dos sábios, e julgam-se suficientemente recompensados pelo esforço de toda uma vida se forem capazes de descobrir

algumas verdades ocultas que possam contribuir para a instrução da posteridade.

3   É certo que, para o grosso da humanidade, a filosofia simples e acessível terá sempre preferência sobre a filosofia exata e abstrusa, e será louvada por muitos não apenas como mais agradável, mas também como mais útil que a outra. Ela participa mais da vida cotidiana, molda o coração e os afetos, e, manipulando os princípios que atuam sobre os homens, reforma sua conduta e os traz para mais perto do modelo de perfeição que ela descreve. A filosofia abstrusa, ao contrário, estando baseada numa predisposição que não participa da vida dos negócios e da ação, esvanece-se quando o filósofo deixa a sombra e sai à luz do dia; e não é fácil que os princípios dessa filosofia retenham alguma influência sobre nossa conduta e comportamento. Os sentimentos de nosso coração, a agitação de nossas paixões, a veemência de nossos afetos dissipam todas as suas conclusões e reduzem o filósofo profundo a um mero plebeu.

4   Também é preciso confessar que a fama mais duradoura, bem como mais justa, foi conquistada pela filosofia simples, e que os raciocinadores abstratos parecem ter gozado até agora de uma reputação apenas momentânea, devida aos caprichos ou ignorância característicos de sua própria época, sem serem capazes de preservar seu renome diante de uma posteridade mais imparcial. É fácil para um filósofo profundo cometer um engano em seus sutis raciocínios, e um engano é necessariamente o gerador de outro; ele, entretanto, segue todas as consequências e não hesita em endossar qualquer conclusão a que chegue, por mais inusitada ou conflitante com a opinião popular. No caso, porém, de um filósofo

cuja pretensão é apenas representar o senso comum da humanidade em cores mais belas e mais atraentes, se ele incorre acidentalmente em erro, não prossegue na mesma direção, mas, apelando mais uma vez ao senso comum e aos sentimentos naturais do espírito, retorna ao caminho correto e se previne contra quaisquer ilusões perigosas. A fama de Cícero floresce no presente, mas a de Aristóteles está completamente arruinada. La Bruyère atravessa os mares e ainda mantém sua reputação, mas a glória de Malebranche está confinada à sua própria nação e à sua própria época. E Addison, talvez, ainda será lido com prazer quando Locke estiver inteiramente esquecido.

5   O filósofo puro é um personagem que em geral não é muito bem-aceito pelo mundo, pois supõe-se que ele em nada contribui para o proveito ou deleite da sociedade, ao viver longe do contato com os seres humanos e envolvido com princípios e ideias não menos distantes da compreensão destes. Por outro lado, o mero ignorante é ainda mais desprezado; e, em uma época e nação em que florescem as ciências, não há sinal mais seguro de estreiteza de espírito que o de não se sentir minimamente atraído por esses nobres afazeres. É de supor que o caráter mais perfeito está situado entre esses extremos, exibindo aptidão e gosto tanto pelos livros como pela convivência social e pelos negócios, revelando, na conversação, o discernimento e a delicadeza que brotam da familiaridade com as belas-letras, e, nos negócios, a integridade e exatidão que são o resultado natural de uma correta filosofia. Para difundir e cultivar um caráter assim excelente, nada pode ser mais adequado do que obras em gênero e estilo acessíveis, que não se afastem demasiado da vida, que não exijam excessiva concentração ou retraimento para serem compreen-

didas e que devolvam o estudante ao convívio dos homens, cheio de sentimentos generosos e munido de sábios preceitos aplicáveis a todas as exigências da vida humana. Por meio dessas obras, a virtude e a ciência tornam-se agradáveis, a companhia, instrutiva e a própria solidão, aprazível.

6   O homem é um ser racional e, como tal, recebe da ciência seu adequado alimento e nutrição. Tão estreitos, porém, são os limites do entendimento humano que pouca satisfação pode ser esperada nesse particular, tanto no tocante à extensão quanto à confiabilidade de suas aquisições. Além de um ser racional, o homem é também um ser sociável, mas tampouco pode desfrutar sempre de companhia agradável e divertida, ou continuar a sentir por ela a necessária atração. O homem também é um ser ativo, e é forçado, por essa inclinação e pelas variadas necessidades da vida humana, a dedicar-se aos negócios e ofícios; mas a mente exige algum descanso e não pode corresponder sempre à sua tendência ao trabalho e à diligência. Parece, então, que a natureza estipulou uma espécie mista de vida como a mais adequada aos seres humanos, e secretamente os advertiu a não permitir que nenhuma dessas inclinações se *imponha* excessivamente, a ponto de incapacitá-los para outras ocupações e entretenimentos. "Satisfaz tua paixão pela ciência", diz ela, "mas cuida para que essa seja uma ciência humana, com direta relevância para a prática e a vida social. O pensamento abstruso e as investigações recônditas são por mim proibidos e severamente castigados com a pensativa tristeza que ensejam, com a infindável incerteza em que serás envolvido e com a fria recepção dedicada a tuas pretensas descobertas, quando comunicadas. Sê um filósofo, mas, em meio a toda tua filosofia, não deixes de ser um homem."

7 Se o grosso da humanidade se contentasse em dar preferência à filosofia simples em oposição à abstrata e profunda, sem expressar nenhuma condenação ou desprezo em relação a esta última, não seria talvez impróprio aquiescer a essa opinião geral e não se opor a que cada qual busque satisfazer seu próprio gosto e opinião. Mas, como a questão é muitas vezes levada mais longe, chegando mesmo à absoluta rejeição de todos os raciocínios mais aprofundados, ou daquilo que comumente se chama *metafísica*, passaremos agora a considerar o que se pode razoavelmente dizer em favor destes últimos.

8 Podemos começar observando que uma vantagem considerável que resulta da filosofia exata e abstrata é o auxílio que oferece à filosofia simples e humana, a qual, sem a primeira, jamais poderia atingir um grau suficiente de exatidão em suas opiniões, preceitos e raciocínios. Todas as belas-letras nada mais são que retratos da vida humana em várias atitudes e situações, e inspiram-nos diversos sentimentos, de louvor ou censura, admiração ou ridículo, de acordo com as qualidades do objeto que nos apresentam. Para ter sucesso nessa empreitada, estará mais bem qualificado o artista que, além de um gosto refinado e uma rápida compreensão, possua um conhecimento exato da constituição interna, das operações do entendimento, do funcionamento das paixões e das várias espécies de sentimentos que discriminam entre vício e virtude. Por mais penosa que possa parecer essa busca ou investigação interior, ela se torna, em certa medida, um requisito para aqueles que pretendem ter êxito na descrição da aparência visível e exterior da vida e dos costumes. O anatomista põe-nos diante dos olhos os objetos mais horrendos e desagradáveis, mas sua ciência é útil ao pintor para delinear até mesmo uma Vênus ou uma Helena. Mesmo quando emprega as cores

mais exuberantes de sua arte e dá a suas figuras os ares mais graciosos e atraentes, o artista deve manter sua atenção dirigida para a estrutura interna do corpo humano, para a posição dos músculos, o arranjo dos ossos e a função e forma de cada parte ou órgão do corpo. Em todos os casos, a exatidão é proveitosa para a beleza, assim como o raciocínio correto o é para a delicadeza do sentimento; seria vão pretendermos exaltar um deles depreciando o outro.

9   Podemos, além disso, observar que, em todos os ofícios e ocupações, mesmo naqueles que mais de perto se relacionam com a vida e a ação, um espírito de exatidão, não importa como adquirido, leva-os todos para mais perto de sua perfeição e torna-os mais úteis aos interesses da sociedade. E embora um filósofo possa viver afastado dos assuntos práticos, o espírito característico da filosofia, se muitos o cultivarem cuidadosamente, não poderá deixar de se difundir gradualmente por toda a sociedade e conferir uma similar exatidão a todo ofício e vocação. O político adquirirá maior previdência e sutileza na subdivisão e balanço do poder, o causídico empregará princípios mais metódicos e refinados em seus arrazoados, e o general, mais regularidade em seus exercícios e mais cautela em seus planos e operações. A estabilidade dos governos modernos, em comparação aos antigos, e a precisão da moderna filosofia têm se aperfeiçoado e provavelmente irão ainda se aperfeiçoar por gradações similares.

10   Ainda que desses estudos não se viesse a colher outra vantagem que não a satisfação de uma inocente curiosidade, mesmo isso não deveria ser desprezado, pois oferece um acesso aos poucos prazeres seguros e inofensivos conferidos à raça humana. O caminho mais agradável e pacífico na vida é o que

segue pelas avenidas da ciência e da instrução, e todo aquele que for capaz de remover algum obstáculo nesse caminho, ou descortinar novas perspectivas, deve, nessa medida, ser considerado um benfeitor da humanidade. E embora essas pesquisas possam parecer penosas e fatigantes, ocorre com algumas mentes o mesmo que com alguns corpos, os quais, tendo sido dotados de uma saúde vigorosa e exuberante, requerem severo exercício e colhem prazer daquilo que parece árduo e laborioso à humanidade em geral. A escuridão, de fato, é tão dolorosa para a mente como para a vista, mas obter luz da escuridão, por mais esforço que acarrete, será sem dúvida motivo de júbilo e deleite.

11   O que se objeta, porém, à obscuridade da filosofia profunda e abstrata não é simplesmente que seja penosa e fatigante, mas que seja fonte inevitável de erro e incerteza. Aqui, de fato, repousa a objeção mais justa e plausível a uma parte considerável dos estudos metafísicos: que eles não são propriamente uma ciência, mas provêm ou dos esforços frustrados da vaidade humana, que desejaria penetrar em assuntos completamente inacessíveis ao entendimento, ou da astúcia das superstições populares que, incapazes de se defender em campo aberto, cultivam essas sarças espinhosas impenetráveis para dar cobertura e proteção a suas fraquezas. Expulsos do terreno desimpedido, esses salteadores fogem para o interior da floresta e lá permanecem à espera de uma oportunidade para irromper sobre qualquer caminho desguarnecido da mente e subjugá-lo com temores e preconceitos religiosos. Mesmo o mais forte antagonista, se afrouxar sua vigilância por um só instante, será sufocado. E muitos, por loucura ou covardia, abrem de bom grado os portões aos inimigos e os recebem como seus legítimos soberanos, com reverência e submissão.

12 Mas será essa uma razão suficiente para que filósofos devam desistir de tais pesquisas e deixar a superstição na posse de seu refúgio? Não seria apropriado chegar à conclusão oposta e reconhecer a necessidade de levar a guerra até os mais secretos redutos do inimigo? Em vão esperaríamos que os homens, em face dos frequentes desapontamentos, viessem por fim a abandonar essas etéreas ciências e descobrir a província apropriada da razão humana. Pois, além do fato de que muitas pessoas sentem um considerável interesse em voltar permanentemente a esses tópicos, além disso, eu digo, o desespero cego não pode razoavelmente ter lugar nas ciências, dado que, por mais malsucedidas que tenham sido as tentativas anteriores, sempre se pode esperar que a dedicação, a boa fortuna ou a sagacidade aprimorada das sucessivas gerações venham a realizar descobertas que épocas passadas ignoraram. Todo gênio audaz continuará lançando-se ao árduo prêmio e considerar-se-á antes estimulado que desencorajado pelos fracassos de seus predecessores, esperando que a glória de alcançar sucesso em tão difícil empreitada esteja reservada apenas para si. O único método de livrar a instrução definitivamente dessas recônditas questões é investigar seriamente a natureza do entendimento humano e mostrar, com base em uma análise exata de seus poderes e capacidades, que ele não está de modo algum apto a tratar de assuntos tão remotos e abstrusos. Devemos nos dar a esse trabalho agora para vivermos despreocupadamente no futuro, e devemos dedicar algum cuidado ao cultivo da verdadeira metafísica a fim de destruir aquela que é falsa e adulterada. A indolência que, para algumas pessoas, fornece uma salvaguarda contra esta filosofia enganosa é, em outras, contrabalançada pela curiosidade; e o desespero que em alguns momentos prevalece pode em seguida ceder lugar a esperanças e expectativas demasiado otimistas. O raciocínio exato e justo é o único remédio universal, apropriado para todas as pessoas e todas as inclinações, e só ele é capaz de subverter a filosofia abstrusa e o jargão metafísico que, misturados à superstição popular, tornam-na de certo modo inexpugnável aos arguidores negligentes, e emprestam-lhe ares de ciência e sabedoria.

13   Além dessa vantagem de rejeitar, após uma investigação ponderada, a parte mais incerta e desagradável do aprendizado, há muitas vantagens positivas que resultam de um exame minucioso dos poderes e faculdades da natureza humana. Com relação às operações da mente, é notável que, embora sejam as que se apresentam a nós de maneira mais íntima, parecem envolver-se em obscuridade sempre que se tornam objeto de reflexão, e não visualizamos prontamente as linhas e contornos que as demarcam e distinguem. Os objetos são demasiado tênues para permanecerem por muito tempo com o mesmo aspecto e na mesma situação, e devem ser apreendidos instantaneamente por uma perspicácia superior, derivada da natureza e aperfeiçoada pelo hábito e pela reflexão. Constitui, assim, uma parte nada desprezível da ciência a mera tarefa de reconhecer as diferentes operações da mente, distingui-las umas das outras, classificá-las sob os títulos adequados e corrigir toda aquela aparente desordem na qual mergulham quando tomadas como objetos de pesquisa e reflexão. Essa tarefa de ordenar e distinguir, que não tem mérito quando exercida sobre objetos externos, os objetos de nossos sentidos, cresce em valor quando dirigida para as operações do entendimento, proporcionalmente ao esforço e à dificuldade que exige de nós para sua realização. E se não pudermos ir mais além dessa geografia mental, ou delineamento das di-

ferentes partes e poderes da mente, chegar até lá já terá sido uma satisfação; e quanto mais óbvia essa ciência vier a parecer (e ela não é de modo algum óbvia), mais censurável ainda se deverá julgar seu desconhecimento por parte daqueles que aspiram ao saber e à filosofia.

14 Tampouco pode restar alguma suspeita de que essa ciência seja incerta ou quimérica, a menos que alimentemos um ceticismo tão completo que subverta inteiramente toda especulação e, mais ainda, toda a ação. Não se pode pôr em dúvida que a mente está dotada de vários poderes e faculdades, que esses poderes são distintos uns dos outros, que aquilo que se apresenta como realmente distinto à percepção imediata pode ser distinguido pela reflexão, e, consequentemente, que existe verdade e falsidade em todas as proposições acerca deste assunto, e uma verdade e uma falsidade que não estão fora do âmbito do entendimento humano. Há muitas distinções óbvias dessa espécie que estão ao alcance da compreensão de toda criatura humana, tais como aquelas entre a vontade e o entendimento, entre a imaginação e as paixões; e as distinções mais sutis e filosóficas não são menos reais e certas, embora mais difíceis de compreender. Alguns exemplos, especialmente os mais recentes, de sucesso nessas investigações podem dar-nos uma ideia mais precisa da certeza e solidez desse campo de estudos. E deveríamos porventura considerar digno do trabalho de um filósofo fornecer-nos o verdadeiro sistema dos planetas e conciliar a posição e a ordem desses corpos longínquos, ao mesmo tempo que simulamos desconhecer aqueles que com tanto sucesso delineiam as partes da mente que de tão perto nos dizem respeito?

15 Mas não nos será lícito esperar que a filosofia, cultivada com esmero e encorajada pela atenção do público, possa avançar ainda mais em suas pesquisas e revelar, pelo menos até certo ponto, os móveis e princípios ocultos que impulsionam a mente humana em suas ações? Os astrônomos por muito tempo se contentaram em deduzir dos fenômenos visíveis os verdadeiros movimentos, ordem e magnitude dos corpos celestes, até surgir finalmente um filósofo que, pelos mais afortunados raciocínios, parece ter determinado também as leis e forças que governam e dirigem as revoluções dos planetas. Resultados semelhantes têm sido alcançados em outros domínios da natureza, e não há razão para não esperarmos um igual sucesso em nossas investigações acerca dos poderes e organização da mente, se levadas a cabo com a mesma competência e precaução. É provável que uma dada operação ou princípio da mente dependa de um outro, o qual, por sua vez, possa reduzir-se a um princípio ainda mais geral e universal, e não é fácil determinar exatamente, antes ou até mesmo depois de uma cuidadosa experimentação, até onde essas investigações podem ser levadas. É certo que todos os dias tentativas desse tipo são feitas, mesmo por aqueles que filosofam da forma mais negligente, mas o que acima de tudo se requer é que o empreendimento seja conduzido com total cuidado e atenção, para que, se estiver ao alcance do entendimento humano, possa por fim alcançar um resultado favorável, e se não estiver, possa, por outro lado, ser rejeitado com alguma certeza e segurança. Esta última conclusão certamente não é desejável, nem deve ser aceita de maneira precipitada, pois é grande a perda que ela traz para o valor e o encanto dessa espécie de filosofia. Os teóricos da moral, ao considerarem a vasta multidão e diversidade das ações capazes de excitar nossa aprovação ou antipatia, acostumaram-se até agora a procurar algum princípio comum do qual esta variedade de sentimentos pudesse depender. E, embora algumas vezes tenham ido longe demais em sua paixão por um princípio geral único, deve-se reconhecer que é desculpável essa sua expectativa de descobrir alguns princípios gerais aos quais todos os vícios e virtudes pudessem ser adequadamente reduzidos. Esforços semelhantes têm sido realizados por teóricos nos campos das artes, da lógica e mesmo da política, e suas tentativas não resultaram totalmente malsucedidas, embora talvez um tempo mais longo, uma maior exatidão e uma dedicação mais intensa possam trazer essas ciências para ainda mais perto de sua perfeição. Renunciar imediatamente a todas as expectativas dessa espécie pode ser com razão classificado como mais brusco, precipitado e dogmático que a mais ousada e afirmativa filosofia que já tenha tentado impor suas rudes doutrinas e princípios à humanidade.

16 Não há nada de mais no fato de que estes raciocínios acerca da natureza humana pareçam abstratos e de difícil compreensão. Isso não é sinal de que sejam falsos, antes o contrário: parece impossível que aquilo que até agora tem escapado a tantos filósofos sábios e profundos possa ser algo muito simples e evidente. E por mais penosas que nos sejam essas investigações, poderemos nos considerar suficientemente recompensados, não apenas quanto ao proveito, mas também quanto ao prazer, se por meio delas formos capazes de trazer qualquer acréscimo ao nosso inventário de conhecimentos, em assuntos de tão extraordinária importância.

17 Como, porém, o caráter abstrato de tais especulações não constitui, afinal, uma recomendação, mas antes uma desvantagem, e como essa dificuldade talvez possa ser superada pela dedicação e habilidade, e pela exclusão de todo detalhe ines-

sencial, procuramos na investigação que se segue lançar alguma luz sobre assuntos dos quais a incerteza até agora afugentou os sábios e a obscuridade, os ignorantes. Dar-nos-emos por felizes se pudermos unir as fronteiras das diferentes espécies de filosofia, reconciliando a investigação aprofundada com a clareza, e a verdade com a inovação. E por mais felizes ainda se, ao raciocinar dessa maneira descomplicada, formos capazes de minar as fundações de uma filosofia abstrusa que parece ter servido até agora apenas como abrigo para a superstição e como anteparo para o erro e a absurdidade.

Seção 2
Da origem das ideias

1   Todos admitirão prontamente que há uma considerável diferença entre as percepções da mente quando um homem sente a dor de um calor excessivo ou o prazer de uma tepidez moderada, e quando traz mais tarde essa sensação à sua memória, ou a antecipa pela sua imaginação. Essas faculdades podem imitar ou copiar as percepções dos sentidos, mas jamais podem atingir toda a força e vivacidade da experiência original. Tudo o que podemos dizer delas, mesmo quando operam com o máximo vigor, é que representam seu objeto de uma maneira tão vívida que *quase* podemos dizer que o vemos ou sentimos. Excetuando-se, porém, os casos em que a mente está perturbada pela doença ou loucura, nunca se atinge um grau de vivacidade capaz de tornar completamente indistinguíveis essas percepções. Todas as cores da poesia, por esplêndidas que sejam, não serão jamais capazes de retratar os objetos de tal maneira que se tome a descrição por uma paisagem real, e o mais vívido pensamento será sempre inferior à mais obtusa das sensações.

2   Podemos observar que uma distinção semelhante percorre todas as demais percepções da mente. Um homem tomado de

um acesso de fúria é afetado de maneira muito diferente de um outro que apenas pensa nessa emoção. Se você me diz que uma certa pessoa está enamorada, eu entendo facilmente o que você quer dizer e formo uma ideia adequada da situação dessa pessoa, mas jamais confundiria essa ideia com os tumultos e agitações reais da paixão. Quando refletimos sobre nossas experiências e afecções passadas, nosso pensamento atua como um espelho fiel e copia corretamente os objetos, mas as cores que emprega são pálidas e sem brilho em comparação com as que revestiram nossas percepções originais. Não se requer um refinado discernimento nem grande aptidão metafísica para perceber a diferença entre elas.

3 Em consequência, podemos aqui dividir todas as percepções da mente em duas classes ou espécies que se distinguem por seus diferentes graus de força e vivacidade. As que são menos fortes e vivazes são comumente denominadas *pensamentos* ou *ideias*. A outra espécie carece de nome em nossa língua, assim como na maioria das outras, e suponho que isto se dá porque nunca foi necessário para qualquer propósito, exceto os de ordem filosófica, agrupá-las sob algum termo ou denominação geral. Vamos então tomar uma pequena liberdade e chamá-las *impressões*, empregando a palavra num sentido um pouco diferente do usual. Entendo pelo termo *impressão*, portanto, todas as nossas percepções mais vívidas, sempre que ouvimos, ou vemos, ou sentimos, ou amamos, ou odiamos, ou desejamos ou exercemos nossa vontade. E impressões são distintas das ideias, que são as percepções menos vívidas, das quais estamos conscientes quando refletimos sobre quaisquer umas das sensações ou atividades já mencionadas.

4   Nada, à primeira vista, pode parecer mais ilimitado que o pensamento humano, que não apenas escapa a todo poder e autoridade dos homens, mas está livre até mesmo dos limites da natureza e da realidade. Formar monstros e juntar as mais incongruentes formas e aparências não custa à imaginação mais esforço do que conceber os objetos mais naturais e familiares. E enquanto o corpo está confinado a um único planeta, sobre o qual rasteja com dor e dificuldade, o pensamento pode instantaneamente transportar-nos às mais distantes regiões do universo, ou mesmo para além do universo, até o caos desmedido onde se supõe que a natureza jaz em total confusão. Aquilo que nunca foi visto, ou de que nunca se ouviu falar, pode ainda assim ser concebido; e nada há que esteja fora do alcance do pensamento, exceto aquilo que implica uma absoluta contradição.

5   Mas, embora nosso pensamento pareça possuir essa liberdade ilimitada, um exame mais cuidadoso nos mostrará que ele está, na verdade, confinado a limites bastante estreitos, e que todo esse poder criador da mente consiste meramente na capacidade de compor, transpor, aumentar ou diminuir os materiais que os sentidos e a experiência nos fornecem. Quando pensamos em uma montanha de ouro, estamos apenas juntando duas ideias consistentes, *ouro* e *montanha*, com as quais estávamos anteriormente familiarizados. Podemos conceber um cavalo virtuoso, pois podemos conceber a virtude a partir de nossos próprios sentimentos, e podemos uni-la à forma e figura de um cavalo, animal que nos é familiar. Em suma, todos os materiais do pensamento são derivados da sensação externa ou interna, e à mente e à vontade compete apenas misturar e compor esses materiais. Ou, para expressar-me em linguagem filosófica, todas as nossas ideias, ou percepções

mais tênues, são cópias de nossas impressões, ou percepções mais vívidas.

6   Para prová-lo, bastarão, espero, os dois argumentos seguintes. Em primeiro lugar, quando analisamos nossos pensamentos ou ideias, por mais complexos ou grandiosos que sejam, sempre verificamos que eles se decompõem em ideias simples copiadas de alguma sensação ou sentimento precedente. Mesmo aquelas ideias que, à primeira vista, parecem as mais afastadas dessa origem revelam-se, após um exame mais detido, dela derivadas. A ideia de Deus, no sentido de *um Ser infinitamente inteligente, sábio e bondoso*, surge da reflexão sobre as operações de nossa própria mente e do aumento ilimitado dessas qualidades de bondade e sabedoria. Podemos prosseguir o quanto quisermos nessa investigação, e para cada ideia que examinarmos sempre descobriremos que ela é copiada de uma impressão semelhante. Aqueles que desejarem declarar que essa proposição não é universalmente verdadeira, ou que admite exceções, só dispõem de um método para refutá-la, que de resto é simples: apresentar alguma ideia que, em sua opinião, não derive dessa fonte. Caberá então a nós, se quisermos sustentar nossa doutrina, exibir a impressão, isto é, a percepção vívida, que a ela corresponde.

7   Em segundo lugar, quando um homem não pode, por algum defeito orgânico, experimentar sensações de uma certa espécie, sempre verificamos que ele é igualmente incapaz de formar as ideias correspondentes. Um cego não pode ter noção das cores, nem um surdo dos sons. Restitua-se a qualquer um deles o sentido em que é deficiente, e, ao se abrir esse novo canal de entrada para suas sensações, também se estará abrindo um canal para as ideias, e ele não terá dificuldades

para conceber esses objetos. O mesmo ocorre quando o objeto apropriado para provocar uma certa sensação nunca foi posto em contato com o órgão: um lapão ou um negro não têm ideia do sabor do vinho. E embora haja poucos ou nenhum exemplo de uma semelhante deficiência no domínio mental, em função da qual uma pessoa nunca tivesse experimentado ou fosse inteiramente incapaz de experimentar uma paixão ou sentimento próprio de sua espécie, vemos que a mesma observação continua válida em menor grau: um homem de índole serena não pode formar ideia de uma crueldade ou espírito de vingança arraigados, e tampouco é fácil para um coração egoísta conceber os cumes da amizade e generosidade. Admite-se prontamente que outros seres podem dispor de muitos sentidos que não podemos conceber, porque as ideias deles nunca nos foram apresentadas da única forma pela qual uma ideia pode ter acesso à mente, a saber, por um efetivo sentimento ou sensação.

8   Há, porém, um fenômeno contraditório que pode provar que não é absolutamente impossível o aparecimento de ideias independentemente de suas correspondentes impressões. Acredito que se admitirá facilmente que as diversas ideias distintas de cor que entram pelos olhos, ou as ideias de som comunicadas pelo ouvido, são realmente distintas umas das outras, embora ao mesmo tempo assemelhadas. Ora, se isso ocorre no caso de cores diferentes, também ocorrerá no caso de tonalidades diferentes da mesma cor, cada tonalidade produzindo uma ideia distinta, independente das demais. Pois se isso fosse negado, seria possível, pela gradação contínua de tons, transformar insensivelmente uma cor naquela que lhe é mais remota; e, se não se admitir que alguns dos tons inter-

mediários sejam diferentes, não se poderá consistentemente negar que os extremos sejam iguais. Suponhamos, então, que uma pessoa usufruiu sua visão durante trinta anos e se familiarizou perfeitamente com cores de todos os tipos, com exceção, digamos, de uma particular tonalidade de azul, com a qual nunca teve a ventura de deparar. Suponhamos que todas as diferentes tonalidades dessa cor, com exceção daquela única, sejam dispostas diante dessa pessoa, descendendo gradualmente da mais escura para a mais clara; é claro que ela perceberá um espaço vazio onde falta aquele tom, e perceberá que naquele lugar há, entre as cores contíguas, uma distância maior que em qualquer outro lugar. Pergunto agora se lhe seria possível suprir essa falta a partir de sua própria imaginação e trazer à sua mente a ideia daquela tonalidade particular, embora esta jamais lhe tenha sido transmitida pelos sentidos. Acredito que poucos negarão que isso seja possível, o que pode servir como prova de que as ideias simples nem sempre são, em todos os casos, derivadas das impressões correspondentes, embora esse exemplo seja tão singular que quase não vale a pena examiná-lo, e tampouco merece que, apenas por sua causa, venhamos a alterar nossa tese geral.

9   Eis aqui, portanto, uma proposição que não apenas parece simples e inteligível em si mesma, mas também capaz, se apropriadamente empregada, de esclarecer igualmente todas as disputas e banir todo aquele jargão que por tanto tempo tem dominado os arrazoados metafísicos e lhes trazido desgraça. Todas as ideias, especialmente as abstratas, são naturalmente fracas e obscuras: o intelecto as apreende apenas precariamente, elas tendem a se confundir com outras ideias assemelhadas, e mesmo quando algum termo está desprovido de um significado preciso, somos levados a imaginar, quando o em-

pregamos com frequência, que a ele corresponde uma ideia determinada. Ao contrário, todas as impressões, isto é, todas as sensações, tanto as provenientes do exterior como as do interior, são fortes e vívidas; os limites entre elas estão mais precisamente definidos, e não é fácil, além disso, incorrer em qualquer erro ou engano relativamente a elas. Portanto, sempre que alimentarmos alguma suspeita de que um termo filosófico esteja sendo empregado sem nenhum significado ou ideia associada (como frequentemente ocorre), precisaremos apenas indagar: *de que impressão deriva esta suposta ideia?* E se for impossível atribuir-lhe qualquer impressão, isso servirá para confirmar nossa suspeita. Ao expor as ideias a uma luz tão clara, podemos alimentar uma razoável esperança de eliminar todas as controvérsias que podem surgir acerca de sua natureza e realidade.[1]

---

1 É provável que aqueles que negaram a existência de ideias inatas estivessem apenas querendo dizer que todas as ideias são cópias de nossas impressões, embora se deva confessar que os termos que empregaram não foram escolhidos com a cautela necessária nem definidos tão precisamente de forma a evitar todo engano acerca de sua doutrina. Pois o que se quer dizer com *inato*? Se inato é equivalente a natural, então todas as percepções e ideias da mente devem ser admitidas como inatas ou naturais, qualquer que seja o sentido que se dê a esta última palavra, em oposição tanto ao que é incomum quanto ao que é artificial ou ao que é milagroso. Se por *inato* se entender *contemporâneo ao nosso nascimento*, a disputa parece ser frívola, e não vale muito a pena investigar em que época começa o pensamento, se antes, durante ou depois de nosso nascimento. Além disso, a palavra *ideia* parece ter sido tomada usualmente num sentido muito amplo por Locke e outros, como significando qualquer uma de nossas percepções, nossas sensações e paixões, bem como pensamentos. Ora, nesse sentido, eu desejaria saber o que pode significar a asserção de que o amor de si mesmo, o ressentimento pelas injúrias ou a paixão entre os sexos não é inata.

Mas admitindo-se esses termos, *impressões* e *ideias*, no sentido já explicado, e entendendo por *inato* aquilo que é original, ou que não é copiado de nenhuma impressão precedente, então podemos asseverar que todas as nossas impressões são inatas e nossas ideias não o são.

Para falar francamente, devo confessar minha opinião de que, nessa questão, Locke caiu na armadilha dos escolásticos, os quais, ao fazerem uso de termos não definidos, alongam tediosamente suas disputas sem jamais tocar no ponto em questão. Semelhantes ambiguidades e circunlóquios parecem percorrer os raciocínios daquele filósofo neste como na maioria dos outros assuntos.

Seção 3
Da associação de ideias

1   É evidente que há um princípio de conexão entre os diversos pensamentos ou ideias da mente, e que, ao surgirem à memória ou à imaginação, eles se introduzem uns aos outros com um certo grau de método e regularidade. Isso é tão marcante em nossos raciocínios e conversações mais sérios que qualquer pensamento particular que interrompa o fluxo ou encadeamento regular de ideias é imediatamente notado e rejeitado. Mesmo em nossos devaneios mais desenfreados e errantes – e não somente neles, mas até em nossos próprios sonhos –, descobriremos, se refletirmos, que a imaginação não correu inteiramente à solta, mas houve uma ligação entre as diferentes ideias que se sucederam umas às outras. Se a mais negligente e indisciplinada das conversas fosse transcrita, observar-se-ia imediatamente algo que a manteve coesa em cada uma de suas transições. Ou, se isso estiver ausente, a pessoa que quebrou o fio da discussão poderia ainda nos informar que uma sucessão de pensamentos percorrera secretamente sua mente, levando-a gradualmente a afastar-se do assunto da conversação. Entre diferentes linguagens, mesmo quando

não podemos suspeitar que haja entre elas a menor conexão ou contato, verifica-se mesmo assim que as palavras que expressam as ideias mais complexas correspondem aproximadamente umas às outras; uma prova cabal de que as ideias simples, compreendidas nas ideias complexas, foram reunidas por algum princípio universal que exerceu igual influência em toda a humanidade.

2   Embora o fato de que diferentes ideias estejam conectadas seja demasiado óbvio para escapar à observação, não é de meu conhecimento que algum filósofo tenha tentado enumerar ou classificar todos os princípios de associação; um assunto que, entretanto, parece digno de investigação. De minha parte, parece haver apenas três princípios de conexão entre ideias, a saber, *semelhança*, *contiguidade* no tempo ou no espaço, e *causa* ou *efeito*.

3   Que esses princípios sirvam para conectar ideias não será, acredito, objeto de muita dúvida. Um retrato conduz naturalmente nossos pensamentos para o original;[1] a menção de um cômodo numa habitação leva naturalmente a uma indagação ou observação relativas aos demais;[2] e, se pensarmos em um ferimento, dificilmente conseguiremos evitar uma reflexão sobre a dor que o acompanha.[3] Mas pode ser difícil provar satisfatoriamente para o leitor, ou mesmo para si próprio, que essa enumeração é completa e que não há outros princípios de associação além desses. Tudo que se pode fazer, em tais casos, é recapitular diversos exemplos examinando cuidadosamente o princípio que liga os diferentes pensamentos uns aos outros, não nos detendo até que tenhamos tornado o prin-

---

1   Semelhança.
2   Contiguidade.
3   Causa e efeito.

cípio tão geral quanto possível. Quanto mais exemplos examinarmos, e quanto mais cuidado dedicarmos ao exame, mais certeza adquiriremos de que a enumeração obtida do conjunto é completa e integral.* Em vez de entrar em detalhes desse tipo, que nos levariam a muitas sutilezas inúteis, vamos considerar alguns dos efeitos dessa conexão sobre as paixões e a imaginação, com o que podemos abrir uma área de especulação mais interessante e talvez mais instrutiva que a outra.

4   Como o homem é um ser dotado de razão e está continuamente em busca de uma felicidade que espera alcançar pela satisfação de alguma paixão ou sentimento, ele raramente age, fala ou pensa sem um propósito e uma intenção. Sempre tem em mira um objetivo, e por menos apropriados que sejam às vezes os meios que ele escolhe para atingir seus fins, nunca perde de vista um fim, e não irá desperdiçar seus pensamentos ou reflexões quando não espera colher deles alguma satisfação.

5   Requer-se, portanto, em todas as composições de gênio, que o escritor tenha algum plano ou objetivo, e, embora possa vir a ser arremessado para fora dele pela veemência do pensamento, como em uma ode, ou o abandone descuidadamente como em uma epístola ou ensaio, deve ser discernível algum propósito ou intenção, se não na composição integral do trabalho, pelo menos em seu primeiro esboço. Uma produção sem um desígnio assemelhar-se-ia mais aos delírios de um louco que aos sóbrios esforços do gênio e da sabedoria.

---

* Todo o restante desta seção foi suprimido na edição póstuma de 1777 e não aparece, consequentemente, no texto estabelecido por L. A. Selby-Bigge, que tomou como base aquela edição. (N. T.)

6   Como essa regra não admite nenhuma exceção, segue-se que, em composições narrativas, os acontecimentos ou ações que o escritor relata devem estar conectados por algum vínculo ou liame. Eles devem relacionar-se uns aos outros na imaginação e formar uma espécie de *unidade*, que permite subsumi-los a um único plano ou perspectiva, e que pode ser o objetivo ou fim visado pelo escritor em seu esforço inicial.

7   Esse princípio de conexão dos diversos acontecimentos que formam o assunto de um poema ou história pode variar em muito, conforme os diferentes objetivos do poeta ou historiador. Ovídio baseou seu plano no princípio de conexão por semelhança. Todas as fabulosas transformações produzidas pelo poder milagroso dos deuses caem sob o escopo de seu trabalho. Basta esta única circunstância, em qualquer acontecimento, para subsumi-lo ao plano ou intenção original do escritor.

8   Um analista ou historiador que se propusesse a escrever a história da Europa em um determinado século seria influenciado pela conexão de contiguidade em tempo e lugar. Todos os eventos ocorridos naquela porção de espaço e naquele período de tempo farão parte de seu projeto, mesmo que sob outros aspectos sejam distintos e desconectados. Em meio a toda sua diversidade, há um tipo de unidade que eles preservam.

9   Mas a espécie mais usual de conexão entre os diferentes acontecimentos que figuram em qualquer composição narrativa é a de causa e efeito, pela qual o historiador traça a sequência de ações de acordo com sua ordem natural, remonta a suas molas e princípios secretos, e delineia suas mais remotas consequências. Ele escolhe como seu assunto uma certa porção dessa grande cadeia de eventos que compõem a história da

humanidade e, em sua narrativa, esforça-se por abordar cada elo dessa cadeia. Algumas vezes, uma inevitável ignorância torna infrutíferos todos os seus esforços; outras vezes, ele supre conjeturalmente o que falta em conhecimento, e está sempre consciente de que quanto mais coesa é a cadeia que apresenta a seu leitor, mais perfeito é o trabalho que produziu. Ele vê que o conhecimento das causas é não apenas o mais satisfatório, já que essa relação ou conexão é a mais forte de todas, mas também o mais instrutivo, pois esse é o único conhecimento que nos capacita a controlar eventos e governar o futuro.

10 Aqui, portanto, podemos formar uma certa ideia dessa *unidade de ação*, da qual todos os críticos, seguindo Aristóteles, tanto têm falado, e talvez com pouco proveito, ao não guiarem seu gosto ou sentimento pela exatidão da filosofia. Parece que, em todas as produções, assim como nos gêneros épico e trágico, uma certa unidade é requerida, e que em nenhum momento se pode permitir que nossos pensamentos corram à solta, se quisermos produzir um trabalho capaz de proporcionar um entretenimento duradouro para a humanidade. Parece também que mesmo um biógrafo que fosse escrever a vida de Aquiles iria conectar os acontecimentos, mostrando suas relações e dependência mútuas, tanto quanto um poeta que fosse fazer da ira desse herói o assunto de sua narrativa.[4] As ações de um homem mantêm entre si uma

---

4 Contrariamente a Aristóteles: Μῦθος δ'ἐϛτὶν εἷς, οὐχ ὥσπερ τινὲς οἴονται, ἐ ν περὶ ἕνα ῇ. πολλα γαρ καὶ ἄπειρα τῷ γένει συμβαίνει, ἐξ ὧν ἐνίων οὐδέν ἐστιν ἕν. οὕτω δὲ καὶ πράξεις ἑνὸς πολλαί εἰσιν, ἐξ ὧν μία οὐδεμία γίνεται πρᾶξις, &c. Κεφ. ή. [*Poética*, 1451a 15-19. "Uma trama não é unitária, como alguns

dependência mútua não apenas em uma certa porção limitada de sua vida, mas em todo o período de sua duração, do berço à sepultura, e não é possível remover um único elo, por minúsculo que seja, dessa cadeia regular sem afetar toda a série subsequente de eventos. Assim, a unidade de ação encontrada nas biografias ou na história não difere em espécie da que se encontra na poesia épica, mas apenas em grau. Na poesia épica, a conexão entre os eventos é mais cerrada e perceptível; a narrativa não se estende por uma duração tão longa; e os atores apressam-se rumo a um momento extraordinário que satisfaz a expectativa do leitor. Esta conduta do poeta épico depende do estado particular da *imaginação* e das *paixões* que aquela produção supõe. A imaginação, tanto do escritor como do leitor, é mais atiçada, e as paixões se inflamam mais que em história, biografia ou toda outra espécie de narrativas que se confinam à estrita verdade e realidade. Consideremos o efeito dessas duas circunstâncias: uma imaginação avivada e paixões inflamadas; circunstâncias que são mais características da poesia, particularmente do tipo épico, do que de qualquer outro gênero de composição, e examinemos a razão pela qual elas requerem uma unidade mais estrita e cerrada em seu enredo.

11 Em primeiro lugar, toda poesia, sendo uma espécie de pintura, aproxima-nos mais dos objetos que qualquer outra espécie de narração, lança sobre eles uma luz mais intensa e delineia mais distintamente os pormenores que, embora pareçam supérfluos ao historiador, atuam poderosamente para tornar

---

supõem, em virtude de versar sobre um único indivíduo. Pois muitas, na verdade incontáveis, coisas acontecem ao indivíduo das quais não há um resultado único. Do mesmo modo, muitas são as ações de um indivíduo das quais não decorre nenhuma ação unitária."]

as imagens mais vívidas e satisfazer a fantasia. Se não é necessário, como na *Ilíada*, informar-nos de cada vez que o herói afivela o calçado ou ata a jarreteira, requer-se, talvez, que se entre em mais detalhes que em *La Henriade*,* na qual os eventos sucedem-se com tal rapidez que quase não temos oportunidade de nos familiarizar com o cenário ou a ação. Assim, se um poeta quisesse abarcar em seu tema um longo período de tempo ou uma longa série de acontecimentos, remontando a morte de Heitor a suas causas remotas, ao rapto de Helena ou ao julgamento de Páris, deveria dar a seu poema uma extensão desmesurada, para preencher essa grande tela apenas com imagens e figuras. A imaginação do leitor, inflamada por tamanha série de descrições poéticas, e suas paixões agitadas por uma contínua simpatia para com os atores devem fatigar-se muito antes do término da narração, cedendo ao cansaço e desconforto pela violência incessante dos mesmos movimentos.

12   Em segundo lugar, ficará claro, adicionalmente, que o poeta não deve ir muito longe no delineamento das causas por uma outra razão derivada de uma propriedade ainda mais notável e singular das paixões. É evidente que, em uma composição equilibrada, todas as afecções excitadas pelos diversos acontecimentos, ao serem descritas e representadas, reforçam-se mutuamente, e que, estando os heróis todos envolvidos em uma cena comum, cada ação fortemente conectada com o todo, a atenção mantém-se continuamente desperta e as paixões transitam facilmente de um objeto para outro. A forte conexão entre os acontecimentos, ao facilitar a passa-

---

* Poema épico de Voltaire, sobre episódios da vida de Henrique de Navarra. (N. T.)

gem do pensamento ou imaginação de um para outro, também facilita a transição das paixões e mantém as afecções no mesmo canal e direção. Nossa simpatia e preocupação por Eva prepara o caminho para uma simpatia semelhante por Adão: a afecção se preserva quase inteiramente na transição e a mente apreende imediatamente o novo objeto como fortemente relacionado ao que anteriormente atraía sua atenção. Mas se o poeta fizesse uma completa digressão de seu assunto e introduzisse um novo ator sem nenhuma ligação com os personagens, a imaginação, percebendo uma lacuna na transição, adentraria com frieza a nova cena, só se estimulando muito lentamente, e, quando retornasse ao assunto central do poema, estaria por assim dizer em solo estranho, necessitando ter sua atenção novamente estimulada para poder acompanhar os atores principais. O mesmo inconveniente segue-se em grau menor quando o poeta remonta seus acontecimentos a um período muito distante e emparelha ações que, embora não inteiramente disjuntas, não apresentam uma conexão forte o bastante para favorecer a transição das paixões. Surge daí o artifício da narrativa oblíqua, empregada na *Odisseia* e na *Eneida*, em que o herói é inicialmente apresentado próximo à consecução de seus desígnios e posteriormente nos revela, como que em perspectiva, as causas e eventos mais distantes. Com esse método excita-se de imediato a curiosidade do leitor: os eventos seguem-se com rapidez e em estreita conexão, a atenção mantém-se viva e, por meio da relação próxima dos objetos, cresce continuamente do começo ao fim da narrativa.

13 A mesma regra vale para a poesia dramática, não se permitindo, em uma composição regular, a introdução de um ator que tenha pouca ou nenhuma relação com os personagens

principais do enredo. A atenção do espectador não deve ser desviada por cenas disjuntas e separadas das demais; isso interrompe o curso das paixões e impede aquela comunicação de diferentes emoções que faz que uma cena reforce outra e transmita a piedade e o terror por ela excitados para cada uma das cenas subsequentes, até que o todo exiba aquele rápido fluxo de emoções tão característico do teatro. Esse ardor dos afetos seria extinto se deparássemos subitamente com uma nova ação e novos personagens de nenhum modo relacionados aos anteriores; se encontrássemos uma brecha ou vazio tão perceptíveis no curso das paixões, resultante daquela brecha na conexão de ideias; e se, em vez de conduzir a simpatia de uma cena à seguinte, fôssemos obrigados, a cada instante, a convocar um novo interesse e a participar de uma nova situação dramática.

14 Para voltar à comparação da história com a poesia épica, os raciocínios precedentes permitem-nos concluir que, como uma certa unidade é requerida em todas as produções, ela não pode, menos ainda que em qualquer outro caso, estar ausente da história; que a conexão entre os diversos acontecimentos que os une em um só corpo é a relação de causa e efeito, a mesma conexão que tem lugar na poesia épica; e que, nesta última espécie de composição, essa conexão deve ser mais estreita e mais perceptível apenas em função da imaginação vívida e das fortes paixões que devem ser estimuladas pelo poeta em sua narração. A guerra do Peloponeso é um assunto adequado para a história, o cerco de Atenas, para um poema épico, e a morte de Alcebíades, para uma tragédia.

15 Como a diferença, portanto, entre história e poesia épica consiste apenas nos graus de conexão que aglutinam os diver-

sos acontecimentos que compõem seu assunto, será difícil, se não mesmo impossível, determinar verbalmente de maneira exata as fronteiras que separam esses dois gêneros. Esta é uma questão de gosto, mais que de raciocínio, e talvez essa unidade possa muitas vezes revelar-se em uma temática na qual, à primeira vista, e por uma consideração abstrata, menos esperaríamos encontrá-la.

16   É evidente que Homero, no curso de sua narrativa, foi além do tema que tinha inicialmente proposto, e que a ira de Aquiles que causou a morte de Heitor não é a mesma que trouxe tantos males aos gregos. Mas a forte ligação entre essas duas emoções, a rápida transição de uma a outra, o contraste[5] entre os efeitos da concórdia e da discórdia entre os príncipes, e a curiosidade natural que temos de ver Aquiles em ação depois de um repouso tão prolongado, todas essas causas atuam no leitor e criam uma suficiente unidade no assunto.

17   Pode-se objetar a Milton que ele foi muito longe no traçado de suas causas, e que a rebelião dos anjos produz a queda do homem por uma sucessão de eventos que é ao mesmo tempo muito longa e muito fortuita, para não mencionar que a criação do mundo, da qual ele dá um extenso relato, não é a causa dessa catástrofe mais do que da batalha de Farsália ou de qualquer outro evento já ocorrido. Mas se considerarmos, por outro lado, que esses eventos todos: a rebelião dos anjos,

---

5   Contraste, ou oposição, é uma conexão entre ideias que pode talvez ser considerada como uma mistura de causação e semelhança. Quando dois objetos são contrários, um destrói o outro; isto é, é a causa de sua aniquilação, e a ideia da aniquilação de um objeto implica a ideia de sua existência anterior.

a criação do mundo e a queda do homem *assemelham-se* uns aos outros por serem miraculosos e estarem fora do curso ordinário da natureza; que eles são considerados *contíguos* no tempo; e que, estando desconectados de todos os outros eventos e sendo os únicos fatos originais dados a conhecer pela revelação, chamam de imediato a atenção e evocam-se naturalmente uns aos outros no pensamento ou na imaginação; se considerarmos todas essas circunstâncias, eu dizia, descobriremos que essas partes da ação exibem uma unidade suficiente para que se possa subsumi-las a um único enredo ou narrativa. Ao que se poderia acrescentar que a rebelião dos anjos e a queda do homem têm uma semelhança peculiar, por serem a contrapartida uma da outra e por apresentarem ao leitor a mesma moral de obediência a nosso Criador.

18 Reuni estas vagas indicações para estimular a curiosidade dos filósofos e produzir, se não um pleno convencimento, pelo menos a suspeita de que este é um assunto muito vasto, e que muitas operações da mente humana dependem da conexão ou associação de ideias aqui explicada. Em especial, a afinidade entre as paixões e a imaginação pode aparecer como algo notável, ao observarmos que as afecções excitadas por um objeto passam facilmente para outro objeto conectado ao primeiro, mas não se transferem, ou só com dificuldade, entre objetos distintos que não estejam conectados de nenhum modo. Ao introduzir em qualquer composição personagens e ações estranhos uns aos outros, um autor pouco judicioso põe a perder aquela comunicação de emoções que é seu único meio de cativar o coração e de elevar as paixões a seu nível e culminação apropriados. A explicação completa deste princípio e de todas as suas consequências levar-nos-ia a raciocínios demasiado vastos e profundos para esta investigação. É suficiente, por ora, ter estabelecido a conclusão de que os três princípios que conectam todas as ideias são as relações de *semelhança, contiguidade* e *causação*.

Seção 4
Dúvidas céticas sobre as operações do entendimento

Parte I

1   Todos os objetos da razão ou investigação humanas podem ser naturalmente divididos em dois tipos, a saber, *relações de ideias e questões de fato*. Do primeiro tipo são as ciências da geometria, álgebra e aritmética, e, em suma, toda afirmação que é intuitiva ou demonstrativamente certa. *Que o quadrado da hipotenusa é igual ao quadrado dos dois lados* é uma proposição que expressa uma relação entre essas grandezas. *Que três vezes cinco é igual à metade de trinta* expressa uma relação entre esses números. Proposições desse tipo podem ser descobertas pela simples operação do pensamento, independentemente do que possa existir em qualquer parte do universo. Mesmo que jamais houvesse existido um círculo ou triângulo na natureza, as verdades demonstradas por Euclides conservariam para sempre sua certeza e evidência.

2   Questões de fato, que são o segundo tipo de objetos da razão humana, não são apuradas da mesma maneira, e tampouco nossa evidência de sua verdade, por grande que seja, é da

mesma natureza que a precedente. O contrário de toda questão de fato permanece sendo possível, porque não pode jamais implicar contradição, e a mente o concebe com a mesma facilidade e clareza, como algo perfeitamente ajustável à realidade. *Que o sol não nascerá amanhã* não é uma proposição menos inteligível nem implica mais contradição que a afirmação de *que ele nascerá*; e seria vão, portanto, tentar demonstrar sua falsidade. Se ela fosse demonstrativamente falsa, implicaria uma contradição e jamais poderia ser distintamente concebida pela mente.

3   Assim, pode ser um assunto digno de interesse investigar qual é a natureza dessa evidência que nos dá garantias quanto a qualquer existência real de coisas e qualquer questão de fato, para além do testemunho presente de nossos sentidos ou dos registros de nossa memória. Observe-se que tanto os antigos como os modernos pouco cultivaram essa parte da filosofia, e isso torna mais desculpáveis nossos erros e hesitações ao empreendermos uma investigação tão importante, percorrendo trilhas tão difíceis sem nenhum guia ou orientação. Esses erros podem até mesmo revelar-se úteis, estimulando a curiosidade e abalando aquela fé e segurança irrefletidas que são a ruína de todo raciocínio e de toda investigação imparcial. A descoberta de defeitos na filosofia ordinária, se os houver, não atuará, presumo, como um desencorajamento, mas antes como um estímulo, como é usual, para buscarmos algo mais pleno e satisfatório do que o que se tem até agora proposto ao público.

4   Todos os raciocínios referentes a questões de fato parecem fundar-se na relação de *causa e efeito*. É somente por meio dessa relação que podemos ir além da evidência de nossa memória e nossos sentidos. Se perguntássemos a um homem por que ele acredita em alguma afirmação factual acerca de

algo que está ausente — por exemplo, que seu amigo acha-se no interior, ou na França —, ele nos apresentaria alguma razão, e essa razão seria algum outro fato, como uma carta recebida desse amigo ou o conhecimento de seus anteriores compromissos e resoluções. Um homem que encontre um relógio ou qualquer outra máquina em uma ilha deserta concluirá que homens estiveram anteriormente nessa ilha. Todos os nossos raciocínios relativos a fatos são da mesma natureza. E aqui se supõe invariavelmente que há uma conexão entre o fato presente e o fato que dele se infere. Se nada houvesse que os ligasse, a inferência seria completamente incerta. Por que a audição de uma voz articulada e de um discurso com sentido na escuridão nos assegura da presença de alguma pessoa? Porque esses são os efeitos da constituição e do feitio do ser humano, e estão intimamente conectados a ele. Se dissecarmos todos os outros raciocínios dessa natureza, descobriremos que eles se fundam na relação de causa e efeito, e que essa relação se apresenta como próxima ou remota, direta ou colateral. Calor e luz são efeitos colaterais do fogo, e um dos efeitos pode ser legitimamente inferido do outro.

5 Assim, se quisermos nos convencer quanto à natureza dessa evidência que nos assegura quanto a questões de fato, devemos investigar como chegamos ao conhecimento de causas e efeitos.

6 Arrisco-me a afirmar, a título de uma proposta geral que não admite exceções, que o conhecimento dessa relação não é, em nenhum caso, alcançado por meio de raciocínios *a priori*, mas provém inteiramente da experiência, ao descobrirmos que certos objetos particulares acham-se constantemente conjugados uns aos outros. Apresente-se um objeto a um homem

dotado das mais poderosas capacidades naturais de raciocínio e percepção – se esse objeto for algo de inteiramente novo para ele, mesmo o exame mais minucioso de suas qualidades sensíveis não lhe permitirá descobrir quaisquer de suas causas ou efeitos. Adão, ainda que supuséssemos que suas faculdades racionais fossem inteiramente perfeitas desde o início, não poderia ter inferido da fluidez e transparência da água que ela o sufocaria, nem da luminosidade e calor do fogo que este poderia consumi-lo. Nenhum objeto jamais revela, pelas qualidades que aparecem aos sentidos, nem as causas que o produziram, nem os efeitos que dele provirão; e tampouco nossa razão é capaz de extrair, sem auxílio da experiência, qualquer conclusão referente à existência efetiva de coisas ou questões de fato.

7   Essa proposição de *que causas e efeitos são descobertos não pela razão, mas pela experiência* será facilmente aceita com relação a objetos de que temos a lembrança de nos terem sido outrora completamente desconhecidos, dado que estamos com certeza conscientes de nossa total inabilidade, na ocasião, de prever o que deles resultaria. Apresente a um homem não versado em filosofia natural duas peças lisas de mármore: ele jamais descobrirá que elas irão aderir uma à outra de tal maneira que uma grande força é requerida para separá-las ao longo de uma linha perpendicular às superfícies em contato, embora seja mínima a resistência que oferecem a uma pressão lateral. Também se admite prontamente, no caso de fenômenos que mostram pouca analogia com o curso ordinário da natureza, que eles só podem ser conhecidos por meio da experiência, e ninguém imaginaria que a explosão da pólvora ou a atração do magneto pudessem jamais ter sido descobertas por argumentos *a priori*. De maneira semelhante, quando se

supõe que um efeito depende de um complicado mecanismo ou estrutura secreta de partes, não temos dificuldade em atribuir à experiência todo o conhecimento que temos dele. Quem se apresentará como capaz de fornecer a razão última pela qual pão e leite são alimentos apropriados para um ser humano, mas não para um leão ou tigre?

8 Mas essa mesma verdade pode não parecer, à primeira vista, dotada da mesma evidência no caso de acontecimentos que nos são familiares desde que viemos ao mundo, que apresentam uma íntima analogia com o curso geral da natureza, e que supomos dependerem das qualidades simples de objetos sem nenhuma estrutura secreta de partes. No caso desses efeitos, tendemos a pensar que poderíamos descobri-los pela mera aplicação de nossa razão, sem recurso à experiência. Imaginamos que, se tivéssemos sido trazidos de súbito a este mundo, poderíamos ter inferido desde o início que uma bola de bilhar iria comunicar movimento a uma outra por meio do impulso, e que não precisaríamos ter aguardado o resultado para nos pronunciarmos com certeza acerca dele. Tal é a influência do hábito: quando ele é mais forte, não apenas encobre nossa ignorância, mas chega a ocultar a si próprio, e parece não estar presente simplesmente porque existe no mais alto grau.

9 Para convencer-nos, entretanto, de que todas as leis da natureza e todas as operações dos corpos, sem exceção, são conhecidas apenas por meio da experiência, bastarão talvez as seguintes reflexões. Se um objeto nos fosse apresentado e fôssemos solicitados a nos pronunciar, sem consulta à observação passada, sobre o efeito que dele resultará, de que maneira, eu pergunto, deveria a mente proceder nessa operação? Ela deve inventar ou imaginar algum resultado para atribuir ao objeto como seu efeito, e é óbvio que essa invenção terá de ser inteiramente arbitrária. O mais atento exame e escrutínio não permite à mente encontrar o efeito na suposta causa, pois o efeito é totalmente diferente da causa e não pode, consequentemente, revelar-se nela. O movimento da segunda bola de bilhar é um acontecimento completamente distinto do movimento da primeira, e não há nada em um deles que possa fornecer a menor pista acerca do outro. Uma pedra ou uma peça de metal, erguidas no ar e deixadas sem apoio, caem imediatamente; mas, considerando-se o assunto *a priori*, haveria porventura algo nessa situação que pudéssemos identificar como produzindo a ideia de um movimento para baixo e não para cima, ou outro movimento qualquer dessa pedra ou peça de metal?

10 E como em todas as operações naturais a primeira imaginação ou invenção de um efeito particular é arbitrária quando não se consulta a experiência, devemos avaliar do mesmo modo o suposto elo ou conexão entre causa e efeito que os liga entre si e torna impossível que algum outro efeito possa resultar da operação daquela causa. Quando vejo, por exemplo, uma bola de bilhar movendo-se em linha reta em direção a outra, mesmo supondo-se que o movimento da segunda bola seja acidentalmente sugerido à minha imaginação como resultado de seu contato ou impulso, não me seria porventura possível conceber uma centena de outros diferentes resultados que se seguem igualmente bem daquela causa? Não poderiam ambas as bolas permanecer em absoluto repouso? Não poderia a primeira bola recuar em linha reta ou saltar para longe da segunda em qualquer curso ou direção? Todas essas suposições são consistentes e concebíveis. Por que, então, deveríamos dar preferência a uma suposição que não é mais consistente ou concebível que as demais? Todos os nos-

sos raciocínios *a priori* serão para sempre incapazes de nos mostrar qualquer fundamento para essa preferência.

11 Em uma palavra, portanto: todo efeito é um acontecimento distinto de sua causa. Ele não poderia, por isso mesmo, ser descoberto na causa, e sua primeira invenção ou concepção *a priori* deve ser inteiramente arbitrária. E mesmo após ter sido sugerido, sua conjunção com a causa deve parecer igualmente arbitrária, pois há sempre muitos outros efeitos que, para a razão, surgem como tão perfeitamente consistentes e naturais quanto o primeiro. Em vão, portanto, pretenderíamos determinar qualquer ocorrência individual, ou inferir qualquer causa ou efeito, sem a assistência da observação e experiência.

12 Podemos, a partir disso, identificar a razão pela qual nenhum filósofo razoável e comedido jamais pretendeu indicar a causa última de qualquer operação natural, ou exibir precisamente a ação do poder que produz qualquer um dos efeitos particulares no universo. Reconhece-se que a suprema conquista da razão humana é reduzir os princípios produtivos dos fenômenos naturais a uma maior simplicidade, e subordinar os múltiplos efeitos particulares a algumas poucas causas gerais, por meio de raciocínios baseados na analogia, experiência e observação. Quanto às causas dessas causas gerais, entretanto, será em vão que procuraremos descobri-las; e nenhuma explicação particular delas será jamais capaz de nos satisfazer. Esses móveis princípios fundamentais estão totalmente vedados à curiosidade e à investigação humanas. Elasticidade, gravidade, coesão de partes, comunicação de movimento por impulso — essas são provavelmente as últimas causas e princípios que nos será dado descobrir na natureza, e devemos nos dar por satisfeitos se, por meio de um cuidado-

so raciocínio e investigação, pudermos reportar os fenômenos particulares a esses princípios gerais, ou aproximá-los deles. A mais perfeita filosofia da espécie natural apenas detém por algum tempo nossa ignorância, assim como a mais perfeita filosofia da espécie moral ou metafísica serve talvez apenas para descortinar porções mais vastas dessa mesma ignorância. Assim, o resultado de toda filosofia é a constatação da cegueira e debilidade humanas, com a qual deparamos por toda parte apesar de nossos esforços para evitá-la ou dela nos esquivarmos.

13 Mesmo a geometria, quando chamada a auxiliar a filosofia natural, é incapaz de corrigir esse defeito ou de nos levar ao conhecimento das causas últimas, apesar de toda precisão de raciocínio pela qual é tão justamente celebrada. Cada ramo da matemática aplicada procede a partir da suposição de que certas leis são estabelecidas pela natureza em suas operações, e o raciocínio abstrato é empregado ou para auxiliar a experiência na descoberta dessas leis, ou para determinar sua influência em casos particulares, nos quais essa influência depende, em algum grau preciso, da distância e da quantidade. Assim, é uma lei do movimento, descoberta pela experiência, que o momento ou força de qualquer corpo em movimento é a razão composta, ou proporção, de seu conteúdo sólido e sua velocidade; e, consequentemente, que uma pequena força pode remover o maior obstáculo ou erguer o maior peso se, por meio de algum dispositivo ou maquinário, pudermos aumentar a velocidade dessa força de modo a fazê-la sobrepujar o antagonista. A geometria nos ajuda a aplicar essa lei, fornecendo-nos as dimensões corretas de todas as partes e grandezas que podem entrar em qualquer espécie de máquina; mas a descoberta da própria lei continua devendo-se simplesmente à experiên-

cia, e todos os raciocínios abstratos do mundo nunca poderiam nos levar a um passo adiante na direção de sua descoberta. Quando raciocinamos *a priori* e consideramos um objeto ou causa apenas tal como aparece à mente, independente de toda observação, ele jamais poderá sugerir-nos a ideia de algum objeto distinto, como seu efeito, e muito menos exibir-nos a conexão inseparável e inviolável entre eles. Seria muito sagaz o homem capaz de descobrir pelo simples raciocínio que o cristal é o efeito do calor e o gelo o efeito do frio, sem estar previamente familiarizado com as operações dessas qualidades.

Parte 2

14   Mas ainda não chegamos a nenhuma conclusão satisfatória com relação à questão inicialmente proposta. Cada solução dá continuamente lugar a uma nova questão tão difícil quanto a anterior, e leva-nos cada vez mais longe em nossas investigações. Quando se pergunta *Qual é a natureza de todos os nossos raciocínios acerca de questões de fato?*, a resposta apropriada parece ser que eles se fundam na relação de causa e efeito. Quando em seguida se pergunta *Qual é o fundamento de todos os nossos raciocínios e conclusões acerca dessa relação?*, pode-se dar a resposta em uma palavra: a experiência. Mas, se ainda perseverarmos em nosso espírito esmiuçador e perguntarmos *Qual é o fundamento de todas as nossas conclusões a partir da experiência?*, isso introduz uma questão nova que pode ser ainda mais difícil de solucionar e esclarecer. Filósofos que se dão ares de superior sabedoria e confiança passam por maus bocados quando se defrontam com pessoas de índole inquisitiva que os expulsam de todos os cantos onde se refugiam e terminam inevitavelmente por fazê-los cair em algum dilema perigoso. O melhor meio de

evitar essa confusão é sermos modestos em nossas pretensões, inclusive apontando nós mesmos a dificuldade antes que ela seja levantada contra nós. Dessa forma, podemos converter nossa própria ignorância em uma espécie de mérito.

15 Contentar-me-ei, nesta seção, com uma tarefa fácil, buscando dar apenas uma resposta negativa à questão aqui proposta. Afirmo, portanto, que, mesmo após termos experiência das operações de causa e efeito, as conclusões que retiramos dessa experiência *não* estão baseadas no raciocínio ou em qualquer processo do entendimento. Devemos agora esforçar-nos para explicar e defender essa resposta.

16 Deve-se certamente reconhecer que a natureza tem nos mantido a uma boa distância de todos os seus segredos, só nos concedendo o conhecimento de umas poucas qualidades superficiais dos objetos, enquanto mantém ocultos os poderes e princípios dos quais a influência desses objetos depende inteiramente. Nossos sentidos informam-nos da cor, peso e consistência do pão, mas nem os sentidos nem a razão podem jamais nos informar quanto às qualidades que o tornam apropriado à nutrição e sustento do corpo humano. A visão ou sensação, transmite-nos uma ideia do movimento real dos corpos, mas quanto à admirável força ou poder que faz que um corpo em movimento persista para sempre em sua contínua mudança de lugar, e que os corpos nunca perdem a não ser quando a comunicam a outros, desta não somos capazes de formar a mais remota concepção. Mas, não obstante essa ignorância dos poderes[1] e princípios naturais, sempre supo-

---

1 A palavra *poder* está sendo usada aqui em seu sentido vago e popular. Uma explicação mais acurada de seu sentido traria ainda uma evidência adicional para este argumento. Veja a Seção 7.

mos, quando vemos qualidades sensíveis semelhantes, que elas têm poderes secretos semelhantes, e esperamos que delas se sigam efeitos semelhantes aos de que tivemos experiência. Se nos for apresentado um corpo de cor e consistência semelhantes às do pão que anteriormente comemos, não hesitamos em repetir o experimento e antevemos com certeza a mesma nutrição e sustento. Ora, eis aqui um processo mental ou intelectual do qual muito me agradaria saber o fundamento. Admite-se unanimemente que não há conexão conhecida entre qualidades sensíveis e poderes secretos, e, consequentemente, que a mente, ao chegar a uma tal conclusão sobre sua conjunção constante e regular, não é conduzida por nada que ela saiba acerca de suas naturezas. Quanto à *experiência* passada, pode-se admitir que ela provê informação *imediata* e *segura* apenas acerca dos precisos objetos que lhe foram dados, e apenas durante aquele preciso período de tempo; mas por que se deveria estender essa experiência ao tempo futuro ou a outros objetos que, por tudo que sabemos, podem ser semelhantes apenas em aparência? Essa é a questão fundamental sobre a qual desejaria insistir. O pão que comi anteriormente alimentou-me, isto é, um corpo de tais e tais qualidades sensíveis esteve, naquela ocasião, dotado de tais e tais poderes secretos, mas segue-se porventura disso que outro pão deva igualmente me alimentar em outra ocasião, e que qualidades sensíveis semelhantes devam estar sempre acompanhadas de poderes secretos semelhantes? Essa consequência não parece de nenhum modo necessária. É preciso no mínimo reconhecer que a mente extraiu aqui uma consequência, que um certo passo foi dado: um percurso do pensamento e uma inferência para o que se exige uma explicação. As duas proposições seguintes estão longe de serem a mesma: *Constatei que tal objeto* sempre esteve acompanhado de tal efeito e *Prevejo que outros objetos, de aparência semelhante, estarão acompanhados de efeitos semelhantes*. Admitirei, se lhes agradar, que é correto inferir uma proposição da outra; e sei, de fato, que essa inferência sempre é feita. Mas, se alguém insistir em que ela se faz por meio de uma cadeia de raciocínio, eu gostaria que esse raciocínio me fosse apresentado. A conexão entre essas proposições não é intuitiva. Requer-se aqui um termo médio que possibilite à mente realizar uma tal inferência, se é que ela é de fato realizada por meio de algum raciocínio ou argumento. Qual seria esse termo médio, devo confessar que ultrapassa minha compreensão, e quem deve apresentá-lo são os que afirmam que ele realmente existe e que é a fonte de todas as nossas conclusões referentes a questões de fato.

17 Esse argumento negativo deverá com certeza tornar-se plenamente convincente com o passar do tempo, se muitos filósofos hábeis e perspicazes voltarem-se para ele em suas investigações e nenhum deles for jamais capaz de descobrir qualquer proposição ou passo intermediário que estabeleça a ligação e apoie o entendimento nessa conclusão. Mas, como a questão é ainda recente, pode ser que nem todos os leitores confiem tanto em sua própria perspicácia a ponto de, pelo simples fato de um argumento escapar à sua indagação, concluir que ele realmente não existe. Por essa razão, pode ser necessário embrenharmo-nos em uma tarefa mais difícil, e, enumerando todos os ramos do conhecimento humano, esforçarmo-nos para mostrar que nenhum deles pode dar apoio a um tal argumento.

18 Todos os raciocínios podem ser divididos em dois tipos, a saber, o raciocínio demonstrativo, que diz respeito a relações de ideias, e o raciocínio moral, referente a questões de fato e existência. Parece evidente que argumentos demonstrativos não estão envolvidos neste caso, dado que não é contraditório que o curso da natureza possa mudar, e que um objeto aparentemente semelhante aos de que tivemos experiência possa vir acompanhado de efeitos diferentes ou contrários. Não posso, porventura, conceber de forma clara e distinta que caia das nuvens um corpo, em todos os outros aspectos assemelhado à neve, e que, contudo, apresente ao paladar o gosto de sal e ao tato a sensação do fogo? Há alguma afirmação mais inteligível do que dizer que todas as árvores vão florescer em dezembro e janeiro e perder as folhas em maio e junho? Ora, tudo o que é inteligível e pode ser distintamente concebido está isento de contradição, e não pode ser provado como falso por nenhum argumento demonstrativo ou raciocínio abstrato *a priori*.

19   Assim, se formos levados, por meio de argumentos, a depositar confiança na experiência passada e torná-la o modelo de nossos julgamentos futuros, esses argumentos terão de ser apenas prováveis, ou seja, relacionados a questões de fato e de existência efetiva, conforme a divisão já mencionada. Mas, se for aceita nossa explicação dessa espécie de raciocínio, o fato de que não há nenhum argumento desse tipo aparecerá como uma constatação sólida e satisfatória. Dissemos que todos os argumentos relativos à existência fundam-se na relação de causa e efeito, que nosso conhecimento dessa relação deriva-se inteiramente da experiência, e que todas as nossas conclusões experimentais procedem da suposição de que o futuro estará em conformidade com o passado. Em vista disso, esforçar-se para provar esta última suposição por meio de argumentos prováveis, ou argumentos que dizem respeito à existência, é evidentemente andar em círculo e tomar como dado exatamente o ponto que está sendo debatido.

20   Na realidade, todos os argumentos que partem da experiência fundam-se na semelhança que observamos entre os objetos naturais, pela qual somos induzidos a esperar efeitos semelhantes aos que descobrimos seguirem-se de tais objetos. E embora ninguém senão um insensato ou louco jamais pretendesse pôr em questão a autoridade da experiência ou rejeitar essa grande condutora da vida humana, pode-se certamente permitir a um filósofo que sua curiosidade seja ampla o bastante para pelo menos levá-lo a examinar o princípio da natureza humana que outorga à experiência essa enorme autoridade e nos faz tirar proveito dessa semelhança que a natureza estabeleceu entre os diversos objetos. De causas que aparecem como *semelhantes*, esperamos efeitos semelhantes; essa é a súmula de todas as nossas conclusões experimentais. Ora, parece evidente que, se essa fosse uma conclusão alcançada pela razão, ela já seria tão perfeita desde o início, e com base em um único exemplo, quanto depois de um transcurso da experiência tão longo quanto se queira; mas, de fato, as coisas correm de modo bem diferente. Ovos assemelham-se entre si como nenhum outro objeto, e ninguém, no entanto, com base nessa aparente similaridade, espera encontrar em todos eles o mesmo gosto e sabor. É apenas após um longo decurso de experiências uniformes que obtemos, em objetos de qualquer espécie, uma firme confiança e certeza com relação a um resultado particular. Mas onde está esse processo de raciocínio que, de um caso único, extrai uma conclusão tão diferente da que infere de uma centena de novos casos que de nenhum modo diferem daquele caso inicial? Proponho essa questão não tanto para levantar dificuldades, mas para obter alguma informação. Não consigo encontrar, nem sequer posso imaginar, nenhum raciocínio desse tipo. Minha mente, porém, está sempre aberta a ensinamentos, se alguém se dignar a oferecê-los.

21 Se for dito que, de um certo número de experimentos uniformes, nós *inferimos* uma conexão entre as qualidades sensíveis e os poderes secretos, serei obrigado a confessar que isso me parece ser a mesma dificuldade expressa em termos diferentes. A questão permanece: em que passos argumentativos funda-se essa *inferência*? Onde está o termo médio, as ideias interpostas que ligam proposições tão distantes umas das outras? Reconhece-se que a cor, a consistência e outras qualidades sensíveis do pão não aparecem como possuindo por si mesmas qualquer conexão com os poderes secretos da nutrição e sustento, pois, de outro modo, poderíamos inferir esses poderes secretos tão logo essas qualidades sensíveis fizessem seu aparecimento, sem auxílio da experiência, o que é contrário à opinião de todos os filósofos e à simples realidade dos fatos. Eis aqui, portanto, nosso estado natural de ignorância quanto aos poderes e à influência de todos os objetos. Como remediá-lo pela experiência? Esta simplesmente nos exibe uma multiplicidade de efeitos uniformes resultantes de certos objetos, e nos ensina que aqueles particulares objetos, naquela ocasião particular, estiveram dotados de tais e tais forças e poderes. Quando um novo objeto se apresenta, dotado de qualidades sensíveis semelhantes, esperamos encontrar poderes e forças semelhantes, e procuramos por um efeito semelhante. De um corpo de cor e consistência parecidas às do pão, esperamos nutrição e sustento semelhantes. Mas isso com certeza é um passo ou progressão da mente que pede uma explicação. Quando um homem diz: *Constatei, em todos os casos passados, tais e tais qualidades sensíveis associadas a tais e tais poderes secretos*, e quando diz: *Qualidades sensíveis semelhantes estarão sempre associadas a poderes secretos semelhantes*, ele não incorre em tautologia, e essas proposições não coincidem sob nenhum aspecto. Se alguém disser que uma proposição foi inferida da outra, deverá confessar que a inferência não é intuitiva, e tampouco é demonstrativa. De que natureza é ela, então? Dizer que é experimental é supor resolvida a própria questão que se investiga, pois todas as inferências a partir da experiência supõem, como seu fundamento, que o futuro irá assemelhar-se ao passado, e que poderes semelhantes estarão associados a qualidades sensíveis semelhantes. Se houver qualquer suspeita de que o curso da natureza possa vir a modificar-se, e que o passado possa não ser uma regra para o futuro, toda a experiência se tornará inútil e incapaz de dar origem a qualquer inferência ou conclusão. É, portanto, impossível que algum argumento a partir da experiência possa provar essa semelhança do passado com o futuro, dado que todos esses argumentos estão fundados na pressuposição dessa mesma semelhança. Por mais regular que se admita ter sido até agora o curso das coisas, isso, isoladamente, sem algum novo argumento ou inferência, não prova que, no futuro, ele continuará a sê-lo. É fútil alegar que conhecemos a natureza dos corpos com base na experiência passada; sua natureza secreta e, consequentemente, todos seus efeitos e influências podem modificar-se sem que suas qualidades sensíveis alterem-se minimamente. Isso ocorre algumas vezes, e com relação a alguns objetos; por que não poderia ocorrer sempre e com relação a todos? Qual lógica, qual sequência de argumentos nos garante contra essa suposição? Poder-se-ia dizer que nossa prática refuta nossas dúvidas, mas isso é interpretar mal o significado de minha questão. Como agente, estou plenamente convencido sobre esse ponto, mas, como filósofo que tem sua parcela de curiosidade, não direi de ceticismo, quero compreender o fundamento dessa inferência. Todas as leituras e investigações não foram até agora capazes de pôr fim à minha dificuldade, ou de prover algum esclarecimento em um assunto de tamanha importância. Haveria algo melhor a fazer do que trazer a público essa dificuldade, mesmo que talvez se tenham poucas esperanças de obter uma solução? Desse modo, pelo menos, ficaremos cientes de nossa ignorância, ainda que não aumentemos nosso conhecimento.

22   Devo confessar que se torna culpado de imperdoável arrogância aquele que conclui que um argumento realmente não existe só porque escapou à sua própria investigação. Devo também confessar que, ainda que todos os eruditos tenham se empenhado durante muitas eras em pesquisas infrutíferas sobre um assunto qualquer, pode mesmo assim ser precipitado concluir confiantemente que o assunto deve, por isso, ultrapassar toda compreensão humana. Ainda que tenhamos examinado todas as fontes de nosso conhecimento, concluindo por julgá-las inadequadas para um tal assunto, pode restar ainda a suspeita de que a enumeração não foi completa, ou que o exame não foi suficientemente acurado. Quanto ao presente assunto, contudo, há algumas considerações que parecem capazes de afastar toda essa acusação de arrogância ou suspeita de enganos.

23   É certo que os campônios mais ignorantes e estúpidos – não apenas eles, mas as crianças de tenra idade e os próprios

animais — aperfeiçoam-se pela experiência e ganham conhecimento das qualidades dos objetos naturais pela observação dos efeitos que deles decorrem. Após ter experimentado a sensação de dor ao tocar a chama de uma vela, uma criança tomará todo o cuidado para não aproximar a mão de qualquer outra vela, antevendo um efeito semelhante de uma causa que é semelhante em sua aparência e qualidades sensíveis. Assim, se alguém asseverar que o entendimento da criança é levado a tal conclusão por um processo qualquer de argumento ou raciocínio, é justo que eu lhe peça que exponha esse argumento, e não haverá nenhum pretexto para se recusar um pedido tão razoável. Não se poderá alegar que o argumento é muito complexo e poderá escapar à nossa investigação, pois admitiu-se que ele é tão óbvio que uma simples criança é capaz de compreendê-lo. Portanto, se houver um momento de hesitação, ou se, após uma reflexão, for apresentado um argumento intrincado e profundo, isso significa de certo modo desistir da questão e confessar que não é o raciocínio que nos leva a supor o passado semelhante ao futuro e a esperar efeitos semelhantes de causas que são em aparência semelhantes. Essa é a proposição que pretendi estabelecer na presente seção. Se eu estiver correto, não pretendo ter feito qualquer grande descoberta. E se estiver errado, é-me forçoso reconhecer que, como estudioso, devo ter regredido em meus conhecimentos, visto que não sou hoje capaz de perceber um argumento com o qual, ao que parece, eu já estava perfeitamente familiarizado muito antes de deixar o berço.

Seção 5
Solução cética dessas dúvidas

Parte I

1   Assim como a paixão pela religião, a paixão pela filosofia, embora tenha por alvo a correção de nossa conduta e a extirpação de nossos vícios, parece sujeita ao inconveniente de que, pelo seu manejo imprudente, pode servir apenas para fortalecer uma inclinação que já predomina e arrastar a mente de forma ainda mais decidida para o lado que já *atrai* em demasia, em função das tendências e inclinações de nosso temperamento natural. É certo que, ao buscarmos atingir a elevação e firmeza espiritual do sábio filósofo e esforçarmo-nos para confinar nossos prazeres exclusivamente ao campo de nossas próprias mentes, poderemos acabar tornando nossa filosofia semelhante à de Epicteto e outros estoicos, ou seja, simplesmente um sistema mais refinado de egoísmo; e persuadir-nos pelo raciocínio a nos afastar de toda a virtude assim como dos prazeres do convívio social. Quando examinamos com atenção a futilidade da vida humana e dirigimos todos os nossos pensamentos para a natureza vã e transitória das

honras e riquezas, talvez estejamos todo esse tempo apenas satisfazendo nossa indolência natural, a qual, por odiar o alvoroço do mundo e a fatigante servidão aos negócios, busca um simulacro de razão para ceder de forma completa e descontrolada a suas inclinações. Há, no entanto, uma espécie de filosofia que parece pouco sujeita a esse inconveniente, pois não se harmoniza com nenhuma paixão desordenada da mente humana, nem se mistura, ela própria, a nenhuma afecção ou inclinação naturais; e essa é a filosofia *acadêmica* ou *cética*. Os acadêmicos estão constantemente falando sobre dúvida e suspensão do juízo, sobre o perigo das decisões apressadas, sobre confinar as indagações do entendimento a limites bem estreitos e renunciar a todas as especulações que caem fora dos limites da vida e da prática cotidianas. Consequentemente, uma filosofia como essa é o que há de mais contrário à indolência acomodada da mente, sua arrogância irrefletida, suas grandiosas pretensões e sua credulidade supersticiosa. Todas as paixões são refreadas por ela, exceto o amor à verdade, e essa é uma paixão que jamais é, ou pode ser, levada a um grau excessivo. Surpreende, portanto, que essa filosofia – que em quase todas as ocasiões deve mostrar-se inofensiva e inocente – seja objeto de tantas censuras e reprovações infundadas. Mas, talvez, a própria circunstância que a torna tão inocente seja o que principalmente a expõe ao ódio e ao ressentimento públicos. Ao não adular paixões desordenadas, ela conquista poucos adeptos; e ao opor-se a tantos vícios e loucuras, levanta contra si uma multidão de inimigos, que a estigmatizam como libertina, profana e irreligiosa.

2   Tampouco precisamos temer que essa filosofia, ao esforçar-se para limitar nossas investigações somente à vida ordinária,

venha a subverter os raciocínios próprios dessa vida e levar suas dúvidas tão longe a ponto de aniquilar não só toda a especulação, mas também toda a ação. A natureza sempre afirmará seus direitos e prevalecerá, ao final, sobre qualquer espécie de raciocínio abstrato. Embora, por exemplo, seja preciso concluir, como na seção precedente, que em todos os raciocínios baseados na experiência a mente dá um passo que não encontra apoio em nenhum argumento ou processo do entendimento, não há perigo de que estes raciocínios, dos quais quase todo conhecimento depende, cheguem a ser afetados por tal descoberta. Se não é um argumento que obriga a mente a dar este passo, ela deve estar sendo conduzida por algum outro princípio de igual peso e autoridade, e esse princípio preservará sua influência por todo o tempo em que a natureza humana permanecer a mesma. Descobrir qual é esse princípio pode muito bem recompensar todas as dificuldades da investigação.

3 Suponha-se que seja trazida de súbito a este mundo uma pessoa dotada, não obstante, das mais poderosas faculdades da razão e reflexão. É verdade que ela observaria imediatamente uma contínua sucessão de objetos, e um acontecimento seguindo-se a outro, mas não conseguiria descobrir mais nada além disso. Ela não seria, no início, capaz de apreender, por meio de nenhum raciocínio, a ideia de causa e efeito, já que os poderes específicos pelos quais se realizam todas as operações naturais jamais se manifestam aos sentidos, e não é razoável concluir, meramente porque em uma certa ocasião um acontecimento precede outro, que o primeiro é então a causa, e o outro o efeito. Sua conjunção pode ser arbitrária e casual; pode não haver razão para inferir a existência de um

do aparecimento do outro; e, em uma palavra, tal pessoa, sem experiência adicional, jamais poderia conjeturar ou raciocinar acerca de qualquer questão de fato, ou estar segura de qualquer coisa além do que estivesse imediatamente presente à sua memória e sensação.

4 Suponhamos agora que ela tenha adquirido mais experiência e vivido no mundo o bastante para observar que objetos ou acontecimentos semelhantes estão constantemente unidos uns aos outros. Qual é o resultado dessa experiência? O resultado é que essa pessoa passa a inferir imediatamente a existência de um objeto a partir do aparecimento do outro. E, no entanto, com toda sua experiência, ela não terá adquirido nenhuma ideia ou conhecimento do poder secreto pelo qual o primeiro objeto produz o segundo, e não é nenhum processo de raciocínio que a leva a realizar essa inferência. Ainda assim, ela se vê determinada a realizá-la; e, mesmo que viesse a se convencer de que o entendimento não toma parte na operação, seu pensamento continuaria a fazer o mesmo percurso. Há aqui algum outro princípio que a faz chegar a essa conclusão.

5 Esse princípio é o *hábito* ou *costume*. Pois sempre que a repetição de algum ato ou operação particulares produz uma propensão a realizar novamente esse mesmo ato ou operação, sem que se esteja sendo impelido por nenhum raciocínio ou processo do entendimento, dizemos invariavelmente que essa propensão é o efeito do *hábito*. Não pretendemos ter fornecido, com o emprego dessa palavra, a razão última de uma tal propensão; apenas apontamos um princípio universalmente reconhecido da natureza humana, e que é bem conhecido pelos seus efeitos. Talvez não possamos levar nossas investigações mais longe do que isso, nem pretender oferecer a causa

dessa causa, mas tenhamos de nos satisfazer com esse princípio como o mais fundamental que nos é possível identificar em todas as conclusões que tiramos da experiência. Já é uma satisfação suficiente termos chegado até aí, para que nos queixemos da estreiteza de nossas faculdades por não nos levarem mais adiante. E é certo que estamos aventando aqui uma proposição que, se não é verdadeira, é pelo menos muito inteligível, ao afirmarmos que, após a conjunção constante de dois objetos – calor e chama, por exemplo, ou peso e solidez –, é exclusivamente o hábito que nos faz esperar um deles a partir do aparecimento do outro. Essa hipótese parece mesmo ser a única que explica a seguinte dificuldade: por que extraímos de mil casos uma inferência que não somos capazes de extrair de um único caso, que deles não difere em nenhum aspecto? A razão é incapaz de variar dessa forma; as conclusões que ela retira da consideração de um único círculo são as mesmas que formaria após inspecionar todos os círculos do universo. Mas nenhum homem, tendo visto apenas um único corpo mover-se após ter sido impelido por outro, poderia inferir que todos os outros corpos mover-se-iam após um impulso semelhante. Todas as inferências da experiência são, pois, efeitos do hábito, não do raciocínio.[1]

---

[1] Nada é mais usual entre autores, quer se ocupem de questões *morais, políticas ou físicas*, do que distinguir entre *razão* e *experiência*, e supor que essas espécies de argumentação são inteiramente diferentes uma da outra. As primeiras são tomadas como o simples resultado de nossas faculdades intelectuais que, ao considerarem *a priori* a natureza das coisas e examinarem os efeitos que devem seguir-se de suas operações, estabelecem princípios particulares da ciência e da filosofia. As últimas se supõem derivadas inteiramente do sentido e da observação, pelos quais chegamos a saber o que resultou efetivamente da operação

de certos objetos particulares, tornando-nos capazes de inferir a partir disso o que deles resultará no futuro. Assim, por exemplo, os limites e restrições ao governo civil, bem como a vigência legal de uma constituição, podem ser defendidos quer com base na *razão*, a qual, refletindo sobre a imensa fragilidade e corrupção da natureza humana, ensina que não se pode com segurança confiar a homem algum uma autoridade ilimitada, quer com base na *experiência* e na história, que nos informam dos enormes abusos dessa imprudente confiança que a ambição tem ocasionado em todas as épocas e países.

A mesma distinção entre razão e experiência preserva-se em todas as deliberações concernentes à condução de nossa vida: enquanto o estadista, o general, o médico e o negociante experientes granjeiam confiança e têm suas recomendações seguidas, o principiante sem prática, por maiores que sejam seus talentos naturais, é negligenciado e menosprezado. Embora se admita que a razão pode formar conjeturas muito plausíveis com relação às consequências de tal e tal conduta particular em tais e tais circunstâncias particulares, ela ainda é considerada imperfeita quando não conta com o auxílio da experiência, que é a única capaz de dar estabilidade e certeza às máximas derivadas do estudo e da reflexão.

Mas, não obstante essa distinção ser tão universalmente admitida em ambas as esferas, ativa e especulativa, da vida, não hesitarei em declarar que ela é, no fundo, errônea, e no mínimo superficial.

Se examinarmos aqueles argumentos que, em qualquer das ciências já mencionadas, são tomados como mero efeito do raciocínio e da reflexão, verificaremos que eles culminam por fim em algum princípio ou conclusão gerais para os quais não podemos atribuir outra razão senão a observação e a experiência. A única diferença entre eles e aquelas máximas que são vulgarmente consideradas como o resultado da pura experiência é que os primeiros não podem ser estabelecidos sem algum processo intelectual e alguma reflexão sobre o que se observou, para identificar as circunstâncias que o cercam e rastrear suas consequências; ao passo que entre as últimas o acontecimento de que se tem experiência é, em todos os aspectos, exatamente semelhante àquele que inferimos como o resultado de alguma situação particular. A história de um Tibério ou de um Nero faz-nos temer uma tirania semelhante, caso nossos monarcas se libertassem das restrições das leis e assembleias. Mas a observação de qualquer fraude ou crueldade na vida privada já é suficiente, desde que se pense um pouco, para nos trazer a

6 O hábito é, assim, o grande guia da vida humana. É só esse princípio que torna nossa experiência útil para nós, e faz-nos esperar, no futuro, uma cadeia de acontecimentos semelhante às que ocorreram no passado. Sem a influência do hábito, seríamos inteiramente ignorantes de toda questão de fato que extrapole o que está imediatamente presente à memória e aos sentidos. Jamais saberíamos como adequar meios a fins, nem como empregar nossos poderes naturais para produzir um efeito qualquer. Pôr-se-ia de imediato um fim a toda ação, bem como à parte principal da especulação.

---

mesma apreensão, ao servir como exemplo da corrupção geral da natureza humana e mostrar-nos o perigo que devemos correr ao depositar uma confiança integral na humanidade. Em ambos os casos, é a experiência que constitui, em última análise, o fundamento de nossa inferência e conclusão.

Não há ninguém tão jovem e inexperiente que não tenha formado, a partir da observação, muitas máximas gerais e corretas relativas aos assuntos humanos e à conduta da vida, mas deve-se confessar que, quando chega a hora de pô-las em prática, um homem estará extremamente propenso a erros até que o tempo e as experiências adicionais venham a expandir essas máximas e ensinar-lhe seu adequado uso e aplicação. Há, em todas as situações ou ocorrências, um grande número de circunstâncias peculiares e aparentemente minúsculas que tendem a ser de início ignoradas mesmo pelo homem mais talentoso, embora delas dependa por completo a justeza de suas conclusões e, em consequência, a prudência de sua conduta. Para não mencionar que, no caso de um jovem principiante, as máximas e observações gerais nem sempre lhe vêm à mente nas ocasiões apropriadas, nem podem ser aplicadas de imediato com a devida tranquilidade e discernimento. A verdade é que um raciocinador inexperiente não poderia de forma alguma raciocinar se lhe faltasse por completo a experiência; e, quando dizemos que alguém é inexperiente, estamos aplicando essa denominação num sentido apenas comparativo e supondo que ele possui experiência em um grau menor e mais imperfeito.

7   Mas aqui pode ser conveniente observar que, embora as conclusões que tiramos da experiência nos conduzam para além do âmbito de nossa memória e de nossos sentidos e nos assegurem da ocorrência de fatos nos mais distantes lugares e nas épocas mais remotas, é sempre necessário que algum fato esteja presente aos sentidos ou à memória, para que dele possamos partir em busca dessas conclusões. Um homem que encontrasse em um território deserto as ruínas de suntuosas edificações concluiria que aquela região havia sido ocupada em tempos antigos por habitantes civilizados, mas, se ele não deparasse com nada dessa natureza, jamais poderia fazer tal inferência. A história nos ensina os acontecimentos que tiveram lugar em eras passadas, mas temos então de vasculhar os volumes nos quais essa informação está contida e, a partir daí, conduzir nossas inferências de um depoimento para outro até chegarmos aos espectadores e testemunhas oculares desses acontecimentos distantes. Em resumo: se não partirmos de algum fato, presente à memória ou aos sentidos, nossos raciocínios serão puramente hipotéticos, e, por melhor que os elos individuais pudessem estar conectados uns aos outros, a cadeia de inferências, como um todo, nada teria que lhe desse sustentação, e jamais poderíamos, por meio dela, chegar ao conhecimento da existência efetiva de qualquer coisa. Se lhe pergunto por que acredita em algum fato particular que está relatando, você terá de fornecer-me alguma razão, e essa razão será algum outro fato conectado com o primeiro. Mas, como não se pode proceder dessa maneira *in infinitum*, você deve chegar por fim a algum fato que esteja presente à sua memória ou aos seus sentidos, ou então admitir que sua crença é inteiramente infundada.

8   Qual é, então, a conclusão que se pode extrair disso tudo? É uma conclusão simples, embora consideravelmente afastada, reconheça-se, das teorias filosóficas usuais: toda crença relativa a fatos ou à existência efetiva de coisas deriva exclusivamente de algum objeto presente à memória ou aos sentidos e de uma conjunção habitual entre esse objeto e algum outro. Ou, em outras palavras, tendo descoberto, em muitos casos, que dois tipos quaisquer de objetos — chama e calor, neve e frio — estiveram sempre associados um ao outro, se a chama ou a neve se apresentarem novamente aos sentidos, a mente é levada pelo hábito a esperar calor ou frio, e a *acreditar* que tal qualidade está presente e irá revelar-se se examinada de perto. Essa crença é o resultado necessário da colocação da mente em tais circunstâncias. Trata-se de uma operação da alma que, quando estamos nessa situação, é tão inevitável quanto sentir a paixão do amor ao recebermos benefícios, ou a do ódio quando deparamos com injúrias. Todas essas operações são uma espécie de instintos naturais que nenhum raciocínio ou processo do pensamento ou entendimento é capaz de produzir ou de evitar.

9   Seria perfeitamente lícito que puséssemos, neste ponto, um fim a nossas pesquisas filosóficas. Na maior parte das questões, não podemos jamais dar um único passo adiante; e em todas elas, após as mais incansáveis e cuidadosas investigações, é aqui que devemos, por fim, terminar. Mas nossa curiosidade será ainda desculpável, talvez mesmo elogiável, se nos conduzir a ulteriores pesquisas e nos fizer examinar mais precisamente a natureza dessa *crença* e da *conjunção habitual* da qual ela deriva. Dessa maneira, podemos encontrar algumas explicações e analogias que trarão satisfação pelo menos àqueles que amam as ciências abstratas e são capazes de se en-

treter com especulações que, por exatas que sejam, podem ainda reter um certo grau de dúvida e incerteza. Quanto aos leitores de diferentes predileções, a parte restante desta seção não foi planejada para eles, e as investigações seguintes podem muito bem ser entendidas, ainda que ela seja deixada de lado.

Parte 2

10   Nada é mais livre que a imaginação humana, e, embora não possa ir além daquele inventário original de ideias fornecidas pelos sentidos internos e externos, ela dispõe de poder ilimitado para misturar, combinar, separar e dividir essas ideias em todas as variedades de ficção e miragens. É-lhe possível inventar uma série de acontecimentos que têm toda a aparência de realidade, atribuir-lhes uma ocorrência em um local e momento precisos, concebê-los como existentes e pintá-los para si mesma com todas as circunstâncias apropriadas a um fato histórico qualquer, no qual acredite com a máxima certeza. Em que consiste, então, a diferença entre uma ficção desse tipo e uma crença? Ela não repousa simplesmente em alguma ideia peculiar que estaria anexada às concepções que exigem nosso assentimento e ausente de todas as ficções reconhecidas como tais; pois, como a mente tem autoridade sobre todas as suas ideias, ela poderia anexar voluntariamente essa particular ideia a qualquer ficção e ser capaz, em consequência, de acreditar no que bem quisesse, o que é contrário ao que constatamos na experiência do dia a dia. Podemos, em nossa compreensão, juntar a cabeça de um homem ao corpo de um cavalo, mas não está em nosso poder acreditar que um tal animal tenha alguma vez realmente existido.

11 Segue-se, portanto, que a diferença entre *ficção* e *crença* localiza-se em alguma sensação ou sentimento que se anexa à segunda, mas não à primeira, e que não depende da vontade nem pode ser convocado quando se queira. Como qualquer outro sentimento, ele deve ser provocado pela natureza e provir da situação particular em que a mente se encontra em uma determinada ocasião. Sempre que um objeto qualquer é apresentado à memória ou aos sentidos, ele imediatamente, pela força do hábito, leva a imaginação a conceber o objeto que lhe está usualmente associado, e essa concepção é acompanhada de uma sensação ou sentimento que difere dos devaneios soltos da fantasia. Nisso consiste toda a natureza da crença; pois, como não há questão de fato na qual se acredite tão firmemente a ponto de não se poder conceber o contrário, não haveria nenhuma diferença entre a concepção a que se dá o assentimento e aquela que se rejeita, se não fosse por algum sentimento que as distingue uma da outra. Se vejo uma bola de bilhar movendo-se em direção a outra, sobre uma mesa lisa, posso facilmente conceber que ela se detenha no momento do contato. Essa concepção não implica contradição, mas ainda assim provoca um sentimento muito diferente da concepção pela qual represento para mim o impulso e a comunicação de movimento de uma bola a outra.

12 Se fôssemos tentar *definir* esse sentimento, depararíamos talvez com uma tarefa muito difícil, se não impossível; seria o mesmo que nos esforçarmos para definir a sensação de frio ou a paixão da cólera para uma criatura que nunca teve nenhuma experiência desses sentimentos. A denominação verdadeira e apropriada desse sentimento é *crença*, e jamais alguém se sentiria perplexo diante do significado desse termo, porque cada pessoa está, a cada momento, consciente do sentimento que ele representa. Pode não ser inadequado, contudo, ensaiar uma *descrição* desse sentimento, com a esperança de que, por esse meio, possamos chegar a algumas analogias que permitam explicá-lo mais perfeitamente. Afirmo, então, que a crença nada mais é que uma concepção de um objeto mais vívida, vigorosa, enérgica, firme e constante do que jamais seria possível obter apenas pela imaginação. Essa diversidade de termos, aparentemente tão pouco filosófica, visa apenas expressar aquele ato mental que torna as realidades – ou o que se considera como tais – mais presentes para nós do que as ficções, que lhes dão um peso maior junto ao pensamento e uma influência superior sobre as paixões e a imaginação. Uma vez que se concorde quanto à coisa, é desnecessário disputar acerca de termos. A imaginação tem o comando sobre todas as suas ideias e pode juntá-las, misturá-las e modificá-las de todas as maneiras possíveis. Pode conceber objetos fictícios com todas as circunstâncias de tempo e lugar. Pode dispô-los, por assim dizer, diante de nossos olhos em suas verdadeiras cores, exatamente como poderiam ter existido. Mas, como é impossível que essa faculdade da imaginação possa, por si só, alcançar a crença, torna-se evidente que a crença não consiste na natureza particular ou ordem específica de nossas ideias, mas na *maneira* como são concebidas e no *sentimento* que trazem à mente. Confesso que é impossível explicar perfeitamente esse sentimento ou maneira de concepção; podemos fazer uso de palavras que expressam algo que disso se aproxima, mas sua denominação própria e verdadeira, como observamos antes, é *crença*; um termo que todos entendem suficientemente na vida cotidiana. E, em filosofia, não podemos ir mais além da asserção de que a *crença* é algo sentido pela mente, que distingue entre as ideias provindas do julgamento e as ficções da imaginação. Ela lhes dá mais peso e influência, faz que se mostrem mais importantes, impõe-nas à consideração da mente e torna-as o princípio diretor de nossas ações. Ouço neste instante, por exemplo, a voz de uma pessoa que me é conhecida, e o som vem como se fosse do cômodo vizinho. Essa impressão de meus sentidos conduz de imediato meu pensamento para essa pessoa, bem como para todos os objetos que a circundam, e eu os represento para mim como existindo neste momento com as mesmas qualidades e relações que eu sabia possuírem anteriormente. Essas ideias se apoderam de minha mente de uma maneira mais firme que ideias de um castelo encantado; elas atuam muito diferentemente sobre o sentimento e têm uma influência muito maior e diversificada, tanto na produção de prazer quanto na de dor, de alegria quanto de pesar.

13 Tomemos, então, essa doutrina em toda sua extensão, admitindo que o sentimento de crença nada mais é que uma concepção mais intensa e constante do que a que acompanha as meras ficções da imaginação, e que essa *maneira* de conceber provém de uma habitual conjunção do objeto com algo presente à memória ou aos sentidos. Creio que não será difícil, com base nessas suposições, descobrir outras operações da mente análogas a esta, e remeter esses fenômenos a princípios ainda mais gerais.

14 Já observamos que a natureza estabeleceu conexões entre ideias particulares e que, tão logo uma ideia surja em nosso pensamento, ela introduz sua ideia correlativa e para ela dirige nossa atenção, por meio de um delicado e insensível movimento. Reduzimos esses princípios de conexão ou associação a três, a saber, *semelhança*, *contiguidade* e *causação*, que são os únicos liames que mantêm nossos pensamentos coesos e dão ori-

gem àquela cadeia regular de reflexões, ou discurso, que, em maior ou menor grau, tem lugar entre todos os seres humanos. Ora, aqui se levanta uma questão da qual vai depender a solução da presente dificuldade: será o caso que, em todas essas relações, quando um dos objetos se apresenta aos sentidos ou à memória, a mente não apenas seja conduzida à concepção do correlativo, mas alcance dele uma concepção mais forte e constante do que de outro modo seria capaz de obter? Isso parece ocorrer com aquela crença que provém da relação de causa e efeito. E se o mesmo ocorrer com as outras relações ou princípios de associação, poderá ser estabelecido como uma lei geral, que tem lugar em todas as operações da mente.

15 Assim, a título de um primeiro experimento dirigido para nosso presente propósito, podemos observar que, na presença do retrato de um amigo ausente, a ideia que temos dele é evidentemente avivada pela *semelhança*, e que todas as paixões que essa ideia ocasiona, sejam de alegria sejam de pesar, adquirem nova força e vigor. Para a produção desse efeito, concorrem tanto uma relação como uma impressão presente. Quando o retrato em nada se assemelha ao amigo ou, pelo menos, não pretendia representá-lo, nem sequer dirige para ele nossos pensamentos. E se o retrato, tanto quanto o amigo, estiver ausente, embora a mente possa passar do pensamento de um ao pensamento do outro, ela sente que a ideia que se tem deste é antes enfraquecida que avivada por essa transição. Temos prazer em contemplar o retrato de um amigo quando é posto diante de nós, mas, quando é removido, escolhemos antes considerar a pessoa diretamente do que por meio da reflexão sobre uma imagem igualmente distante e obscura.

16 As cerimônias da religião católica romana podem ser consideradas casos da mesma natureza. Os devotos dessa supers-

tição costumam desculpar-se das momices pelas quais são repreendidos alegando que sentem os efeitos benéficos desses movimentos, posturas e atos exteriores no avivamento de sua devoção e estímulo a seu fervor, os quais de outro modo declinariam se dirigidos inteiramente para objetos distantes e imateriais. Esboçamos os objetos de nossa fé, dizem eles, em símbolos e imagens perceptíveis aos sentidos, e tornamo-los mais presentes a nós por meio da presença imediata desses símbolos do que nos seria possível por meio simplesmente de uma visão e uma contemplação intelectuais. Objetos sensíveis sempre têm, sobre a imaginação, uma influência maior que quaisquer outros objetos, e transmitem prontamente essa influência às ideias com as quais se relacionam e às quais se assemelham. De tais práticas e de tal raciocínio, limito-me a inferir que o efeito da semelhança no avivamento das ideias é muito comum; e como em cada caso deve haver o concurso de uma semelhança e de uma impressão presente, estamos abundantemente supridos de experimentos para provar a realidade do princípio que se introduziu anteriormente.

17   Podemos acrescentar força a esses experimentos mediante outros de um tipo diferente, ao considerarmos os efeitos da *contiguidade*, além dos da *semelhança*. É certo que a distância diminui a força de qualquer ideia, e que, ao nos aproximarmos de algum objeto, esse objeto, embora não se revele a nossos sentidos, opera sobre a mente com uma influência que imita uma impressão imediata. Pensar em um objeto qualquer de pronto transporta a mente para o que lhe é contíguo, mas é só a presença efetiva do objeto que a transporta com superior vivacidade. Quando estou a poucas milhas de casa, tudo que a ela se relaciona toca-me muito mais de perto do que quando estou a duzentas léguas, embora mesmo a esta distância a re-

flexão sobre qualquer coisa nas proximidades de meus amigos ou de minha família produza naturalmente uma ideia deles. Mas, como neste último caso, ambos os objetos considerados pela mente são ideias, a transição de um para outro, não obstante se faça com facilidade, não é por si só capaz de transmitir uma vivacidade superior a qualquer uma das ideias, pela falta de alguma impressão imediata.[2]

---

2 "*Naturane nobis, inquit, datum dicam, an errore quodam, ut, cum ea loca videamus, in quibus memoria dignos viros acceperimus multum esse versatos, magis moveamur, quam siquando eorum ipsorum aut facta audiamus aut scriptum aliquod legamus? Velut ego nunc moveor. Venit enim mihi Platonis in mentem, quem accepimus primum hic disputare solitum: cuius etiam illi hortuli propinqui non memoriam solum mihi afferunt, sed ipsum videntur in conspectu meo hic ponere, Hic Speusippus, hic Xenocrates, hic eius auditor Polemo; cuius ipsa illa sessio fuit, quam videmus. Equidem etiam curiam nostram, Hostiliam dico, non hanc novam, quae mihi minor esse videtur postquam est maior, solebam intuens, Scipionem, Catonem, Lælium, nostrum vero in primis avum cogitare. Tanta vis admonitionis inest in locis; ut non sine causa ex his memoriae ducta sit disciplina.*" Cícero, *De Finibus*, Livro V. [Cícero relata palavras de seu amigo Marco Piso durante visita que fizeram à Academia em Atenas: "Quer se trate de um fato da natureza, quer de simples ilusão – observou –, nossas emoções são mais fortemente despertadas quando vemos os locais que se diz terem sido frequentados por homens ilustres do que quando ouvimos contar seus feitos ou lemos seus escritos. É assim que me sinto agora. Vem-me à mente Platão, de quem se diz ter sido o primeiro a entreter discussões neste lugar, e de fato o pequeno jardim acolá não apenas traz sua memória, mas põe, por assim dizer, o próprio homem diante de meus olhos. E aqui está Espêusipo, aqui Xenócrates e seu discípulo Polemo, que costumava ocupar o próprio assento que ali vemos. E mesmo nosso edifício do Senado (refiro-me à Cúria Hostília, não ao novo edifício, que me parece ter se tornado menor depois da ampliação) trazia-me ao pensamento os vultos de Cipião, Catão, Lélio e principalmente de meu avô. Tal é o poder de evocação que reside nos locais, e não é sem razão que neles se baseia a arte da mnemônica".]

18 Ninguém pode pôr em dúvida que a causação tenha a mesma influência que as duas outras relações de semelhança e contiguidade. Pessoas supersticiosas gostam muito das relíquias de santos e homens pios, pela mesma razão que as leva a buscar símbolos e imagens: a fim de avivar sua devoção e dar-lhes uma concepção mais forte e profunda daquelas vidas exemplares que desejam imitar. Ora, é evidente que uma das melhores relíquias que um devoto poderia obter seria o trabalho manual de um santo; e se suas roupas e mobiliário podem ser considerados sob essa perspectiva, é porque estiveram algum dia à sua disposição e ele os moveu e atuou sobre eles; e nesse aspecto podem ser vistos como efeitos imperfeitos e como estando a ele conectados por uma cadeia de consequências mais curta do que qualquer uma daquelas pelas quais sabemos da realidade de sua existência.

19 Suponhamos que nos fosse apresentado o filho de um amigo há muito tempo morto ou ausente; é claro que esse objeto faria instantaneamente reviver sua ideia correlativa e traria a nossos pensamentos todas as lembranças dos momentos íntimos e familiares do passado, em cores mais vívidas do que de outro modo nos teriam aparecido. Eis aqui outro fenômeno que parece comprovar o princípio já mencionado.

20 Podemos observar que, nesses fenômenos, a crença no objeto correlativo é sempre pressuposta, sem o que a relação não poderia ter efeito. A influência do retrato supõe que *acreditemos* que nosso amigo tenha alguma vez existido. A contiguidade ao lar não poderia excitar as ideias que temos dele a menos que *acreditemos* que realmente exista. E eu assevero que essa crença, quando ultrapassa o domínio da memória e dos sentidos, é de uma natureza semelhante e provém de causas semelhantes às da transição de pensamento e vivacidade de concepção aqui explicadas. Quando lanço ao fogo um pedaço de madeira seca, minha mente é imediatamente levada a conceber que isso aumentará as chamas, não que as extinguirá. Essa transição de pensamento da causa para o efeito não procede da razão, mas deriva sua origem inteiramente do hábito e da experiência. E dado que se inicia com um objeto presente aos sentidos, ela torna a ideia ou concepção da chama mais forte e vívida do que o faria um devaneio solto e vacilante da imaginação. Essa ideia surge de imediato; o pensamento move-se instantaneamente em sua direção e lhe comunica toda aquela força de concepção derivada da impressão presente aos sentidos. Não é verdade que, quando uma espada é empunhada contra meu peito, a ideia do ferimento e da dor me afeta mais fortemente do que quando me é oferecida uma taça de vinho, mesmo que tal ideia viesse por acidente a ocorrer-me quando do aparecimento desse último objeto? Mas o que há em tudo isso capaz de ocasionar uma concepção tão forte, a não ser simplesmente a presença de um objeto e uma transição habitual para a ideia de um outro objeto que nos acostumamos a associar ao primeiro? Essa é toda a operação da mente em cada uma de nossas conclusões relativas a questões de fato e existência, e é uma satisfação descobrir algumas analogias pelas quais se pode explicá-la. Em todos os casos, é a transição a partir de um objeto presente que dá força e solidez à ideia que lhe está relacionada.

21   Há aqui, então, uma espécie de harmonia preestabelecida entre o curso da natureza e a sucessão de nossas ideias; e, embora desconheçamos por completo os poderes e forças que governam aquele curso, constatamos que nossos pensamentos

e concepções seguiram o mesmo caminho das demais obras da natureza. O hábito é o princípio pelo qual veio a se produzir essa correspondência, tão necessária à sobrevivência de nossa espécie e à direção de nossa conduta, em todas as situações e ocorrências da vida humana. Se a presença de um objeto não excitasse instantaneamente a ideia dos objetos que a ele comumente se associam, todo o nosso conhecimento teria de ficar circunscrito à estreita esfera de nossa memória e de nossos sentidos, e jamais teríamos sido capazes de ajustar meios a fins ou de empregar nossos poderes naturais seja para produzir o que é bom, seja para evitar o que é mau. Aqueles que se encantam com a descoberta e contemplação das *causas finais* têm aqui um vasto assunto em que empregar seu fascínio e admiração.

22 Acrescento, a título de uma confirmação adicional da teoria precedente, que, como essa operação da mente pela qual inferimos efeitos semelhantes de causas semelhantes e vice-versa é tão essencial à subsistência de todas as criaturas humanas, não é provável que ela pudesse ser confiada às falazes deduções de nossa razão – que é lenta em suas operações, não está presente em nenhum grau durante os primeiros anos da infância, e, na melhor das hipóteses, revela-se extremamente sujeita a erros e equívocos em todas as épocas e períodos da vida humana. Está mais de acordo com a costumeira sabedoria da natureza que uma atividade mental tão necessária seja garantida por meio de algum instinto ou tendência mecânica, capaz de mostrar-se infalível em suas operações, de manifestar-se desde o primeiro aparecimento de vida e do pensamento, e de proceder independentemente de todas as laboriosas deduções do entendimento. Assim como a natureza ensi-

nou-nos o uso de nossos membros sem nos dar o conhecimento dos músculos e nervos que os comandam, do mesmo modo ela implantou em nós um instinto que leva adiante o pensamento em um curso correspondente ao que ela estabeleceu para os objetos externos, embora ignoremos os poderes e as forças dos quais esse curso e essa sucessão regulares de objetos totalmente depende.

Seção 6
Da probabilidade[1]

1   Embora não haja no mundo isso que se denomina *acaso*, nossa ignorância da causa real de um acontecimento qualquer tem a mesma influência que ele sobre o entendimento, e produz uma espécie semelhante de crença ou opinião.

2   Há, com certeza, uma probabilidade decorrente de um número superior de casos favoráveis a uma das partes, e, à medida que cresce essa superioridade, ultrapassando o número de casos contrários, a probabilidade aumenta proporcionalmente, gerando um grau ainda mais elevado de crença ou assentimento em relação à parte em que observamos essa superioridade. Se marcássemos um dado com o mesmo algarismo ou número de pontos em quatro de suas faces, e com outro

---

[1] Locke divide todos os argumentos em demonstrativos e prováveis. Segundo essa concepção, deveríamos dizer que é apenas provável que todos os homens devam morrer, ou que o sol se levantará amanhã. Mas, para melhor adequar nossa linguagem ao uso ordinário, deveríamos dividir os argumentos em *demonstrações*, *provas* e *probabilidades*, entendendo por provas aqueles argumentos a partir da experiência que não deixam margem à dúvida ou oposição.

algarismo ou número de pontos nas duas faces restantes, seria mais provável que viesse a resultar o primeiro algarismo que o segundo; mas, se o dado tivesse mil faces marcadas do mesmo modo e apenas uma diferente, a probabilidade seria muito mais elevada, e nossa crença ou expectativa em relação a esse resultado, mais firme e segura. Talvez esse processo do pensamento ou raciocínio pareça óbvio e trivial, mas ele é capaz de oferecer, para os que o examinam mais a fundo, material para interessantes reflexões.

3   Parece claro que a mente, quando busca descobrir o evento que resultará do lançamento desse dado, considera como igualmente provável que se volte para cima qualquer uma das faces individuais; e essa é a própria natureza do acaso: tornar inteiramente iguais todos os acontecimentos particulares que abrange. Mas, ao encontrar um maior número de faces que contribuem para um certo acontecimento do que para outro, a mente é conduzida com mais frequência para esse acontecimento e depara mais vezes com ele ao ponderar as diversas possibilidades ou acasos de que depende o resultado final. Essa confluência de diversas ponderações em um único acontecimento particular engendra de imediato, por um inexplicável dispositivo da natureza, o sentimento de crença e dá a esse acontecimento uma vantagem sobre seu antagonista, que está respaldado por um número menor de ponderações e retorna com menor frequência à mente. Se admitirmos que a crença nada mais é que uma concepção de um objeto dotada de mais força e firmeza do que a que acompanha as meras ficções da imaginação, essa operação pode, talvez, ser em certa medida explicada. A confluência dessas diversas ponderações ou rápidas percepções grava com mais força a ideia na imaginação, dá-lhe força e vigor superiores, torna mais perceptível

sua influência sobre as paixões e os afetos, e, em uma palavra, engendra aquela confiança ou certeza que constitui a própria natureza da crença e opinião.

4   Quanto à probabilidade associada às causas, ocorre o mesmo que com a probabilidade que se associa ao acaso. Há algumas causas que produzem um certo efeito de maneira inteiramente uniforme e constante, sem que jamais se tenha encontrado nenhum exemplo de falha ou irregularidade em sua operação. O fogo sempre queimou e a água sempre afogou qualquer criatura humana; a produção de movimento pelo impulso e pela gravidade é uma lei universal que até agora não apresentou exceções. Mas há outras causas que se têm mostrado mais irregulares e incertas: o ruibarbo nem sempre funcionou como um purgante ou o ópio como um soporífero para todos os que ingeriram esses medicamentos. É verdade que, quando alguma causa deixa de produzir seu efeito costumeiro, os filósofos não atribuem essa ocorrência a alguma irregularidade da natureza, mas assumem por princípio que a operação foi frustrada por algumas causas ocultas naquela particular estrutura de partes. Nossos raciocínios, porém, e nossas conclusões relativas ao acontecimento procedem como se esse princípio não existisse. Como o hábito nos leva, em todas as nossas inferências, a transferir o passado para o futuro, todas as vezes em que o passado mostrou-se inteiramente regular e uniforme esperamos o acontecimento com a máxima segurança, e não deixamos lugar para qualquer suposição em contrário. Mas, quando se constata que efeitos diferentes seguem-se de causas que são *aparentemente* em tudo semelhantes, todos esses diversos efeitos devem apresentar-se à mente quando se transfere o passado para o futuro, e devem ser levados em conta ao determinarmos a probabilidade do

acontecimento. Embora nossa preferência seja dada ao que se mostrou mais usual, e acreditemos que esse é o efeito que vai ocorrer, não podemos negligenciar os demais, mas temos de atribuir a cada um deles um particular peso e autoridade, conforme o tenhamos encontrado com maior ou menor frequência. É mais provável, em quase todos os países da Europa, que haja algum dia de geada em janeiro do que permanecer o tempo bom ao longo de todo esse mês, embora essa probabilidade varie de acordo com os diferentes climas e aproxime-se de uma certeza nos reinos mais setentrionais. Assim, parece aqui evidente que, quando transferimos o passado para o futuro a fim de determinar o efeito que resultará de alguma causa, transferimos todos os diferentes acontecimentos na mesma proporção em que apareceram no passado, e concebemos um deles, por exemplo, como tendo ocorrido uma centena de vezes; outro, dez vezes; outro, uma só. Como há aqui um grande número de considerações confluindo para um determinado acontecimento, elas o fortalecem e o confirmam perante a imaginação, elas engendram o sentimento que denominamos *crença* e dão ao objeto dessa crença a preferência sobre o acontecimento contrário, que não se encontra respaldado por um igual número de experiências e não retorna tão frequentemente ao pensamento quando se transfere o passado para o futuro. Que alguém experimente explicar essa operação da mente com base em qualquer um dos sistemas filosóficos herdados, e a dificuldade ficará patente. De minha parte, dar-me-ei por satisfeito se as presentes sugestões estimularem a curiosidade dos filósofos e nos tornarem conscientes de quão defeituosas são todas as teorias usuais ao tratarem de assuntos tão surpreendentes e elevados.

Seção 7
Da ideia de conexão necessária

Parte I

1   A grande vantagem das ciências matemáticas sobre as ciências morais consiste em que as ideias das primeiras, sendo facilmente apreensíveis, são sempre claras e determinadas, a menor distinção entre elas é imediatamente perceptível e os mesmos termos sempre expressam as mesmas ideias, sem ambiguidade ou variação. Nunca se toma uma oval por um círculo, nem uma hipérbole por uma elipse; e os triângulos isósceles e escaleno separam-se por fronteiras mais nítidas que as que distinguem o vício e a virtude, o certo e o errado. Quando se define um termo qualquer em geometria, a mente por si mesma substitui de imediato, em todas as ocasiões, o termo definido por sua definição; ou mesmo se não se emprega nenhuma definição, o próprio objeto pode ser apresentado aos sentidos e, por esse meio, apreendido de maneira firme e clara. Mas as sensações mais delicadas da mente, as operações do entendimento, as diversas turbulências das paixões, embora sejam em si mesmas realmente distintas, facilmente nos esca-

pam quando inspecionadas pela reflexão, e não está em nosso alcance evocar o objeto original por mais vezes que tenhamos ocasião de contemplá-lo. Desse modo, introduz-se gradualmente a ambiguidade em nossos raciocínios; objetos assemelhados são facilmente tomados como idênticos e, por fim, a conclusão se distancia demasiadamente das premissas.

2   Pode-se, porém, afirmar com segurança que, se considerarmos essas ciências em uma perspectiva adequada, suas vantagens e desvantagens compensam-se aproximadamente umas às outras e põem ambas em pé de igualdade. Se é verdade que a mente retém com maior facilidade as ideias claras e determinadas da geometria, ela é, em contrapartida, obrigada a percorrer uma cadeia de raciocínios muito mais longa e intrincada, e a comparar ideias que estão muito mais distantes entre si, a fim de atingir as verdades mais recônditas dessa ciência. E se, por sua vez, as ideias morais têm uma tendência a tombar em obscuridade e confusão quando não se procede com extrema cautela, as inferências são sempre muito mais curtas nessas investigações, e os passos intermediários que levam à conclusão, muito menos numerosos que no caso das ciências que tratam da quantidade e do número. Na realidade, dificilmente se encontrará em Euclides uma proposição tão simples que não contenha mais partes do que se pode encontrar em qualquer raciocínio moral que não enverede pela fantasia e presunção. Quando esboçamos em alguns poucos passos os princípios da mente humana, podemos dar-nos por bem satisfeitos com nosso progresso, considerando quão rapidamente a natureza barra todas as nossas indagações acerca de causas e reduz-nos à admissão de nossa ignorância. Assim, o principal obstáculo a nosso progresso em ciências morais e metafísicas é a obscuridade das ideias e a ambiguidade dos

termos. Na matemática, por sua vez, a principal dificuldade reside no tamanho das inferências e na amplitude de pensamento que se requer para chegarmos a alguma conclusão. E, talvez, nosso progresso em filosofia natural seja prejudicado principalmente pela falta de experiências e fenômenos apropriados, que muitas vezes são descobertos por mero acaso e nem sempre podem ser obtidos quando necessários, mesmo por meio das mais diligentes e cuidadosas investigações. Como a filosofia moral parece ter recebido até agora menos aperfeiçoamentos que a geometria ou a física, podemos concluir que, se há alguma diferença a esse respeito entre essas ciências, as dificuldades que atravancam o progresso da primeira requerem maior cuidado e aptidão para serem sobrepujadas.

3 Não há, entre as ideias que ocorrem na metafísica, outras mais incertas e obscuras que as de *poder, força, energia* ou *conexão necessária*, das quais nos é forçoso tratar a cada instante em todas as nossas investigações. Vamos, portanto, esforçar-nos nesta seção para fixar, se possível, o significado preciso desses termos e com isso remover uma parcela da obscuridade que tanto se censura nesse gênero de filosofia.

4 Parece pouco controversa a afirmação de que nossas ideias são apenas cópias de nossas impressões, ou, em outras palavras, que nos é impossível *pensar* em alguma coisa que não tenhamos anteriormente *experimentado* pelos nossos sentidos, externos ou internos, Esforcei-me[1] para explicar e provar essa proposição, e exprimi minhas esperanças de que, por meio de uma aplicação adequada desse princípio, as pessoas poderão alcançar, nos raciocínios filosóficos, clareza e precisão maio-

---

1 Seção 2.

res do que foram até agora capazes de atingir. As ideias complexas podem, talvez, ser bem conhecidas por sua definição, que nada mais é que uma enumeração das partes ou ideias simples que as compõem. Mas, quando tivermos levado as definições até as ideias mais simples de todas e continuarmos a encontrar ambiguidades e obscuridades, que recurso então nos restará? Que estratagema nos permitirá lançar luz sobre essas ideias e torná-las completamente precisas e determinadas em nossa apreensão intelectual? A resposta consiste em exibir as impressões ou sentimentos originais dos quais as ideias foram copiadas. Essas impressões são, todas elas, fortes e palpáveis e não comportam nenhuma ambiguidade. Não apenas estão elas próprias situadas em plena luz, como podem lançar luz sobre as ideias que lhes correspondem e que jazem na obscuridade. E talvez possamos, desse modo, construir um novo microscópio ou tipo de instrumento óptico pelo qual, nas ciências morais, as ideias mais simples e mais diminutas sejam de tal modo ampliadas a ponto de serem prontamente apreendidas por nós e tornarem-se tão bem conhecidas quanto as ideias mais flagrantes e palpáveis que podem ser objeto de nossas investigações.

5   Para familiarizarmo-nos plenamente com a ideia de poder ou conexão necessária, comecemos então por examinar sua impressão; e, a fim de localizar a impressão com mais segurança, procuremos por ela em todas as fontes das quais poderia derivar.

6   Quando olhamos para os objetos ao nosso redor e consideramos a operação das causas, não somos jamais capazes de identificar, em um caso singular, nenhum poder ou conexão necessária, nenhuma qualidade que ligue o efeito à causa e

torne o primeiro uma consequência infalível da segunda. De fato, tudo o que descobrimos é que o efeito realmente se segue à causa. O impulso da primeira bola de bilhar é acompanhado do movimento da segunda, e isso é tudo o que é dado a nossos sentidos *externos*. Quanto a algum sentimento ou impressão *interna*, essa sucessão de objetos não faz a mente experimentar nada desse tipo. Não há, consequentemente, em nenhum caso particular, isolado, de causa e efeito, nada que possa sugerir a ideia de poder ou de conexão necessária.

7   Não somos jamais capazes de conjeturar qual efeito resultará de um objeto na primeira vez em que ele nos aparece. Mas, se a mente pudesse discernir o poder ou energia de uma causa qualquer, poderíamos prever seu efeito mesmo sem nenhuma experiência e estaríamos aptos, desde o primeiro momento, a nos pronunciarmos com segurança sobre esse efeito, pelo simples recurso ao pensamento e raciocínio.

8   Não há, na realidade, nenhuma porção de matéria que revele, por suas qualidades sensíveis, qualquer poder ou energia, ou que nos dê razões para imaginar que poderia produzir alguma coisa ou ser seguida por qualquer outro objeto que pudéssemos denominar seu efeito. Solidez, extensão, movimento — todas essas qualidades são completas em si mesmas e não apontam para qualquer outro acontecimento que pudesse resultar delas. O cenário do universo está em contínua mutação, e os objetos seguem-se uns aos outros em sucessão ininterrupta, mas o poder ou força que põe toda essa máquina em movimento está completamente oculto de nossa vista e nunca se manifesta em nenhuma das qualidades sensíveis dos corpos. Sabemos, de fato, que o calor é um acompanhante regular da chama, mas não temos meios sequer de conjeturar ou

imaginar qual é a conexão entre eles. É impossível, portanto, que a ideia de poder possa ser derivada da contemplação dos corpos em casos isolados de sua operação, porque nenhum corpo jamais exibe algum poder que possa ser a origem dessa ideia.[2]

9 Dado, portanto, que os objetos externos, tal como aparecem aos sentidos, não nos dão ideia alguma de poder ou conexão necessária por sua operação em casos particulares, vejamos se essa ideia pode ser derivada da reflexão sobre as operações de nossas próprias mentes e copiada de alguma impressão interna. Pode-se dizer que a todo instante estamos conscientes de um poder interno, quando sentimos que, pelo simples comando de nossa vontade, podemos mover os órgãos de nosso corpo ou direcionar as faculdades de nosso espírito. Um ato de volição produz movimento em nossos membros ou faz surgir uma nova ideia em nossa imaginação. Essa influência da vontade nos é dada a conhecer pela consciência. Dela adquirimos a ideia de poder ou energia, e ficamos certos de que nós próprios e todos os outros seres inteligentes estamos dotados de poder. Essa ideia, então, é uma ideia de reflexão, dado que a obtemos refletindo sobre as operações de nossa própria mente e sobre o comando que a vontade exerce tanto sobre os órgãos do corpo como sobre as faculdades da alma.

---

2 Locke, em seu capítulo sobre o poder [II xxi I], diz que, ao descobrirmos pela experiência que ocorrem diversas novas produções na matéria, e ao concluirmos que deve haver em algum lugar um poder capaz de produzi-las, chegamos finalmente à ideia de poder. Porém, como confessar esse próprio filósofo, nenhum raciocínio é capaz de nos fornecer uma ideia simples que seja nova e original. O raciocínio, portanto, jamais poderia ser a origem daquela ideia.

10   Passaremos a examinar essa suposição, primeiramente com relação à influência da volição sobre os órgãos do corpo. Essa influência, observa-se, é um fato que, como todos os outros acontecimentos naturais, pode ser conhecido apenas pela experiência, e não pode ser jamais previsto a partir de qualquer energia ou poder na causa que a conecte ao efeito e torne este uma consequência infalível daquela. O movimento de nosso corpo segue-se ao comando de nossa vontade; disso estamos conscientes a cada instante. Mas os meios pelos quais isso se realiza, a energia pela qual a vontade executa uma tão extraordinária operação, tudo isso está tão longe de nossa consciência imediata que deve para sempre escapar às nossas mais diligentes investigações.

11   Pois, *primeiro*, haveria em toda a natureza algum princípio mais misterioso do que a união da alma com o corpo, pela qual uma suposta substância espiritual adquire uma tal influência sobre uma substância material a ponto de o mais tênue pensamento ser capaz de pôr em movimento a matéria mais crassa? Se estivesse em nosso poder remover montanhas por um recôndito desejo, ou controlar os planetas em suas órbitas, essa vasta autoridade não seria mais extraordinária nem estaria mais distante de nossa compreensão. Mas, se percebêssemos pela consciência algum poder ou energia na vontade, deveríamos então conhecer esse poder, deveríamos conhecer sua conexão com o efeito, deveríamos conhecer a união secreta entre a alma e o corpo e a natureza dessas duas substâncias que torna uma delas capaz de operar sobre a outra em um número tão grande de casos.

12   *Segundo*, não somos capazes de mover todos os órgãos do corpo com igual autoridade, embora não possamos atribuir ne-

nhuma razão além da simples experiência para uma diferença tão notável entre uns e outros. Por que a vontade tem uma influência sobre a língua e os dedos, mas não sobre o coração e o fígado? Essa questão jamais nos traria embaraço se estivéssemos conscientes da atuação de um poder no primeiro caso mas não no segundo. Perceberíamos então, independentemente da experiência, por que a autoridade da vontade sobre os órgãos do corpo está circunscrita a tais limites particulares. Estando, nesse caso, plenamente familiarizados com a força ou poder pelo qual a vontade opera, saberíamos igualmente por que sua influência chega precisamente até esses limites e não vai além deles.

13   Um homem subitamente afetado por uma paralisia no braço ou na perna, ou que há pouco tenha perdido esses membros, esforça-se frequentemente, no início, para movê-los e empregá-los em suas tarefas habituais. Ele está aqui tão consciente do poder de comandar esses membros quanto um homem em perfeita saúde está consciente do poder de atuar sobre qualquer membro que preserve seu estado e condição naturais. Mas a consciência nunca nos engana; consequentemente, seja em um caso, seja em outro, jamais estamos conscientes de poder algum. É só pela experiência que aprendemos sobre a influência de nossa vontade; e tudo que a experiência nos ensina é como um acontecimento segue-se constantemente a outro, sem nos instruir acerca da conexão oculta que os mantém ligados e os torna inseparáveis.

14   *Terceiro*, aprendemos em anatomia que o objeto imediato do poder no movimento voluntário não é o próprio membro que é movido, mas certos músculos, nervos, e espíritos animais, ou talvez algo ainda mais minúsculo e mais desconheci-

do, através dos quais o movimento sucessivamente se propaga antes de atingir propriamente o membro cujo movimento é o objeto imediato da volição. Pode haver prova mais segura de que o poder pelo qual toda essa operação se realiza, longe de ser direta e completamente conhecido por um sentimento interno ou ato de consciência, é misterioso e ininteligível no mais alto grau? O que ocorre aqui é que a mente executa um ato da vontade que tem como objeto um certo acontecimento e imediatamente se produz um outro acontecimento que nos é desconhecido e difere totalmente daquele que se tencionava produzir. E esse acontecimento produz outro, também desconhecido, até que, por fim, após uma longa sucessão, produz-se o acontecimento desejado. Mas se o poder original fosse sentido, ele teria de ser conhecido, e se fosse conhecido, seu efeito também teria de sê-lo, dado que todo poder é relativo a seu efeito. E *vice-versa*: se o efeito não for conhecido, o poder não pode ser conhecido, nem sentido. Como, na verdade, podemos estar conscientes do poder de mover nossos membros se não temos tal poder, mas apenas o de mover certos espíritos animais que, embora produzam ao fim e ao cabo o movimento de nossos membros, operam não obstante de uma maneira que está totalmente fora do alcance de nossa compreensão?

15 Disso tudo podemos, portanto, concluir – sem nenhuma precipitação, espero, embora com bastante segurança – que nossa ideia de poder não é copiada de nenhum sentimento ou consciência de poder que porventura experimentemos em nosso interior ao darmos início ao movimento animal ou empregarmos nossos membros nos usos e afazeres que lhes são próprios. Que seu movimento se segue ao comando de nossa de nossa vontade é um fato da experiência ordinária, como

tantos outros acontecimentos na natureza. Mas o poder ou energia por meio de que isso se realiza é-nos desconhecido e inconcebível.[3]

16 Deveríamos afirmar, então, que estamos conscientes de um poder ou energia em nossas próprias mentes quando, por um ato ou comando de nossa vontade, suscitamos uma nova ideia, fixamos sobre ela nossa atenção, observamo-la de todos os ângulos e, por fim, a abandonamos em favor de alguma outra ideia quando julgamos já a ter examinado suficientemente a fundo? Creio que os mesmos argumentos provarão que mesmo esse comando da vontade não nos dá uma real ideia de força ou energia.

17 *Primeiro*, deve-se admitir que, quando conhecemos um poder, conhecemos a exata circunstância na causa que a capacita

---

[3] Pode-se alegar que é a resistência que encontramos nos corpos, a qual nos obriga frequentemente a exercer nossa força e convocar todo nosso poder, que nos dá a ideia de força e poder. Este *nisus*, ou esforço intenso do qual estamos conscientes, é a impressão original da qual essa ideia é copiada. Mas, em primeiro lugar, atribuímos poderes a um vasto número de objetos com referência aos quais não é lícito supor a ocorrência de tal resistência ou exercício de força: ao Ser Supremo, que nunca depara com nenhuma resistência; à mente, quando controla as ideias e membros no pensamento e movimento ordinários, casos em que o efeito se segue de imediato à vontade sem nenhum exercício ou convocação de forças; e à matéria inanimada, que é incapaz de experimentar esse sentimento. Em segundo lugar, esse sentimento de um esforço para sobrepujar uma resistência não tem conexão conhecida com nenhum acontecimento: é só pela experiência que sabemos o que dele se segue, e não poderíamos sabê-lo *a priori*. Deve-se, porém, confessar que o *nisus* animal que experimentamos, embora não possa fornecer uma ideia precisa e exata de poder, participa em grande medida da ideia popular e inexata que dele se faz.

a produzir o efeito, pois esse poder e essa circunstância são supostamente sinônimos. Devemos, portanto, conhecer tanto a causa quanto o efeito, bem como a relação entre eles. Mas quem pretenderia estar familiarizado com a natureza da alma humana e com a natureza de uma ideia, ou com a capacidade que uma tem de produzir a outra? O que se tem aqui é uma genuína criação: a produção de alguma coisa a partir do nada; o que envolve um poder tão grande a ponto de parecer, à primeira vista, fora do alcance de qualquer ser que não seja infinito. Pelo menos deve-se reconhecer que um poder como esse não é sentido, nem conhecido, nem sequer concebível pela mente. Tudo o que experimentamos é o resultado, a saber, a presença de uma ideia sucedendo-se ao comando da vontade; mas a maneira pela qual se realiza essa operação, o poder pelo qual ela se produz, isso está completamente além de nossa compreensão.

18 *Segundo*, o controle que a mente exerce sobre si própria, assim como o que exerce sobre o corpo, é limitado, e esses limites não são conhecidos por meio da razão ou de uma familiaridade com a natureza da causa e do efeito, mas apenas pela experiência e observação, como ocorre em todos os outros acontecimentos naturais e nas operações dos objetos externos. Nossa autoridade sobre nossos sentimentos e paixões é muito mais tênue que sobre nossas ideias, e mesmo esta última autoridade está circunscrita a limites bem estreitos. Quem pretenderá indicar a razão última desses limites, ou mostrar por que o poder é falho em um caso e não em outro?

19 *Terceiro*, esse controle da mente sobre si mesma difere muito em diferentes ocasiões. Um homem saudável exibe-o em maior grau que um alquebrado pela doença. Dominamos me-

lhor nossos pensamentos pela manhã do que à noite; em jejum do que após uma lauta refeição. Que razão poderíamos dar para essas variações exceto a experiência? Onde está, então, esse poder do qual alegamos estar conscientes? Não haveria aqui, seja na substância material, seja na espiritual, ou em ambas, algum mecanismo oculto, ou estrutura secreta de partes, de que o efeito depende e que, sendo-nos inteiramente desconhecido, torna igualmente desconhecido e incompreensível o poder ou energia da vontade?

20   A volição é com certeza um ato da mente com o qual estamos suficientemente familiarizados. Reflitamos sobre ela e consideremo-la sob todos os ângulos. Encontramos nela porventura qualquer coisa de semelhante a esse poder criativo pelo qual ela gera uma nova ideia a partir do nada e, com uma espécie de *Fiat*, imita a onipotência de seu Criador — se me for permitido expressar-me assim — que trouxe à existência todos os variados cenários da natureza? Longe de estarmos conscientes dessa energia na vontade, é só a sólida experiência de que dispomos que nos convence de que tão extraordinários efeitos resultam efetivamente de um simples ato de volição.

21   O grosso da humanidade jamais sente qualquer dificuldade para explicar as operações mais comuns e familiares da natureza, tais como a queda dos corpos pesados, o crescimento das plantas, a geração dos animais ou a nutrição dos corpos pelo alimento. Suponha-se, porém, que as pessoas percebam em todos esses casos a própria força ou energia da causa, pela qual esta se conecta a seu efeito e é sempre infalível em sua operação. Elas adquirem por um longo hábito, uma disposição mental que, tão logo se apresente a causa, fá-las esperar com segurança o efeito que habitualmente a acompanha, e

mal supõem como possível que qualquer outro acontecimento pudesse dela resultar. É só com a descoberta de fenômenos extraordinários como terremotos, pestes e prodígios de qualquer outro tipo que elas se sentem incapazes de indicar uma causa adequada e de explicar o modo pelo qual o efeito é produzido por ela. É comum que pessoas em tais dificuldades recorram a algum princípio inteligente invisível[4] como causa imediata do acontecimento que as surpreende e que elas julgam não poder ser explicado pelos poderes usuais da natureza. Mas filósofos, que levam seu exame um pouco mais longe, percebem imediatamente que, mesmo nos acontecimentos mais familiares, a energia da causa é tão ininteligível quanto nos mais inusitados, e que apenas aprendemos pela experiência a *conjunção* frequente de objetos, sem sermos jamais capazes de compreender algo como uma *conexão* entre eles. Aqui, então, muitos filósofos sentem-se obrigados pela razão a recorrer, em todas as ocasiões, ao mesmo princípio que o vulgo não emprega a não ser em casos que parecem miraculosos ou sobrenaturais. Eles admitem que a mente e a inteligência são não apenas a causa última e original de todas as coisas, mas a causa imediata e única de todo acontecimento que tem lugar na natureza, e alegam que os objetos comumente denominados *causas* não são na realidade senão *ocasiões*, e que o princípio verdadeiro e imediato de todo acontecimento não é nenhum poder ou força residente na natureza, mas uma volição do Ser Supremo, que quer que tais e tais objetos particulares estejam para sempre conjugados uns aos outros. Em vez de dizer que uma bola de bilhar move outra por uma força que recebeu do autor da natureza, é a própria Divindade, dizem eles, que,

---

4   Θεὸς ἀπὸ μηχανῆς [*Deus ex machina*].

por meio de uma volição particular, move a segunda bola, estando determinada a realizar essa operação pelo impulso da primeira bola, em consequência das leis gerais que ela estipulou para si mesma para o governo do universo. Mas os filósofos, levando ainda mais adiante suas investigações, descobrem que, assim como somos totalmente ignorantes do poder do qual depende a atuação recíproca dos corpos, não somos menos ignorantes daquele poder do qual depende a atuação da mente sobre o corpo, ou do corpo sobre a mente, e igualmente incapazes de indicar o princípio último, em um caso ou outro, a partir de nossos sentidos ou de nossa consciência. Portanto, a mesma ignorância os força a adotar a mesma conclusão: afirmam que a Divindade é a causa imediata da união da alma com o corpo, e que não são os órgãos dos sentidos que, estimulados pelos objetos exteriores, produzem na mente as sensações, mas que é uma volição particular de nosso Criador onipotente que excita uma tal sensação, em consequência desse movimento no órgão. De modo similar, não é nenhuma energia na vontade que produz movimento local em nossos membros, mas sim o próprio Deus, que se compraz em coadjuvar nossa vontade, em si mesma impotente, e em comandar aquele movimento que erroneamente atribuímos a nosso próprio poder e eficácia. E os filósofos não se detêm nessa conclusão, mas estendem algumas vezes a mesma inferência à própria mente, em suas operações internas. Nossa visão mental ou concepção de ideias não é nada mais que uma revelação que nos é feita por nosso Criador. Quando dirigimos voluntariamente nossos pensamentos para algum objeto e suscitamos sua figura na imaginação, não é a vontade que cria aquela ideia, mas sim o Criador universal que a revela à mente e a torna manifesta para nós.

22   Assim, de acordo com esses filósofos, todas as coisas estão cheias de Deus. Não contentes com o princípio de que nada existe senão por Sua vontade, que nada possui qualquer poder senão por Sua concessão, eles despojam tanto a natureza como cada criatura de todo seu poder, a fim de tornar sua dependência da Divindade mais perceptível e imediata. Não levam em conta que, com essa teoria, em vez de engrandecer, estão diminuindo a majestade daqueles atributos que tanto alegam celebrar. Seria com certeza uma maior demonstração de poder da Divindade se ela delegasse uma certa medida de poder a criaturas inferiores em vez de produzir todas as coisas por meio de sua própria volição imediata. É uma demonstração de maior sabedoria projetar desde o início e com perfeita antevisão a estrutura do universo, de tal modo que ele, por si só e mediante sua apropriada operação, pudesse servir a todos os propósitos da providência, em vez de obrigar o grande Criador a ajustar suas partes a cada instante e infundir com seu hálito o movimento a todas as engrenagens desse estupendo mecanismo.

23   Se preferirmos, porém, uma refutação mais filosófica dessa teoria, as duas reflexões que se seguem talvez sejam suficientes.

24   *Primeiro*, parece-me que essa teoria da energia e operação universais do Ser Supremo é demasiado audaciosa para chegar a convencer alguém suficientemente familiarizado com a fraqueza da razão humana e com os estreitos limites aos quais ela está confinada em todas as suas operações. Por mais lógica que pudesse ser a cadeia de argumentos que conduz a essa teoria, surgirá inevitavelmente uma forte suspeita, se não mesmo uma absoluta certeza, de que ela nos levou a ultrapassar em muito o alcance de nossas faculdades ao conduzir-nos

a conclusões tão extraordinárias e tão distantes da vida e da experiência cotidianas. Já teremos adentrado o reino das fadas muito antes de atingir os últimos passos de nossa teoria, e *ali* não temos mais razões para confiar em nossos métodos usuais de argumentação, ou para acreditar que nossas costumeiras analogias e probabilidades preservem alguma autoridade. Nossa linha é demasiado curta para sondar abismos tão imensos. E por mais que tentemos nos confortar com a ideia de que cada um de nossos passos está guiado por uma espécie de verossimilhança e de experiência, podemos estar certos de que essa experiência imaginária não goza de autoridade quando a aplicamos dessa forma a assuntos que jazem inteiramente fora da experiência. Sobre isso, porém, teremos ocasião de voltar a falar mais adiante.[5]

25 *Segundo*, não consigo perceber nenhuma força nos argumentos em que se funda essa teoria. Ignoramos, é verdade, o modo pelo qual os corpos operam uns sobre os outros. Sua força e energia nos é inteiramente incompreensível. Mas porventura não ignoramos igualmente a maneira ou a força pela qual a mente, mesmo a mente suprema, opera sobre si mesma ou sobre o corpo? De onde, eu pergunto, adquirimos qualquer ideia dessas coisas? Não temos nenhum sentimento ou consciência desse poder em nós mesmos. Não temos nenhuma ideia de um ser supremo, a não ser pelo que aprendemos refletindo sobre nossas próprias faculdades. Assim, se nossa ignorância fosse uma boa razão para rejeitar alguma coisa, seríamos levados por esse princípio a negar toda energia ao Ser Supremo, tanto como o fizemos em relação à matéria mais bruta, pois certamente entendemos tão pouco das operações

---

5 Seção 12.

envolvidas em um caso como em outro. Será realmente mais difícil conceber que o movimento possa provir do impulso do que da volição? Tudo o que sabemos é nossa profunda ignorância em ambos os casos.[6]

Parte 2

26   Apressemo-nos, porém, em direção à conclusão deste argumento, que já se estendeu em demasia. Procuramos em vão

---

[6] Não é preciso que eu me alongue no exame da *vis inertiæ* que se atribui à matéria e da qual tanto se fala na nova filosofia. Descobrimos por experiência que um corpo em repouso ou em movimento continua para sempre em seu estado presente até ser retirado dele por alguma nova causa, e que um corpo impelido retira do corpo que o impele tanto movimento quanto ele mesmo ganha. Esses são os fatos. Ao denominarmos isso *vis inertiæ*, estamos apenas designando esses fatos, sem pretender que temos qualquer ideia do poder inerte; do mesmo modo que, ao falarmos da gravidade, temos em mente certos efeitos, sem que compreendamos aquele poder ativo. Nunca foi intenção de sir Isaac Newton destituir as causas segundas de toda sua força ou energia, embora alguns de seus seguidores tenham se esforçado para estabelecer essa teoria valendo-se de sua autoridade. Pelo contrário, aquele grande filósofo lançou mão de um fluido ativo etéreo para explicar sua atração universal, embora tenha sido suficientemente cauteloso e modesto para admitir que se tratava de mera hipótese sobre a qual não se deveria insistir sem mais experimentos. Devo confessar que há algo um pouco fora do comum na sina das opiniões. Descartes sugeriu aquela doutrina da eficácia única e universal da Divindade, sem nela insistir. Malebranche e outros cartesianos tornaram-na o fundamento de toda sua filosofia. Na Inglaterra, contudo, essa teoria não ganhou autoridade: Locke, Clarke e Cudworth nem sequer levam-na em conta, supondo o tempo todo que a matéria tem um poder real, embora subordinado e derivado. De que forma ela chegou a tornar-se tão predominante entre nossos modernos metafísicos?

pela ideia de poder ou de conexão necessária em todas as fontes das quais podíamos supô-la derivar-se. Parece que, em casos isolados de operação de corpos, jamais podemos descobrir, mesmo pelo exame mais minucioso, algo além de um simples acontecimento seguindo-se a outro, e não somos capazes de apreender qualquer força ou poder pelo qual a causa operasse, ou qualquer conexão entre ela e seu suposto efeito. A mesma dificuldade aparece quando contemplamos as operações da mente sobre o corpo, caso em que observamos que o movimento deste último se segue à volição da primeira, mas não somos capazes de observar ou de conceber o liame que interliga movimento e volição, ou a energia pela qual a mente produz esse efeito. A autoridade da vontade sobre suas próprias faculdades e ideias não é nem um pouco mais compreensível, de modo que, levando-se tudo em conta, não parece haver em toda a natureza um único exemplo de conexão que seja concebível por nós. Todos os acontecimentos parecem inteiramente soltos e separados. Um acontecimento segue outro, mas jamais nos é dado observar qualquer liame entre eles. Eles parecem *conjugados*, mas nunca *conectados*. E como não podemos ter nenhuma ideia de uma coisa que nunca se apresentou ao nosso sentido exterior ou sentimento interior, a conclusão inevitável *parece* ser que não temos absolutamente nenhuma ideia de conexão ou de poder, e que essas palavras acham-se totalmente desprovidas de significado quando empregadas tanto no raciocínio filosófico quanto na vida ordinária.

27 Mas resta ainda um método para evitar essa conclusão, e uma fonte que ainda não examinamos. Quando qualquer objeto ou acontecimento natural se apresenta, é impossível para nós, por mais sagazes e perspicazes que sejamos, descobrir ou mesmo conjeturar, sem recurso à experiência, qual acontecimento resultará dele, ou estender nossa previsão para além do objeto imediatamente presente à memória e aos sentidos. Mesmo depois de um caso ou experimento no qual observamos um acontecimento particular seguir-se a outro, não estamos ainda autorizados a enunciar uma regra geral, ou prever o que acontecerá em casos semelhantes, pois considera-se com razão uma imperdoável temeridade julgar sobre o curso integral da natureza a partir de um único experimento, por exato ou seguro que seja. Mas, quando uma espécie particular de acontecimento esteve sempre, em todos os casos, conjugada a uma outra, não mais hesitamos em prever a ocorrência de um quando aparece o outro, e a fazer uso desse raciocínio que, só ele, pode nos dar garantias quanto a qualquer questão de fato ou existência. Chamamos então um dos objetos *causa*, e o outro *efeito*, e supomos que há entre eles alguma conexão, algum poder no primeiro objeto pelo qual ele produz invariavelmente o segundo, e que opera com a máxima certeza e a mais forte necessidade.

28   Parece então que essa ideia de uma conexão necessária entre acontecimentos surge de uma multiplicidade de casos assemelhados de ocorrências desses acontecimentos em constante conjunção, e essa ideia nunca poderia ter sido sugerida por nenhum desses casos em particular, ainda que examinado sob todos os possíveis ângulos e perspectivas. Mas não há, numa multiplicidade de casos, nada que difira de cada um dos casos individuais, os quais se supõe serem exatamente semelhantes, a não ser que, após uma repetição de casos semelhantes, a mente é levada pelo hábito, quando um dos acontecimentos tem lugar, a esperar seu acompanhante habitual e a acreditar que ele existirá. Essa conexão, portanto, que nós *sentimos* na mente, essa transição habitual da imaginação que

passa de um objeto para seu acompanhante usual, é o sentimento ou impressão a partir da qual formamos a ideia de poder ou conexão necessária. Nada mais está presente na situação. Examine-se o assunto sob todos os ângulos; não se poderá descobrir qualquer outra origem para aquela ideia. Essa é a única diferença entre um caso único, do qual nunca se obtém a ideia de conexão, e uma multiplicidade de casos assemelhados, pelos quais essa ideia é sugerida. Na primeira vez que um homem viu a comunicação de movimento por impulso, como no choque de duas bolas de bilhar, ele não poderia declarar que um acontecimento estava *conectado* ao outro, apenas que estava *conjugado*. Depois de observar diversos casos dessa natureza, ele então os declara *conectados*. Que alteração ocorreu para dar origem a essa nova ideia de *conexão*? Nada, senão o fato de que ele agora *sente* que esses acontecimentos estão *conectados* em sua imaginação, e pode prontamente prever a existência de um a partir do aparecimento do outro. Quando dizemos, portanto, que um objeto está conectado a outro, queremos apenas dizer que eles adquiriram uma conexão em nosso pensamento, e dão origem a essa inferência pela qual se tornam provas da existência um do outro; uma conclusão um tanto extraordinária, mas que parece fundada em evidência suficiente. E essa não é uma evidência que possa ser enfraquecida por uma desconfiança geral quanto ao entendimento, ou por uma suspeita cética dirigida contra toda conclusão que seja nova e extraordinária. Nenhuma conclusão pode estar mais em conformidade com o ceticismo do que as que trazem revelações relativas à fraqueza e estreita limitação da razão e capacidade humanas.

29   E que exemplo mais forte da surpreendente ignorância e fraqueza do entendimento poderia existir do que esse que

acabamos de expor? Pois, se há alguma relação entre objetos que nos seja importante conhecer perfeitamente, trata-se com certeza da relação de causa e efeito. É nela que se fundam todos os nossos raciocínios referentes a questões de fato ou existência. É só por seu intermédio que podemos alcançar alguma garantia relativa a objetos que estão fora do testemunho presente de nossa memória e nossos sentidos. A única utilidade imediata de todas as ciências é ensinar-nos como controlar e regular acontecimentos futuros pelas suas causas; nossos pensamentos e investigações estão, portanto, ocupados a todo instante com essa relação. E, contudo, tão imperfeitas são as ideias que fazemos dela que é impossível fornecer qualquer definição exata de causa, salvo as que provêm de algo que lhe é extrínseco e alheio. Objetos semelhantes estão sempre conjugados a objetos semelhantes; disso temos experiência. Podemos, portanto, em conformidade com essa experiência, definir uma causa como *um objeto, seguido de outro, tal que todos os objetos semelhantes ao primeiro são seguidos por objetos semelhantes ao segundo*. Ou, em outras palavras, *tal que, se o primeiro objeto não existisse, o segundo jamais teria existido*. O aparecimento de uma causa sempre conduz a mente, por uma transição habitual, à ideia do efeito; disso também temos experiência. Em conformidade com essa experiência, podemos, portanto, formular uma outra definição de causa e chamá-la *um objeto seguido de outro, e cujo aparecimento sempre conduz o pensamento àquele outro*. Mas, embora ambas as definições tenham sido extraídas de circunstâncias estranhas à causa, não podemos remediar essa inconveniência nem obter qualquer definição mais perfeita que possa apontar aquela circunstância na causa que lhe proporciona uma conexão com seu efeito. Não temos ideia dessa conexão, nem sequer uma noção distinta do que é que desejamos saber quando tentamos concebê-la. Dizemos, por exemplo, que a vibração desta corda é a causa deste som particular. Mas o que queremos dizer com essa afirmação? Ou bem queremos dizer *que esta vibração é seguida por este som, e que todas as vibrações semelhantes têm sido seguidas por sons semelhantes*; ou bem *que esta vibração é seguida por este som e que, assim que a primeira aparece, a mente antecipa os sentidos e forma imediatamente a ideia do segundo.* Podemos considerar a relação de causa e efeito sob qualquer dessas duas perspectivas, mas, para além delas, não temos nenhuma ideia dessa relação.[7]

---

7 Segundo essas explicações e definições, a ideia de *poder* é tão relativa quanto a de *causa*, e ambas contêm uma referência a um efeito ou a outro acontecimento que está constantemente conjugado ao primeiro. Quando consideramos aquela particularidade *desconhecida* de um objeto, pela qual se fixa e determina o grau ou quantidade de seu efeito, nós a denominamos o poder do objeto. Consequentemente, todos os filósofos admitem que o efeito é a medida do poder. Mas, se dispusessem de alguma ideia de poder, tal como ele é em si mesmo, por que não poderiam medir diretamente esse próprio poder? A disputa sobre se a força de um corpo em movimento está em proporção à sua velocidade ou ao quadrado de sua velocidade, essa disputa, eu afirmo, não precisaria ser decidida comparando-se seus efeitos em tempos iguais ou desiguais, mas sim por medição e comparação diretas.

Quanto ao frequente uso das palavras *força, poder, energia* etc., o fato de que ocorram por toda parte, tanto na conversação ordinária como na filosofia, não constitui uma prova de que estejamos familiarizados, em nenhum caso sequer, com o princípio de conexão entre causa e efeito, ou que saibamos explicar conclusivamente como uma coisa chega a produzir outra. Essas palavras, tal como normalmente empregadas, têm um significado muito vago, e as ideias a elas associadas são muito incertas e confusas. Nenhum animal pode pôr em movimento corpos exteriores sem o sentimento de um *nisus* ou esforço, e todo animal experimenta um sentimento ou sensação pelo impacto ou golpe de um objeto externo em movimento. Tendemos a transferir essas sensações –

30   Recapitulemos, então, os raciocínios desta seção. Toda ideia é copiada de alguma impressão ou sentimento precedente, e onde não pudermos encontrar nenhuma impressão, podemos estar certos de que não há nenhuma ideia. Em todos os casos isolados de operação de corpos ou mentes, não há nada que produza qualquer impressão, e, consequentemente, nada que possa sugerir qualquer ideia de poder ou de conexão necessária. Mas quando muitos casos uniformes se apresentam, e o mesmo objeto é seguido sempre pelo mesmo resultado, a noção de causa e de conexão começa a surgir à nossa consideração. *Experimentamos* então um novo sentimento ou impressão, a saber, uma conexão habitual, no pensamento ou imaginação, entre um objeto e seu acompanhante usual, e esse sentimento é o original que estamos buscando para aquela ideia. Pois, como essa ideia surge de uma multiplicidade de casos semelhantes e não de nenhum caso isolado, ela deve provir daquela particularidade pela qual uma multiplicidade de casos se distingue de cada um dos casos individuais. Mas essa conexão ou transição habitual da imaginação é a única circunstância em que se distinguem; em todos os outros aspectos são semelhantes. O primeiro exemplo que observamos de movimento comunicado pelo choque de duas bolas de bi-

---

que são puramente animais e das quais não podemos extrair *a priori* nenhuma inferência – a objetos inanimados, e a supor que eles têm sentimentos desse tipo sempre que transferem ou adquirem movimento. Com relação a energias que são exercidas sem que anexemos a elas qualquer ideia de movimento comunicado, consideramos apenas a conjunção constantemente experimentada entre os acontecimentos; e, como *sentimos* uma conexão habitual entre as ideias, transferimos esse sentimento aos objetos, pois nada é mais comum do que aplicar aos corpos externos todas as sensações internas que eles ocasionam.

lhar (para voltar a essa óbvia ilustração) é exatamente igual a qualquer outro exemplo que nos venha a ser apresentado neste momento, com a única diferença de que, na primeira vez, não éramos capazes de *inferir* um acontecimento do outro, o que agora estamos capacitados a fazer, após uma tão longa sucessão de experiências uniformes. Não sei se o leitor irá compreender prontamente esse raciocínio, e receio que, se continuar a estender-me sobre ele e a apresentá-lo em uma maior variedade de perspectivas, o argumento apenas se tornará mais obscuro e complicado. Em todos os raciocínios abstratos, há um ponto de vista que, se tivermos a ventura de atingi-lo, teremos ido mais longe na tarefa de elucidar o assunto do que nos levaria toda a eloquência e prolixidade deste mundo. Nossos esforços devem estar voltados para alcançar esse ponto de vista, e os floreios da retórica deixados para aqueles assuntos que a eles melhor se adaptam.

Seção 8
Da liberdade e necessidade

Parte I

1   Seria razoável esperar, em questões que têm sido examinadas e discutidas com grande ardor desde os primórdios da ciência e da filosofia, que os debatedores já tivessem se posto de acordo pelo menos quanto ao significado de todos os termos e que nossas indagações, no curso destes dois mil anos, tivessem sido capazes de passar das palavras para o verdadeiro e real assunto da controvérsia. Parece, efetivamente bastante simples prover definições exatas dos termos empregados no raciocínio, e fazer dessas definições, e não do mero som das palavras, o objeto de futuros exames e análises. Se considerarmos, porém, o assunto mais de perto, tenderemos a extrair uma conclusão diametralmente oposta. O mero fato de que uma controvérsia tenha se estendido por tanto tempo, sem chegar a nenhuma decisão, torna lícito presumir que há aí alguma ambiguidade de expressão, e que os debatedores associam diferentes ideias aos termos em uso na discussão. Pois, como as faculdades da mente são supostas naturalmente

iguais em cada indivíduo (caso contrário, nada mais inútil que argumentarmos ou debatermos uns com os outros), seria impossível, se as pessoas associassem as mesmas ideias a seus termos, que pudessem entreter por tanto tempo diferentes opiniões sobre o mesmo assunto, especialmente quando comunicam uns aos outros essas opiniões, e cada uma das partes volta-se para todos os lados em busca de argumentos que possam dar-lhes a vitória sobre seus antagonistas. É certo que, quando os homens enveredam pela discussão de questões que jazem inteiramente fora do alcance das faculdades humanas, tais como as que se referem à origem dos mundos, ou à organização do sistema intelectual ou da região dos espíritos, eles podem ficar por longo tempo golpeando o vazio em suas infrutíferas contendas, sem jamais chegar a alguma conclusão definida. Mas, se a questão diz respeito a algum assunto da vida e da experiência cotidianas, é de supor que nada poderia manter a disputa indecidida por tanto tempo a não ser algumas ambiguidades de expressão que mantêm os antagonistas imóveis a distância e impedem o efetivo início do corpo a corpo.

2   Isso tem ocorrido no caso da tão longamente debatida questão sobre a liberdade e a necessidade, e num grau tão notável que, se não estou muito enganado, verificaremos que todos os homens, tanto os sábios como os ignorantes, sempre tiveram a mesma opinião sobre o assunto, e que umas poucas definições inteligíveis teriam imediatamente posto um fim a toda a controvérsia. Reconheço que essa disputa tem sido tão extensamente investigada por todo o mundo e conduzido os filósofos a um tal labirinto de sofismas obscuros que não é de espantar que um leitor sensato opte pela comodidade e se recuse a dar ouvidos a uma questão da qual não pode esperar

nem instrução nem entretenimento. Talvez, porém, na forma aqui proposta, o argumento consiga reavivar sua atenção, já que introduz mais novidades, promete ao menos algum resultado na decisão da controvérsia e não perturbará muito seu conforto com raciocínios complicados e obscuros.

3   Espero, portanto, tornar evidente que todos os homens sempre concordaram tanto sobre a doutrina da necessidade sobre a da liberdade, em qualquer sentido razoável que se possa dar a esses termos, e que toda a controvérsia girou até agora meramente em torno de palavras. Começaremos examinando a doutrina da necessidade.

4   Admite-se universalmente que a matéria, em todas as suas operações, sofre a atuação de uma força necessária, e que todo efeito natural é tão precisamente determinado pela energia de sua causa que nenhum outro efeito, naquelas circunstâncias particulares, poderia ter resultado dela. A magnitude e a direção de cada movimento são prescritos com tal exatidão pelas leis da natureza que, do choque de dois corpos, haveria tanta chance de surgir uma criatura viva quanto um movimento de magnitude ou direção diferentes do que efetivamente se produziu. Se quisermos, portanto, formar uma ideia correta e precisa de necessidade, deveremos considerar de onde surge essa ideia quando a aplicamos ao movimento dos corpos.

5   Parece evidente que, se todas as cenas da natureza alterassem-se continuamente de tal maneira que jamais dois acontecimentos tivessem qualquer semelhança um com o outro, e cada objeto fosse sempre inteiramente novo, sem nenhuma similaridade com qualquer coisa que se tivesse visto antes, jamais teríamos chegado, nesse caso, a formar a menor ideia de necessidade, ou de uma conexão entre esses objetos. Podería-

mos, sob essa hipótese, dizer que um objeto ou acontecimento seguiu-se a outro, mas não que um foi produzido pelo outro. A relação de causa e efeito teria de ser absolutamente desconhecida pela humanidade. A inferência e o raciocínio relativos às operações da natureza chegariam nesse momento a um fim, restando a memória e os sentidos como os únicos canais pelos quais o conhecimento de alguma existência real poderia chegar à mente. Portanto, nossa ideia de necessidade e causação provém inteiramente da uniformidade que se observa nas operações da natureza, nas quais objetos semelhantes estão constantemente conjugados, e a mente é levada pelo hábito a inferir um deles a partir do aparecimento do outro. Nessas duas circunstâncias, esgota-se toda a necessidade que atribuímos à matéria. Fora da *conjunção* constante de objetos semelhantes, e da consequente *inferência* de um ao outro, não temos a menor ideia de qualquer necessidade ou conexão.

6   Se verificamos, portanto, que toda a humanidade sempre reconheceu, sem nenhuma dúvida ou hesitação, que essas duas circunstâncias ocorrem nas ações voluntárias dos homens e nas operações da mente, seguir-se-á que toda a humanidade sempre esteve de acordo quanto à doutrina da necessidade, e que têm polemizado até agora simplesmente por não se entenderem uns aos outros.

7   Quanto à primeira circunstância, isto é, a conjunção constante e regular entre acontecimentos semelhantes, podemos dar-nos talvez por satisfeitos com as seguintes considerações. Admite-se universalmente que há uma grande uniformidade nas ações dos homens em todas as épocas e nações, e que a natureza humana permanece a mesma em seus princípios e operações. Os mesmos motivos produzem sempre as mesmas

ações; os mesmos acontecimentos seguem-se das mesmas causas. A ambição, a avareza, o interesse próprio, a vaidade, a amizade, a generosidade, o espírito público; essas paixões, mescladas em graus variados e distribuídas por toda a sociedade, têm sido desde o início do mundo, e ainda o são, a fonte de todas as ações e empreendimentos já observados entre a humanidade. Quer se conhecer os sentimentos, inclinações e modo de vida dos gregos e romanos? Estude-se bem o temperamento e as ações dos franceses e ingleses; não se estará muito enganado ao transferir para os primeiros *a maior parte* das observações feitas sobre os segundos. A humanidade é tão semelhante, em todas as épocas e lugares, que, sob esse aspecto, a história nada tem de novo ou estranho a nos oferecer. Seu principal uso é apenas revelar os princípios constantes e universais da natureza humana, mostrando os homens nas mais variadas circunstâncias e situações, e provendo-nos os materiais a partir dos quais podemos ordenar nossas observações e familiarizar-nos com os móveis normais da ação e do comportamento humanos. Esses registros de guerras, intrigas, sedições e revoltas são coleções de experimentos pelos quais o político ou filósofo da moral fixa os princípios de sua ciência, do mesmo modo que o físico ou filósofo da natureza familiariza-se com a natureza das plantas, dos minerais ou de outros objetos externos, mediante os experimentos que realiza sobre eles. E a terra, a água e outros elementos examinados por Aristóteles e Hipócrates não se assemelham mais aos que estão presentemente dados à nossa observação do que os homens descritos por Políbio e Tácito assemelham-se aos que agora governam o mundo.

8   Se um viajante, retornando de um país distante, traz-nos notícias de homens completamente diferentes de todos os

que conhecemos, homens inteiramente desprovidos de avareza, ambição ou predisposição à vingança, que não sentem outros prazeres que não os da amizade, generosidade e espírito público, essas coisas nos levariam imediatamente a detectar a falsidade e a acusá-lo de mentiroso, com tanta certeza como se ele tivesse recheado sua narrativa com histórias de centauros e dragões, prodígios e milagres. E se quisermos desmascarar qualquer fraude em história, nosso argumento mais convincente será demonstrar que as ações atribuídas a alguma pessoa estão em direta oposição ao curso da natureza, e que nenhuma motivação humana, em tais circunstâncias, poderia jamais induzir essa pessoa a uma tal conduta. A veracidade de Quinto Cúrcio é tão suspeita quando descreve a coragem sobrenatural de Alexandre que o impelia a atacar sozinho multidões, como quando descreve sua força e atuação sobrenaturais que o tornavam capaz de resistir a essas mesmas multidões. Reconhecemos, assim, uma uniformidade nas ações e motivações humanas de forma tão pronta e universal como o fazemos no caso das operações dos corpos.

9   Daí igualmente o valor da experiência adquirida por uma vida longa e uma variedade de ocupações e convivências para instruir-nos sobre os princípios da natureza humana e regular nossa conduta futura tanto quanto regula nossa especulação. Com o auxílio desse guia, ascendemos ao conhecimento dos motivos e inclinações dos homens a partir de suas ações, expressões e mesmo gestos; e, em seguida, descendemos à explicação de suas ações a partir do conhecimento que temos de seus motivos e inclinações. As observações gerais amealhadas no curso da experiência dão-nos a chave da natureza humana e ensinam-nos a deslindar todas as suas complexidades. Pretextos e aparências não mais nos enganam; e declarações pú-

blicas tomam-se como o disfarce plausível de um certo interesse. E embora se conceda à virtude e à honra seu apropriado peso e autoridade, uma atitude perfeitamente desinteressada, como a que tantas vezes se alega, jamais é de esperar nas multidões e facções, raramente em seus líderes, e muito pouco em indivíduos de qualquer categoria ou posição. Mas, se não houvesse uniformidade nas ações humanas, e se todo experimento realizado nesse campo fornecesse resultados irregulares e anômalos, seria impossível coletar quaisquer observações gerais referentes à humanidade, e nenhuma experiência, por mais adequadamente digerida pela reflexão, poderia servir a qualquer propósito. Por que o velho lavrador é mais habilidoso em seu ofício que o jovem principiante, senão porque há uma certa uniformidade na operação do sol, da chuva e da terra no que tange à produção de vegetais, e porque a experiência ensina ao velho praticante as regras que governam e dirigem essa operação?

10   Não devemos esperar, contudo, que essa uniformidade das ações humanas chegue a ponto de que todos os homens, nas mesmas circunstâncias, venham sempre a agir precisamente da mesma maneira, sem levar minimamente em consideração a diversidade dos caracteres, das predisposições e das opiniões. Uma tal uniformidade em todos os detalhes não se encontra em parte alguma da natureza. Ao contrário, a observação da diversidade de condutas em diferentes homens capacita-nos a extrair uma maior variedade de máximas, que continuam pressupondo um certo grau de uniformidade e regularidade.

11   Se os costumes dos homens são diferentes em diferentes épocas e países, isso nos instrui sobre a grande força do hábito e da educação, que moldam a mente humana desde sua infância e dão-lhe um caráter fixo e determinado. Se os modos

e a conduta de um dos sexos são bem diferentes dos de outro, isso nos familiariza com os diferentes caracteres que a natureza estampou sobre eles, e que ela preserva com constância e regularidade. Se as ações de uma mesma pessoa mostram-se muito distintas nos diversos períodos de sua vida, da infância à velhice, isso abre espaço para muitas observações gerais relativas à mudança gradual de nossos sentimentos e inclinações, e para as diferentes máximas que prevalecem nas diferentes idades das criaturas humanas. Mesmo os caracteres, que são peculiares a cada indivíduo, exibem uma uniformidade em sua atuação, caso contrário nossa familiaridade com as pessoas e nossas observações de sua conduta não nos poderiam jamais ensinar suas disposições, ou servir para guiar nosso comportamento em relação a elas.

12   Concedo que é possível encontrar algumas ações que não parecem ter nenhuma conexão regular com quaisquer motivos conhecidos, e que são exceções a todos os padrões de conduta já estabelecidos para a direção dos homens. Mas, se estivermos desejosos de saber quais julgamentos devem ser feitos sobre tais ações irregulares e extraordinárias, poderemos considerar as opiniões comumente manifestadas acerca dos acontecimentos irregulares que têm lugar no curso da natureza e nas operações dos objetos externos. Nem todas as causas estão conjugadas a seus efeitos usuais com a mesma uniformidade. Um artífice que manipula apenas matéria inanimada tem tanta chance de ver seus objetivos frustrados quanto um político que dirige a conduta de agentes dotados de sensação e inteligência.

13   O vulgo, que toma as coisas tal como lhe aparecem à primeira vista, atribui a incerteza dos resultados a uma incerteza nas causas, que as priva ocasionalmente de sua influência ha-

bitual embora não sofram impedimentos em sua operação. Mas os filósofos, observando que há na natureza, quase em toda parte, uma grande diversidade de móveis e princípios que estão ocultos em razão de serem muito remotos ou diminutos, descobrem que é pelo menos possível que a disparidade dos resultados proceda não de alguma contingência na causa, mas da operação secreta de causas contrárias. Observações adicionais convertem essa possibilidade em certeza, quando notam que, após um cuidadoso exame, uma disparidade nos resultados sempre revela uma disparidade nas causas e deriva de sua mútua oposição. Um camponês não pode dar melhor explicação para a parada de um relógio senão dizendo que ele não costuma funcionar bem; mas um artífice facilmente percebe que a mesma força na mola ou no pêndulo sempre tem a mesma influência sobre as engrenagens, embora possa perder seu efeito usual em razão, talvez, de um grão de poeira que interrompe todo o movimento. Da observação de diversos casos paralelos, os filósofos derivam a máxima de que a conexão entre todas as causas e efeitos é uniformemente necessária, e que sua aparente incerteza em alguns casos deriva da oposição secreta de causas contrárias.

14 Assim, por exemplo, no corpo humano, quando os sintomas usuais da saúde ou da doença frustram nossas expectativas, quando os remédios não operam com a eficácia costumeira, quando resultados irregulares decorrem de alguma causa particular, o filósofo e o médico não se surpreendem com isso nem são tentados a negar a necessidade e uniformidade gerais dos princípios pelos quais se dirige a organização animal. Eles sabem que um corpo humano é uma máquina imensamente complicada, que nele se ocultam muitos poderes secretos que estão totalmente além de nossa compreensão, que

ele frequentemente nos parecerá muito incerto em suas operações, e que, portanto, os resultados irregulares que se manifestam exteriormente não provam que as leis da natureza não sejam obedecidas com a máxima regularidade em suas operações e determinações internas.

15 O filósofo, para ser consistente, deve aplicar o mesmo raciocínio às ações e volições de agentes dotados de inteligência. As resoluções mais irregulares e inesperadas dos seres humanos podem ser frequentemente explicadas por aqueles que conhecem cada detalhe particular de seu caráter e situação. Uma pessoa de gênio amável dá uma resposta irritada, mas é que ela tem dor de dente, ou não almoçou. Um tipo vagaroso exibe uma vivacidade incomum em suas maneiras, é que um golpe de sorte subitamente o favoreceu. Ou mesmo quando uma ação, como sucede algumas vezes, não pode ser particularmente explicada nem pela própria pessoa nem por outras, sabemos que os caracteres dos homens apresentam em geral um certo grau de inconstância e irregularidade. Este, de certo modo, é o caráter constante da natureza humana, embora se aplique mais particularmente a algumas pessoas que não têm regra fixa de conduta mas procedem continuamente de forma caprichosa e volúvel. Os princípios e motivos internos podem operar de maneira uniforme apesar dessas aparentes irregularidades, assim como se supõe que os ventos, as chuvas, as nuvens e outras variáveis do clima são governados por princípios estáveis, embora a sagacidade e a investigação dos homens não possam facilmente descobri-los.

16 Parece, então, não apenas que a conjunção entre motivos e ações voluntárias é tão regular e uniforme como a que existe entre a causa e o efeito em qualquer parte da natureza, mas também que essa conjunção regular tem sido universalmente reconhecida pela humanidade, e nunca foi objeto de disputa, seja na filosofia, seja na vida ordinária. Ora, dado que é da experiência passada que extraímos todas as inferências relativas ao futuro, e dado que concluímos que os objetos que sempre nos apareceram conjugados estarão conjugados sempre, pode parecer supérfluo provar que essa uniformidade experimentada nas ações humanas é uma fonte a partir da qual fazemos *inferências* sobre essas ações. Entretanto, a fim de submeter o argumento a uma maior diversidade de perspectivas, vamos igualmente abordar, embora brevemente, este último tópico.

17 A dependência mútua entre os homens é tão grande em todas as sociedades que dificilmente haverá uma ação humana inteiramente completa em si mesma, ou realizada sem alguma referência às ações de outros que são requeridas para fazê-la corresponder plenamente à intenção do agente. O mais pobre artesão, sozinho em sua labuta, espera pelo menos a proteção do magistrado que lhe assegura o gozo dos frutos de seu trabalho. Ele também espera que, ao levar seus produtos ao mercado e oferecê-los a um preço razoável, encontrará compradores e será capaz de conseguir, com o dinheiro obtido, que outros o supram das mercadorias que lhe são necessárias para sua sobrevivência. À medida que os homens ampliam suas transações e tornam mais complicadas suas relações com os outros, seus esquemas de vida passam a incluir uma variedade cada vez maior de ações voluntárias que eles esperam, pelos motivos apropriados, que venham a cooperar com as suas próprias. Em todas essas conclusões, do mesmo modo que em seus raciocínios sobre objetos externos, eles extraem seus padrões da experiência passada, e creem firmemente que os homens, assim como todos os elementos, devem continuar,

em suas operações, a portar-se como sempre se observou. O proprietário de uma manufatura conta com o trabalho de seus empregados para a execução de qualquer tarefa tanto quanto conta com as ferramentas que emprega, e ficaria igualmente surpreso se suas expectativas se frustrassem seja num caso, seja no outro. Em suma, essa inferência e raciocínio experimentais acerca das ações de outros impregna de tal forma a vida humana que ninguém, enquanto desperto, deixa de realizá-los por um momento sequer. Não temos nós, portanto, razão para afirmar que toda a humanidade sempre esteve de acordo quanto à doutrina da necessidade, segundo a definição e a explicação precedentes?

18   E tampouco os filósofos mantiveram, neste particular, uma opinião distinta da do povo. Pois, sem mencionar que quase todas as ações de sua vida pressupõem essa opinião, há mesmo poucas partes da erudição especulativa para as quais ela não é essencial. Que aconteceria à *história* se não tivéssemos confiança na veracidade do historiador, segundo a experiência que tivemos da humanidade? Como poderia a *política* ser uma ciência se as leis e as formas de governo não exercessem uma influência uniforme sobre a sociedade? Onde estaria o fundamento da *moral* se caracteres particulares não tivessem nenhum poder seguro ou definitivo de produzir sentimentos particulares, e se esses sentimentos não operassem de forma constante sobre as ações? E sob que alegação dirigiríamos nossa *crítica* a um poeta ou beletrista se não pudéssemos declarar a conduta e os sentimentos de seus personagens apropriados ou inapropriados a tais caracteres e em tais circunstâncias? Parece quase impossível, portanto, envolvermo-nos com qualquer tipo de ciência ou ação sem admitir a doutrina

da necessidade e essa *inferência* das motivações para as ações voluntárias, dos caracteres para a conduta.

19   E, de fato, quando consideramos quão adequadamente se ligam as evidências *natural* e *moral*, formando uma única cadeia de argumentos, não hesitaremos em admitir que elas são da mesma natureza e derivam dos mesmos princípios. Um prisioneiro que não tem dinheiro nem rendimentos descobre a impossibilidade de sua fuga tanto ao considerar a obstinação do carcereiro quanto ao observar as paredes e grades que o cercam, e, em todas as tentativas de ganhar a liberdade, escolhe preferencialmente laborar sobre a pedra e o ferro destas últimas do que sobre a natureza inflexível do primeiro. O mesmo prisioneiro, quando levado ao cadafalso, prevê com tanta certeza sua morte tanto a partir da constância e fidelidade de seus guardas quanto da operação do machado ou da roda. Sua mente percorre uma certa sequência de ideias: a recusa dos soldados em consentir na sua fuga, a ação do carrasco, a cabeça separando-se do corpo, a hemorragia, os movimentos convulsivos e a morte. Eis aqui um encadeamento de causas naturais e ações voluntárias, mas a mente não sente nenhuma diferença entre elas ao passar de um elo para outro, nem está menos certa do futuro resultado do que estaria se ele se conectasse a objetos presentes à sua memória ou sentidos por uma sequência de causas cimentadas pelo que nos apraz chamar uma necessidade *física*. A experiência da mesma conjunção tem um mesmo efeito sobre a mente, quer os objetos conjugados sejam motivos, volições e ações, ou forma e movimento. Podemos mudar os nomes das coisas, mas sua natureza e suas operações sobre o entendimento não mudam jamais.

20   Se um homem, que sei ser honesto e opulento, e com quem vivo em íntima amizade, vier à minha casa, onde estou rodea-

do por meus empregados, sinto-me seguro de que, antes de partir, ele não irá apunhalar-me pelas costas para roubar meu porta-tinteiro de prata, e não espero tal ocorrência mais do que esperaria o desabamento da própria casa, que é nova e solidamente construída e alicerçada. "Mas ele pode ter sido subitamente tomado de um delírio desconhecido." Ora, do mesmo modo pode ocorrer que um súbito terremoto abale minha casa e a faça desabar sobre minha cabeça. Vou, pois, reformular as suposições e dizer que sei com certeza que ele não vai pôr sua mão sobre o fogo e mantê-la ali até ser consumida. E penso que posso prever esse acontecimento com a mesma segurança com que posso prever que, se ele se atirasse pela janela e não encontrasse obstáculo, não permaneceria suspenso no ar por um momento sequer. Nenhuma suspeita de um delírio desconhecido pode tornar minimamente possível aquele acontecimento, tão contrário a todos os princípios conhecidos da natureza humana. Um homem que ao meio-dia deixe sua bolsa recheada de ouro na calçada de Charing Cross pode tão bem esperar que ela voará para longe como uma pena como que a encontrará intacta uma hora mais tarde. Mais da metade dos raciocínios humanos contém inferências de natureza semelhante, acompanhadas de maiores ou menores graus de certeza, em proporção à experiência que temos da conduta costumeira dos homens nessas situações particulares.

21 Tenho refletido várias vezes sobre qual poderia ser a razão pela qual toda a humanidade, embora tenha sempre e sem hesitação admitido a doutrina da necessidade em toda sua prática e raciocínio, mostra tamanha relutância em expressar verbalmente essa admissão, e demonstre, em todas as épocas, uma inclinação para defender a opinião contrária. Penso que isso pode ser explicado da seguinte maneira. Se examinarmos

as operações dos corpos e a produção de efeitos a partir de suas causas, descobriremos que nossas faculdades, todas elas, jamais podem conduzir-nos, no que diz respeito ao conhecimento dessa relação, além da simples observação de que objetos particulares estão *constantemente conjugados* uns aos outros, e que, quando do aparecimento de um desses objetos, a mente é levada por uma *transição habitual* à crença no outro. Mas, embora essa conclusão referente à ignorância humana seja o resultado do mais cuidadoso exame do assunto, as pessoas ainda têm uma forte propensão a acreditar que penetram mais profundamente nos poderes da natureza, e que percebem algo como uma conexão necessária entre a causa e o efeito. Quando, então, elas dirigem suas reflexões para as operações de suas próprias mentes, e não *sentem* uma conexão desse tipo entre o motivo e a ação, são por isso levadas a supor que há uma diferença entre os efeitos que resultam de uma força material e os que provêm do pensamento e da inteligência. Mas, uma vez que nos convencermos de que nada sabemos acerca de qualquer tipo de causação além da simples *conjunção constante* de objetos e a consequente *inferência* de um ao outro realizada pela mente, e descobrirmos que essas duas condições são universalmente admitidas como tendo lugar nas ações voluntárias, seremos mais facilmente levados a reconhecer que essa mesma necessidade é comum a todas as causas. E embora este raciocínio, ao atribuir necessidade às determinações da vontade, possa estar em desacordo com os sistemas de muitos filósofos, a reflexão faz-nos ver que esses filósofos discordam dele apenas verbalmente, não em sua real convicção. A necessidade, no sentido em que a tomei aqui, nunca foi rejeitada por nenhum filósofo, nem poderia sê-lo, segundo acredito. Talvez se possa apenas alegar que a mente é capaz de perceber, nas operações da matéria, alguma conexão adicional entre a causa e o efeito, uma conexão que não tem lugar nas ações voluntárias de seres inteligentes. Ora, se isso é verdade ou não, somente um exame pode decidir, e cabe a esses filósofos validar sua asserção, definindo ou descrevendo essa necessidade e mostrando-nos sua presença nas operações das causas materiais.

22   Pareceria, na verdade, que os homens principiam pelo lado errado da questão da liberdade e necessidade, ao iniciar seu tratamento examinando as faculdades da alma, a influência do entendimento e as operações da vontade. Eles deveriam discutir, em primeiro lugar, uma questão mais simples, a saber, as operações dos corpos e da matéria bruta desprovida de inteligência, e verificar se podem formar, nesse campo, alguma ideia de causação e de necessidade que não seja a de uma conjunção constante de objetos e uma subsequente inferência pela qual a mente passa de um a outro desses objetos. Se essas circunstâncias abrangem, realmente, toda a necessidade que concebemos na matéria, e se há o reconhecimento universal de que essas mesmas circunstâncias também têm lugar nas operações da mente, a disputa chega a seu fim, ou, pelo menos, tem de ser reconhecida doravante como uma disputa meramente verbal. Mas, enquanto se supõe irrefletidamente que temos alguma ideia adicional de necessidade e de causação nas operações dos objetos externos, e, ao mesmo tempo, que não conseguimos descobrir tal coisa nas ações voluntárias da mente, partimos de uma suposição errônea que não permite levar a questão a uma conclusão definida. O único meio de nos livrarmos do engano é ascender ainda mais, examinar o limitado alcance da ciência quando aplicada às causas materiais,

e convencermo-nos de que tudo o que sabemos dessas causas são a conjunção constante e a inferência que mencionamos. Talvez seja difícil persuadirmo-nos a fixar limites tão estreitos ao entendimento humano, mas não teremos em seguida dificuldades quando viermos a aplicar essa doutrina às ações da vontade. Pois, como é evidente que estas apresentam uma conjunção regular com motivos, circunstâncias e caracteres, e como sempre fazemos inferências de uns para outros, estaremos obrigados a reconhecer explicitamente aquela necessidade que já admitimos em cada deliberação de nossa vida e em cada passo de nossa conduta e procedimento.[1]

Prosseguindo, porém, neste projeto de reconciliação relativo à questão da liberdade e da necessidade – a questão mais controversa da metafísica, ela própria a mais controversa das ciências –, não são necessárias muitas palavras para provar

---

[1] A predominância da doutrina da liberdade pode ser explicada por outra razão, a saber, uma falsa sensação ou experiência aparente de liberdade ou indiferença que temos, ou podemos ter, em muitas de nossas ações. A necessidade de qualquer ação quer da matéria, quer da mente, não é, propriamente, uma qualidade que esteja no agente, mas em um ser qualquer, dotado de pensamento e intelecto, que possa observar a ação; e consiste principalmente no fato de seus pensamentos estarem determinados a inferir a existência daquela ação a partir de alguns objetos precedentes; assim como a liberdade, quando oposta à necessidade, nada mais é que a falta dessa determinação, e um certo desprendimento ou indiferença que sentimos ao passar, ou não passar, da ideia de um objeto à de algum outro que o suceda. Ora, podemos observar que, embora raramente experimentemos esse desprendimento ou indiferença ao *refletir* sobre as ações humanas, sendo comumente capazes de inferi-las com bastante certeza a partir de seus motivos e das disposições do agente, sucede-nos, entretanto, com frequência, que, ao *realizar* essas próprias ações, temos a sensação de algo desse tipo. E como todos os objetos semelhantes são prontamente tomados uns pelos

que toda a humanidade sempre esteve de acordo em relação à doutrina da liberdade, assim como em relação à da necessidade, e que toda a disputa, também nesse aspecto, tem sido até agora meramente verbal. Pois o que se entende por *liberdade* quando esse termo é aplicado a ações voluntárias? Com certeza, não estamos querendo dizer que as ações têm tão pouca conexão com motivos, inclinações e circunstâncias que não se sigam deles com um certo grau de uniformidade, e que esses mesmos motivos, inclinações e circunstâncias não apoiem uma inferência que nos permite concluir a existência das ações, pois esses são fatos simples e reconhecidos. Por *liberdade*, então, só nos é possível entender *um poder de agir ou não agir,*

---

outros, esse fato tem sido apresentado como uma prova demonstrativa ou mesmo intuitiva da liberdade humana. Sentimos que nossas ações estão sujeitas à nossa vontade na maioria das ocasiões, e imaginamos que sentimos que a vontade, ela própria, não está submetida a nada, porque, quando uma negação dessa suposição nos desafia a fazer uma tentativa, sentimos que a vontade se move facilmente em todas as direções e produz uma imagem de si própria (ou uma *veleidade*, como se diz nas escolas) mesmo naquele lado no qual não veio a se fixar. Persuadimo-nos de que essa imagem, ou tênue movimento, poderia, naquela ocasião, ter se completado e chegado à própria coisa, porque, se isso for negado, descobrimos. numa segunda tentativa, que ela é agora capaz disso. Não levamos em consideração que o caprichoso desejo de demonstrar a liberdade atua, aqui, como o motivo de nossas ações. E parece certo que, por mais que possamos imaginar que sentimos uma liberdade dentro de nós, um espectador pode comumente inferir nossas ações a partir de nossos motivos e de nosso caráter, e, mesmo quando não o pode, conclui em geral que seria capaz de fazê--lo se estivesse perfeitamente familiarizado com todas as circunstâncias de nossa situação e temperamento, e com os móveis mais secretos de nossa natureza e disposição. Mas é nisso que reside a própria essência da necessidade, de acordo com a doutrina precedente.

de acordo com as determinações da vontade; isto é, se escolhermos ficar parados, podemos ficar assim, e se escolhermos nos mover, também podemos fazê-lo. Ora, essa liberdade hipotética é universalmente admitida como pertencente a todo aquele que não esteja preso e acorrentado. Não há aqui, portanto, matéria para disputas.

24 Qualquer que seja a definição que se dê de *liberdade*, devemos ter o cuidado de observar duas condições indispensáveis: *primeiro*, que essa definição seja consistente com os fatos; *segundo*, que seja consistente consigo mesma. Se observarmos essas condições e tornarmos nossa definição inteligível, estou convencido de que a humanidade terá uma opinião unânime a seu respeito.

25 Admite-se universalmente que nada existe sem uma causa de sua existência e que *acaso*, quando bem examinada, é uma palavra meramente negativa, que não designa nenhum poder real que exista em alguma parte da natureza. Pretende-se, porém, que algumas causas sejam necessárias e outras não. Eis aqui, então, a vantagem das definições. Que alguém *defina* uma causa sem incluir, como parte da definição, uma *conexão necessária* com seu efeito, e que ele mostre precisamente a origem da ideia expressa pela definição, e de imediato abandonarei toda a controvérsia. Mas isto deve ser absolutamente impraticável se for aceita a explicação precedente do assunto. Se os objetos não apresentassem uma conjunção regular uns com os outros, jamais chegaríamos a conceber qualquer noção de causa e efeito, e é dessa conjunção regular que provém aquela inferência do entendimento que é a única conexão da qual podemos ter alguma compreensão. Quem quer que se proponha a dar uma definição de *causa* que exclua esses aspec-

tos será obrigado a empregar ou termos ininteligíveis, ou termos que são sinônimos do termo que pretende definir.[2] E se for aceita a definição mencionada, a liberdade, enquanto oposta à necessidade, não à coerção, é o mesmo que o acaso, o qual universalmente se reconhece não possuir existência.

Parte 2

26   Não há método de raciocínio mais comum e não obstante mais censurável que o de esforçar-se, nas disputas filosóficas, para refutar uma hipótese usando como pretexto suas perigosas consequências para a religião e a moralidade. Qualquer opinião que conduza a um absurdo é certamente falsa, mas não é certo que uma opinião seja falsa simplesmente porque tem consequências perigosas. Tais métodos deveriam, portanto, ser inteiramente abandonados, pois em nada contribuem para a descoberta da verdade, mas apenas para tornar odiosa a figura do contendor. Faço essa observação em caráter geral, sem pretender obter dela nenhuma vantagem. Submeto-me abertamente a um exame desse tipo e arrisco-me a afirmar que tanto a doutrina da necessidade como a da liberdade, tal como já explicadas, são não apenas consistentes com a moralidade, mas absolutamente essenciais para dar-lhe suporte.

---

2   Assim, se uma causa for definida como *aquilo que produz alguma coisa*, é fácil observar que *produzir* é sinônimo de *causar*. Do mesmo modo, se uma causa for definida como *aquilo por meio de que alguma coisa existe*, isto estará sujeito à mesma objeção, pois o que significam palavras como *por meio de quê?* Se se disser que uma causa é *aquilo após o que alguma coisa constantemente existe*, teríamos entendido os termos, pois isso, na verdade, é tudo que sabemos do assunto. E essa constância forma a própria essência da necessidade, e dela não temos nenhuma outra ideia.

27   A *necessidade* pode ser definida de duas maneiras, em conformidade com as duas definições de *causa*, de que constitui uma parte essencial. Ela consiste ou na conjunção constante de objetos semelhantes, ou na inferência do entendimento, que passa de um objeto para outro. Ora, a necessidade, nesses dois sentidos (que, de fato, são no fundo o mesmo), tem sido universalmente reconhecida, ainda que de forma tácita, nas escolas, no púlpito e na vida ordinária, como participando da vontade humana; e ninguém jamais pretendeu negar que podemos fazer inferências acerca de ações humanas e que essas inferências fundam-se na conjunção experimentada de ações semelhantes com motivos, inclinações e circunstâncias semelhantes. O único aspecto em que alguém pode divergir é ou recusando-se, talvez, a dar o nome de *necessidade* a essa propriedade das ações humanas – mas se o significado for entendido, não se espera que a palavra traga obstáculos –, ou então afirmando que é possível descobrir algum fator adicional nas operações da matéria, mas isto, deve-se reconhecer, não pode ter relevância para a moralidade ou para a religião, quaisquer que sejam as consequências que traga para a filosofia natural ou para a metafísica. Podemos estar enganados, aqui, ao declarar que não há ideia de qualquer outra espécie de necessidade ou conexão nas ações dos corpos, mas, com respeito às ações da mente, certamente não lhes atribuímos nada a não ser o que todos atribuem e devem prontamente conceder. Não alteramos nenhuma circunstância no sistema ortodoxo aceito referente à vontade, mas apenas no sistema referente aos objetos e causas materiais. Nada, portanto, pode ser mais inocente do que esta doutrina.

28   Dado que todas as leis se fundam em recompensas e punições, toma-se como um princípio fundamental que esses mo-

tivos têm uma influência regular e uniforme sobre a mente, e são capazes tanto de produzir as boas ações como de evitar as más. Podemos dar a essa influência o nome que quisermos, mas, como ela está usualmente conjugada à ação, deve ser considerada uma *causa* e tomada como um exemplo da necessidade que aqui desejamos estabelecer.

29   O único objeto adequado de ódio ou vingança é uma pessoa ou criatura dotada de pensamento e consciência; e quando algumas ações criminosas ou prejudiciais excitam essa paixão, isso só ocorre pela relação, ou conexão, que essas ações mantêm com a pessoa. Por sua própria natureza, ações são temporárias e perecíveis, e quando não procedem de alguma *causa* no caráter e disposição da pessoa que as realizou, elas não podem nem redundar em sua honra, se forem boas ações, nem em sua infâmia, se forem más. Nesse caso, as ações, elas mesmas, podem ser repreensíveis, podem ser contrárias a todas as regras da moralidade e da religião, mas a pessoa não será responsável por elas, e, dado que não procedem de nada que seja durável e constante no agente, e não deixam atrás de si nada que tenha essas características, é impossível que essa pessoa deva tornar-se, por causa delas, objeto de punição ou vingança. Assim, de acordo com o princípio que nega a necessidade e, consequentemente, as causas, um homem, após ter cometido o crime mais horrendo, está tão puro e sem mácula como no instante de seu nascimento, e seu caráter não está de nenhum modo envolvido em suas ações, dado que não é dele que elas derivam, e a perversidade destas últimas não pode jamais ser apresentada como uma prova da corrupção do primeiro.

30   Os homens não são censurados pelas ações que realizam na ignorância ou de forma casual, quaisquer que possam ser suas

consequências. Qual é a razão disso, a não ser o fato de que os princípios dessas ações são apenas momentâneos e esgotam-se com as próprias ações? Os homens são menos censurados pelas ações que realizam de forma abrupta e sem premeditação do que por aquelas que procedem da deliberação. E por qual razão, a não ser porque um temperamento precipitado, embora seja uma causa ou princípio constante na mente, opera apenas por intervalos e não contamina o caráter como um todo? Além disso, o arrependimento apaga todos os crimes, se acompanhado por uma reforma da vida e dos costumes. Como explicar isso, a não ser declarando que as ações tornam uma pessoa criminosa meramente por provarem a existência de princípios criminosos na mente; e quando uma alteração desses princípios faz que deixem de ser provas legítimas, elas deixam igualmente de ser criminosas? Mas, a menos que se admita a doutrina da necessidade, elas nunca teriam sido provas legítimas, e, consequentemente, nunca teriam sido criminosas.

31   Será igualmente fácil provar, a partir dos mesmos argumentos, que a *liberdade*, de acordo com a definição dada antes, com a qual todos concordam, também é essencial para a moralidade, e que nenhuma ação humana da qual esteja ausente é suscetível de quaisquer qualidades morais, ou pode ser objeto de aprovação ou desagrado. Pois, como as ações são objetos de nossos sentimentos morais apenas à medida que funcionem como indicadores de caráter, paixões e afecções interiores, é impossível que possam dar origem quer a louvores quer a censuras quando não procedem desses princípios, mas decorrem totalmente da coação exterior.

32   Não pretendo ter antecipado ou removido todas as objeções a essa teoria, no tocante à liberdade e à necessidade. Há

outras objeções que posso antever, derivadas de tópicos que não foram aqui tratados. É possível dizer, por exemplo, que, se as ações voluntárias estiverem submetidas às mesmas leis de necessidade que as operações da matéria, haverá uma cadeia contínua de causas necessárias, preordenada e predeterminada, estendendo-se da causa original de tudo até cada uma das volições particulares de cada criatura humana. Nenhuma contingência em parte alguma do universo, nenhuma indeterminação, nenhuma liberdade. Ao atuarmos, sofremos ao mesmo tempo uma atuação. O Autor último de todas as nossas volições é o Criador do mundo, que primeiramente imprimiu movimento a essa imensa máquina e situou todos os seres na posição particular da qual cada acontecimento subsequente deve resultar por uma necessidade inevitável. As ações humanas, portanto, não podem conter nenhuma maldade moral, dado que procedem de tão boa causa; ou, se contêm alguma maldade, terão de envolver nosso Criador na mesma culpa, dado que se reconhece que é ele a causa originária e o autor último dessas ações. Pois, do mesmo modo que o homem que detonou um explosivo é responsável por todas as consequências quer tenha empregado um rastilho longo ou curto, assim, em todos os casos em que se estabeleceu uma cadeia contínua de causas necessárias, aquele Ser, finito ou infinito, que produz a primeira é, analogamente, autor de todas as restantes, e deve tanto suportar a censura como receber o louvor que cabem a elas. Sempre que examinamos as consequências de qualquer ação humana, nossas ideias claras e inalteráveis de moralidade estabelecem essa regra com base em razões inquestionáveis, e essas razões devem ter uma força ainda maior quando aplicadas a intenções e volições de um Ser infinitamente sábio e poderoso. Pode-se alegar ignorância ou impotência para desculpar uma criatura tão limitada como o homem, mas essas imperfeições não têm lugar em nosso Criador. Ele previu, decidiu, tencionou todas aquelas ações dos homens que nós tão precipitadamente declaramos criminosas. Devemos concluir, portanto, ou que elas não são criminosas, ou que a Divindade, e não o homem, é responsável por elas. Mas, como cada uma dessas posições é absurda e ímpia, segue-se que a doutrina da qual são deduzidas não pode ser verdadeira, estando sujeita às mesmas objeções. Se uma consequência absurda se mostra necessária, isso prova que a doutrina original é absurda, do mesmo modo que ações criminosas tornam criminosa a causa original, se a conexão entre elas é necessária e inevitável.

33   Essa objeção consiste de duas partes, que examinaremos separadamente. *Primeiro*, que, se ações humanas puderem ser reportadas à Divindade por meio de uma cadeia necessária, elas nunca poderão ser criminosas, por causa da infinita perfeição do Ser do qual derivam, o qual só pode tencionar o que é completamente bom e louvável. Ou, *segundo*, se forem criminosas, devemos retirar o atributo de perfeição que atribuímos à Divindade e devemos reconhecê-lo como o autor último da culpa e da torpeza moral em todas as suas criaturas.

34   A resposta à primeira objeção parece óbvia e convincente. Há muitos filósofos que, após um rigoroso exame de todos os fenômenos da natureza, concluem que o Todo, considerado como um sistema único, está, em cada período de sua existência, ordenado com perfeita benevolência, e que máxima felicidade possível resultará, ao final, para todas as criaturas, sem a menor mistura de mal ou miséria no sentido positivo ou absoluto. Todo mal físico, dizem, é parte essencial desse sistema benevolente, e não poderia ser removido nem mesmo

pela própria Divindade, considerada como um agente sábio, sem introduzir um mal maior, ou excluir um bem maior, que dele resultaria. Dessa teoria, alguns filósofos, e os antigos estoicos entre eles, derivaram um tema de consolação em meio a todas as aflições, ao ensinarem a seus discípulos que os males dos quais padeciam eram, na realidade, bens para o universo, e que, visto de uma perspectiva mais ampla, capaz de abarcar o sistema da natureza como um todo, cada acontecimento se tornaria motivo de alegria e exultação. Mas, embora essas considerações sejam agradáveis e sublimes, logo se revelaram fracas e ineficazes na prática. Certamente iríamos antes irritar que apaziguar um homem que sofre as dores torturantes da gota ao louvarmos a retidão das leis gerais que produziram os humores malignos em seu corpo e os conduziram, através dos canais apropriados, aos tendões e nervos onde agora provocam aqueles agudos tormentos. Tais perspectivas amplas podem, por um momento, agradar a imaginação de um homem de índole especulativa que esteja em situação de conforto e segurança, mas não podem habitar de forma constante sua mente, mesmo quando não se acha perturbado pelas agitações da dor ou do sofrimento; e são ainda muito menos capazes de sustentar sua posição quando atacadas por antagonistas tão poderosos. As afecções apreendem seus objetos de uma maneira mais circunscrita e mais natural, e estando organizadas de uma forma mais adequada à debilidade das mentes humanas, consideram apenas os seres ao nosso redor, e são influenciadas pelos acontecimentos conforme estes pareçam bons ou maus ao sistema privado.

35   No caso do mal *moral*, vale o mesmo que para o mal *físico*. Não se pode razoavelmente supor que aquelas remotas considerações, que se revelaram tão pouco eficazes em um caso, venham a ter uma influência mais poderosa no outro. A natureza moldou a mente humana de tal forma que, tão logo certos caracteres, disposições e ações façam seu aparecimento, ela experimenta de imediato o sentimento de aprovação ou de condenação, e não há emoções que sejam mais essenciais que essas para sua estrutura e constituição. Os caracteres que granjeiam nossa aprovação são principalmente aqueles que contribuem para a paz e segurança da comunidade humana, ao passo que os que provocam a condenação são principalmente aqueles que trazem prejuízo e perturbação públicos. Disso se pode razoavelmente presumir que os sentimentos morais surgem, direta ou indiretamente, de uma reflexão sobre esses interesses opostos. Que importa, então, se as meditações filosóficas estabelecerem uma diferente opinião ou conjetura: a de que tudo está correto com referência ao Todo, e que as qualidades que perturbam a sociedade são, em geral, tão benéficas e adequadas às intenções originais da natureza quanto aquelas que promovem de modo mais direto sua felicidade e bem-estar? Seriam essas incertas e remotas especulações capazes de contrabalançar os sentimentos que brotam da consideração imediata e natural dos objetos? Um homem de quem uma considerável soma foi roubada encontraria porventura nessas sublimes reflexões alguma atenuante para seu desgosto pela perda? Por que supor, então, que seu ressentimento moral contra o crime seja incompatível com elas? Ou por que o reconhecimento de uma distinção real entre vício e virtude não seria conciliável com todos os sistemas especulativos de filosofia, assim como o de uma distinção real entre a beleza e a fealdade pessoal? Ambas essas distinções estão fundadas nos sentimentos naturais da mente humana, sentimentos esses que não podem ser controlados ou alterados por nenhuma espécie de teoria ou especulação filosóficas.

36   A *segunda* objeção não admite uma resposta tão fácil e satisfatória, e não é possível explicar precisamente como a Divindade pode ser a causa mediata de todas as ações dos homens sem ser autora do pecado e da maldade moral. Esses são mistérios que a simples razão natural desassistida não está nem um pouco preparada para enfrentar, e, seja qual for o sistema que adote, encontrar-se-á envolvida em insolúveis dificuldades, e até mesmo em contradições, a cada passo que der em tais assuntos. Reconciliar a indeterminação e contingência das ações humanas com a presciência, ou defender decretos absolutos ao mesmo tempo que se absolve a Divindade da autoria do pecado, tem se mostrado até agora um problema que excede todo o poder da filosofia. Feliz dela se, a partir disso, tornar-se consciente de quão temerário é espreitar mistérios tão sublimes, e, abandonando um cenário tão cheio de obscuridades e complicações, retornar com a devida modéstia à sua província própria e genuína, ao exame da vida ordinária, onde encontrará dificuldades suficientes com que se ocupar em suas investigações, sem mergulhar na imensidão de um oceano de dúvidas, incertezas e contradições!

Seção 9
Da razão dos animais

1   Todos os nossos raciocínios acerca de questões de fato fundam-se numa espécie de analogia que nos leva a esperar de uma causa qualquer os mesmos acontecimentos que observamos resultarem de causas semelhantes. Quando as causas são inteiramente semelhantes, a analogia é perfeita e a inferência que dela se retira é considerada certa e conclusiva. Ninguém, ao ver uma peça de ferro, alimenta jamais qualquer dúvida de que ela apresentará peso e coesão de partes, como em todos os outros casos que já lhe foi dado observar. Mas, quando os objetos não apresentam uma semelhança tão exata, a analogia é menos perfeita e a inferência menos conclusiva, embora ainda preserve alguma força proporcional ao grau de semelhança. As observações anatômicas estabelecidas com base em um único animal são, por essa espécie de raciocínio, estendidas a todos os animais, e não há dúvida de que, uma vez que se prove claramente que a circulação do sangue, por exemplo, ocorre em uma criatura como uma rã ou um peixe, surge uma forte presunção de que o mesmo princípio vale para todas as demais. Essas observações analógicas podem ser levadas mais longe, chegando até mesmo a esta ciência de que estamos

agora tratando, e qualquer teoria que explique as operações do entendimento, ou a origem e conexão das paixões no homem, adquirirá autoridade adicional se descobrirmos que a mesma teoria é necessária para explicar os mesmos fenômenos em todos os outros animais. Vamos pôr isto à prova no que se refere à hipótese pela qual, na discussão precedente, esforçamo-nos para explicar todos os raciocínios experimentais, esperando que esse novo ponto de vista sirva para confirmar todas nossas observações anteriores.

2 *Primeiro*, parece evidente que os animais, tanto quanto os seres humanos, aprendem muitas coisas a partir da experiência e inferem que os mesmos acontecimentos irão sempre seguir-se das mesmas causas. Por esse princípio, eles se tornam familiarizados com as propriedades mais óbvias dos objetos externos, e desde seu nascimento vão gradualmente acumulando conhecimentos sobre a natureza do fogo, da água, da terra, das pedras, das alturas, das profundezas etc., e dos efeitos que resultam da atuação dessas coisas. A ignorância e inexperiência dos jovens distinguem-se aqui claramente da destreza e sagacidade dos mais velhos, aos quais uma longa observação ensinou a evitar o que lhes faz mal e a procurar o que lhes traz bem-estar e prazer. Um cavalo acostumado ao campo conhece a altura exata que consegue saltar, e nunca tentará ir além do que está ao alcance de sua força e habilidade. Um galgo velho deixará a parte mais fatigante da caçada aos mais jovens, e irá postar-se de modo a interceptar a lebre quando ela se volta; e as conjeturas que ele forma nessa ocasião não se fundam em nada além de sua observação e experiência.

3 Isso se torna ainda mais evidente pelos efeitos do treinamento e da educação sobre os animais, aos quais, pela ade-

quada dispensa de recompensas e castigos, podem-se ensinar quaisquer comportamentos, mesmo os mais contrários a seus instintos e inclinações naturais. Não é a experiência que faz um cão temer a dor quando o ameaçamos ou erguemos o chicote para surrá-lo? E não é igualmente a experiência que o faz até mesmo responder a seu nome e inferir, a partir desse som arbitrário, que nos referimos a ele e não a algum outro de seus companheiros, e que o estamos chamando quando pronunciamos esse som de uma certa maneira e com um certo tom e inflexão?

4   Em todos esses casos, observamos que o animal infere algum fato além daquilo que impressiona imediatamente seus sentidos, e que essa inferência funda-se completamente na experiência passada, pela qual a criatura espera do objeto presente as mesmas consequências que sua observação sempre lhe mostrou resultarem de objetos semelhantes.

5   *Segundo*, é impossível que essa inferência do animal esteja fundada em algum processo de argumento ou raciocínio que o leve a concluir que resultados semelhantes devam seguir-se de objetos semelhantes, e que o curso da natureza será sempre regular em suas operações. Pois, se houver realmente argumentos dessa natureza, eles serão certamente demasiado abstrusos para a apreensão de entendimentos tão imperfeitos, já que é bem provável que toda diligência e atenção de um gênio filosófico se faça necessária para sua descoberta e observação. Os animais, portanto, não são guiados nessas inferências pelo raciocínio, assim como não o são as crianças ou o grosso da humanidade em suas ações e decisões do dia a dia; nem mesmo os próprios filósofos, que, em todas as esferas ativas da vida, comportam-se em geral da mesma forma que o

vulgo e são governados pelas mesmas máximas. A natureza deve ter provido algum outro princípio, de aplicação mais imediata e mais geral; e, de fato, uma operação de tamanha importância para a vida, como a operação de inferir efeitos a partir de causas, não poderia estar confiada ao processo incerto do raciocínio e da argumentação. Essa proposta, que poderia levantar dúvidas no caso dos seres humanos, parece inquestionável no que se refere às criaturas brutas; e, uma vez que se estabeleça firmemente a conclusão no caso destas últimas, surge uma forte presunção, baseada em todas as regras da analogia, de que ela deva ser aceita universalmente, sem nenhuma reserva ou exceção. É simplesmente o hábito que leva os animais a inferirem, de cada objeto que impressiona seus sentidos, seu acompanhante usual, e faz que, ao aparecer o primeiro, sua imaginação conceba o segundo daquela maneira particular que denominamos *crença*. Nenhuma outra explicação pode ser dada para essa operação, em todas as classes inferiores ou superiores de seres sensíveis que se apresentam à nossa experiência e observação.[1]

---

[1] Dado que todos os raciocínios relativos a fatos ou causas são derivados simplesmente do hábito, alguém poderia perguntar por que os homens ultrapassam tanto os animais em raciocínio, e alguns homens ultrapassam tanto a outros. Não deveria o mesmo hábito ter a mesma influência em todos?

 Procurarei explicar aqui brevemente a grande diferença entre os entendimentos humanos. Será fácil compreender, depois disso, a razão da diferença entre homens e animais.

 I Após vivermos um certo período de tempo e nos acostumarmos à uniformidade da natureza, adquirimos um hábito geral que nos faz transferir invariavelmente o conhecido para o desconhecido e conceber este último como semelhante ao primeiro. Por esse princípio habitual geral, aceitamos até mesmo um único experimento como fundamento de raciocínio, e esperamos, com algum grau de certeza,

6 Mas, embora os animais adquiram muito de seu conhecimento pela observação, há também muitas coisas que obtêm originalmente da mão da natureza, coisas que excedem em

---

um resultado semelhante nos casos em que o experimento foi feito corretamente e mantido livre de toda circunstância acidental. Considera-se, pois, um assunto de grande importância observar as consequências das coisas, e como alguns homens podem superar outros em muito, no que tange à atenção, memória e observação, isso fará uma grande diferença em seus raciocínios.

2 Quando um efeito é produzido por um complexo de causas, as mentes de alguns homens podem ser muito mais amplas que as de outros, e mais capazes de apreender o sistema de objetos em seu todo e inferir corretamente suas consequências.

3 Alguns homens são capazes de levar mais longe que outros o desenvolvimento de uma cadeia de consequências.

4 Poucos homens podem pensar por longo tempo sem confundir as ideias e tomar umas pelas outras; e existem graus variados dessa debilidade.

5 A circunstância da qual o efeito depende está frequentemente envolta em outras circunstâncias extrínsecas e acidentais. A separação dessas circunstâncias requer muitas vezes grande atenção, precisão e engenhosidade.

6 Formular máximas gerais a partir de observações particulares é uma operação muito delicada, e nada é mais usual do que se enganar nessa atividade, pela pressa ou por uma estreiteza da mente que não examina a questão sob todos os seus ângulos.

7 Quando se raciocina a partir de analogias, os homens que têm maior experiência ou mais presteza para propor analogias serão os melhores raciocinadores.

8 Inclinações derivadas de preconceito, educação, emoção, partidarismo etc. pesam mais sobre algumas mentes que sobre outras.

9 Depois de termos adquirido confiança no testemunho humano, os livros e a conversação ampliam muito mais a esfera da experiência e do pensamento de alguns homens que de outros.

Seria fácil indicar muitas outras circunstâncias que produzem diferenças entre os entendimentos dos homens.

muito a quota de habilidades que possuem em ocasiões ordinárias e que pouco ou nada se aperfeiçoam mesmo pela mais longa prática e experiência. A essas coisas denominamos instintos, e dedicamo-lhes nossa admiração como algo de extraordinário e inexplicável por todas as disquisições do entendimento humano. Mas talvez nosso assombro cesse ou diminua se considerarmos que o próprio raciocínio experimental, que compartilhamos com os animais e do qual depende toda a condução da vida, nada mais é que uma espécie de instinto, ou poder mecânico, que age em nós de forma desconhecida para nós mesmos e que, em suas operações principais, não está dirigido por quaisquer relações ou comparações de ideias como as que formam os objetos próprios de nossas faculdades intelectuais. Aquilo que ensina um homem a evitar o fogo é um instinto, ainda que seja um instinto diferente daquele que, com tanta exatidão, ensina a um pássaro a arte da incubação e toda a economia e organização de seu ninho.

Seção 10
Dos milagres

Parte I

1   Há, nos escritos do Dr. Tillotson, um argumento contra a *presença real** que é tão conciso, elegante e poderoso quanto qualquer argumento que se possa conceber contra uma doutrina tão pouco merecedora de séria refutação. É reconhecido por todos, diz o erudito prelado, que a autoridade, quer das escrituras, quer da tradição, funda-se no relato dos apóstolos, que foram testemunhas oculares dos milagres de nosso Salvador pelos quais ele provou sua missão divina. Assim, a evidência que temos para a veracidade da religião cristã é menor que a evidência para a veracidade de nossos sentidos, porque já não era maior que esta nem mesmo nos primeiros autores de nossa religião, devendo certamente diminuir ao passar deles para seus discípulos, e ninguém pode depositar nos relatos destes tanta confiança quanto no objeto imediato de seus

---

* Isto é, a presença real do corpo e sangue de Cristo na hóstia e no vinho do sacramento católico da comunhão. (N. T.)

sentidos. Ora, uma evidência mais frágil jamais pode desfazer uma mais forte, e assim, por mais que a doutrina da presença real estivesse claramente revelada na escritura, dar a ela nosso assentimento seria diretamente contrário às regras do raciocínio correto. Ela contradiz os sentidos, apesar de que nem a escritura, nem a tradição nas quais se supõe que esteja sustentada trazem consigo tanta evidência quanto os sentidos, quando consideradas meramente como evidências exteriores, sem que nossos corações delas tomem conhecimento pela operação imediata do Espírito Santo.

2   Nada é tão conveniente quanto um argumento conclusivo dessa espécie, que deve no mínimo *silenciar* o fanatismo e a superstição mais arrogantes e livrar-nos de suas exigências descabidas. E agrada-me pensar ter descoberto um argumento de tipo semelhante que, se for correto, atuará, junto aos sábios e instruídos, como um freio permanente a todo tipo de ilusão supersticiosa e, por conseguinte, terá utilidade enquanto perdurar o mundo, visto que, segundo suponho, relatos de milagres e prodígios estarão presentes, por todo esse tempo, em toda história sagrada e profana.

3   Embora a experiência seja nosso único guia ao raciocinarmos sobre questões de fato, é preciso reconhecer que esse guia não é totalmente infalível, mas pode, em alguns casos, levar-nos a erro. Alguém que, em nosso clima, esperasse em uma semana de junho um tempo melhor que em uma de dezembro, estaria raciocinando corretamente e em conformidade com a experiência, mas é certamente possível que ele venha, afinal, a enganar-se. Observe-se, porém, que, nesse caso, ele não teria motivo para queixar-se da experiência, pois é comum que esta nos advirta de antemão sobre essa incerteza,

pela disparidade de resultados que uma observação cuidadosa nos revela. Nem todos os efeitos seguem-se com igual certeza de suas supostas causas. Verifica-se que alguns acontecimentos estiveram constantemente conjugados em todas as épocas e lugares; outros, porém, mostram-se mais variáveis e frustram algumas vezes nossas expectativas, de tal modo que, em nossos raciocínios relativos a questões de fato, coexistem todos os graus imagináveis de confiança, desde a máxima certeza até a espécie mais diminuta de evidência moral.

4 Um homem sábio, portanto, dosa sua crença em proporção à evidência. No caso das conclusões que se apoiam em uma experiência infalível, ele espera o acontecimento com o mais alto grau de confiança e considera sua experiência passada como uma *prova* cabal da ocorrência futura desse acontecimento. Em outros casos, ele procede com maior cautela, sopesando os experimentos opostos, considerando qual lado se apoia no maior número de experimentos, inclinando-se para esse lado com dúvida e hesitação, e, ao formar finalmente um juízo, a evidência não excede o que propriamente se denomina *probabilidade*. Toda probabilidade supõe assim uma oposição entre experimentos e observações, em que se verifica que um dos lados supera o outro e produz um grau de evidência proporcional a essa superioridade. Uma centena de casos ou experimentos, de um lado, e cinquenta, de outro, proporcionam uma expectativa indiferenciada de qualquer dos dois acontecimentos, ao passo que cem experimentos uniformes com apenas um contraditório geram justificadamente um grau bastante forte de confiança. Devemos, em ambos os casos, ponderar os experimentos opostos, quando eles se opõem, e subtrair o número menor do maior, para saber o grau exato da evidência mais forte.

5   Aplicando agora esses princípios a um caso particular, observemos que nenhuma espécie de raciocínio é mais comum, mais útil e mesmo mais necessária à vida humana que a que deriva do relato das pessoas e dos depoimentos de espectadores e testemunhas oculares. Alguém poderia negar, talvez, que essa espécie de raciocínio esteja fundada na relação de causa e efeito, mas não vou entrar em disputas sobre uma palavra. Basta observar que nossa confiança em qualquer argumento desse tipo não deriva de outro princípio que não nossa observação da veracidade do testemunho humano e da conformidade habitual entre os relatos de testemunhas e os fatos. Dado que é uma máxima geral que não há conexão discernível entre quaisquer objetos, e que todas as inferências que fazemos de um a outro desses objetos fundam-se meramente na experiência que temos de sua conjunção constante e regular, é evidente que não devemos abrir uma exceção a essa máxima para favorecer o testemunho humano, cuja conexão com qualquer acontecimento parece, em si mesma, tão pouco necessária quanto qualquer outra. Não fosse a memória dotada de um certo grau de obstinação, não se inclinassem comumente os homens à verdade e a um princípio de probidade, não fossem eles sensíveis à vergonha de serem apanhados mentindo, se estas qualidades, eu digo, não fossem reveladas pela *experiência* como inerentes à natureza humana, então não teríamos por que depositar a menor confiança no testemunho humano. Um homem que delira, ou é famoso pela sua falsidade e baixeza, não tem perante nós a menor autoridade.

6   A evidência derivada de testemunhas e de relatos humanos funda-se na experiência passada, e varia, portanto, com a experiência, sendo considerada ou uma *prova*, ou uma *probabilidade*, conforme a conjunção entre algum tipo particular de rela-

to e um tipo qualquer de objeto tenha se mostrado constante ou variável. Há numerosas circunstâncias que devem ser levadas em conta em todos os julgamentos dessa espécie, e o padrão último pelo qual resolvemos todas as possíveis disputas que surgem em torno deles é sempre derivado da experiência e observação. Quando essa experiência não é inteiramente uniforme em relação a algum dos lados, ela vem acompanhada de uma inevitável contrariedade em nossos julgamentos, e da mesma oposição e mútua destruição de argumentos que ocorre com qualquer outro tipo de evidência. Hesitamos frequentemente diante dos relatos de outras pessoas; contrapomos as circunstâncias opostas que causam alguma dúvida ou incerteza, e, quando identificamos uma superioridade em algum dos lados, inclinamo-nos para ele, sempre, porém, com um decréscimo de confiança proporcional à força de seu antagonista.

7   Essa contrariedade de evidência, no caso presente, pode provir de muitas causas diferentes: da oposição de relatos contrários, do caráter ou número das testemunhas, do modo pelo qual prestam seu depoimento, ou da mistura de todas essas circunstâncias. Passamos a alimentar uma suspeita quanto a uma certa questão de fato quando as testemunhas se contradizem umas às outras, quando são muito poucas ou de caráter duvidoso, quando têm interesse naquilo que afirmam, quando depõem com hesitação ou, ao contrário, com declarações demasiado violentas. Há muitas outras particularidades da mesma espécie que podem diminuir ou destruir a força de qualquer argumento derivado do testemunho humano.

8   Suponha-se, por exemplo, que o fato que o relato pretende estabelecer tenha algo de extraordinário e fantástico; nesse

caso, a evidência resultante do testemunho sofre um maior ou menor decréscimo, conforme seja o fato mais ou menos inusitado. A razão pela qual damos algum crédito a testemunhas e historiadores não deriva de qualquer *conexão* que percebamos *a priori* entre o testemunho e a realidade, mas de estarmos acostumados a encontrar uma concordância entre essas coisas. Quando, porém, o fato relatado é de um tipo que raramente se apresentou à nossa observação, surge aí uma controvérsia entre duas experiências opostas, na qual uma destrói a outra no que diz respeito à força, e a superior só pode atuar na mente pela força que restou. Exatamente o mesmo princípio de apelo à experiência, que nos dá um grau determinado de confiança no relato de testemunhas, é também o que nos fornece, neste caso, um outro grau de confiança contra o fato que elas pretendem estabelecer, e dessa contradição surge necessariamente um contrapeso e uma destruição mútua de crença e autoridade.

9 "Eu não acreditaria em tal história ainda que ela me fosse contada pelo próprio Catão" era um dito proverbial em Roma, mesmo durante a vida daquele patriota-filósofo.[1] Admitia-se, assim, que o caráter inacreditável de um fato poderia invalidar mesmo uma tão grande autoridade.

10 Raciocinava corretamente o príncipe indiano que se recusou a acreditar nos primeiros relatos acerca dos efeitos da congelação; e seria naturalmente necessário um testemunho muito poderoso para fazê-lo admitir fatos que decorrem de uma condição da natureza com a qual ele não estava familiarizado e que apresentavam tão pouca analogia com os acontecimentos dos quais tinha tido experiência constante e uniforme. Tais fatos,

---

1 Plutarco, *Vida de Catão*.

embora não fossem contrários à sua experiência, tampouco com ela se harmonizavam.²

11 Mas, a fim de aumentar a probabilidade contra o depoimento de testemunhas, suponhamos que o fato que elas afirmam, em vez de ser apenas surpreendente, seja realmente miraculoso, e suponha-se além disso que o testemunho, considerado isoladamente e em si mesmo, equivale a uma prova cabal; nesse caso haverá prova contra prova, das quais a mais

---

2 É evidente que nenhum indiano poderia ter experiência da água não se congelando em climas frios. Isso é pôr a natureza em uma situação que ele desconhece completamente, e não lhe é possível concluir *a priori* o que resultará disso. É fazer um experimento novo, de consequências sempre incertas. Pode-se às vezes, por analogia, conjeturar o que se seguirá; o que nunca passa, porém, de simples conjetura. E é preciso confessar que, no exemplo presente do congelamento, o resultado ocorre em desacordo com as regras da analogia, e é de tal natureza que um indiano racional não poderia esperá-lo. As operações do frio sobre a água não são graduais, em proporção aos graus de frio; ao contrário, sempre que se atinge o ponto de congelamento, a água passa imediatamente do mais perfeito estado líquido para a mais perfeita solidez. Um tal resultado, portanto, pode ser denominado *extraordinário*, e requer um testemunho muito vigoroso para torná-lo digno de crédito aos habitantes de um clima quente. Mas, ainda assim, ele não é *milagroso*, nem contrário à experiência uniforme do curso da natureza, nos casos em que todas as circunstâncias são idênticas: Os habitantes de Sumatra sempre viram a água fluida em seu próprio clima, e o congelamento de seus rios deveria ser considerado um prodígio. Mas eles nunca viram a água em Moscou durante o inverno, e não é, portanto, razoável que sejam conclusivos quanto a qual seria lá a consequência. [O ponto de Hume é que o congelamento da água em climas frios, embora inesperado para um habitante das regiões tropicais, não é milagroso no sentido de ser *contrário* à experiência. Para isso, seria preciso supor que ele tivesse a experiência oposta, isto é, de que a água *não* se congela em climas frios, o que obviamente ele não tem. (N. T.)]

forte deve prevalecer, mas sempre com um decréscimo de sua força em proporção à de sua antagonista.

12 Um milagre é uma violação das leis da natureza, e como essas leis foram estabelecidas por uma experiência firme e inalterável, a prova contra um milagre, pela própria característica do fato, é tão cabal quanto qualquer argumento imaginável derivado da experiência. Por que é mais do que meramente provável que todos os homens devam morrer, que o chumbo não possa permanecer por si mesmo suspenso no ar, que o fogo consuma a madeira e seja extinto pela água, senão porque esses eventos se mostram conformes às leis da natureza e se requer uma violação dessas leis – ou, em outras palavras, um milagre – para evitá-los? Nada que ocorra alguma vez no curso comum da natureza é considerado um milagre. Não é um milagre que um homem, aparentemente em boa saúde, venha a morrer repentinamente, porque esse tipo de morte, embora menos comum que qualquer outra, tem sido, ainda assim, frequentemente observada. Mas é um milagre que um homem morto retorne à vida, porque isso nunca foi observado em nenhuma época ou lugar. Deve existir, portanto, uma experiência uniforme contra cada acontecimento milagroso, caso contrário ele não mereceria essa denominação. E como uma experiência uniforme equivale a uma prova, temos aqui uma *prova* direta e cabal contra a existência de qualquer milagre, pela própria natureza do fato; e uma prova como essa não pode ser destruída, nem o milagre tornar-se digno de crédito, a não ser por efeito de uma prova oposta que seja superior à primeira.[3]

---

3 Às vezes um acontecimento pode não *parecer em si mesmo* contrário às leis da natureza, mas, em razão de algumas circunstâncias, poderia ser denominado um milagre se realmente viesse a ocorrer, visto que, *de fato*, é contrário a essas leis. Assim, se uma pessoa, alegando uma auto-

13   Uma consequência simples disso tudo (e trata-se aqui de uma máxima geral digna de nossa atenção) é "que nenhum testemunho é suficiente para estabelecer um milagre, a menos que seja de um tipo tal que sua falsidade fosse ainda mais milagrosa que o fato que se propõe a estabelecer; e mesmo assim ocorre uma destruição mútua de argumentos, de sorte que o mais forte só nos dá uma confiança apropriada ao grau de força que resta após subtrair-se dele o mais fraco". Se alguém me diz que viu um homem morto ser trazido de volta à vida, de imediato pondero comigo mesmo se é mais provável que essa pessoa esteja enganando-me ou sendo enganada, ou que o fato que ela relata tenha realmente ocorrido. Peso um milagre contra o outro e, de acordo com a superioridade que descubro, enuncio minha decisão, sempre rejeitando o maior

---

ridade divina, ordenasse a uma pessoa doente que se recuperasse, a um homem saudável que tombasse morto, às nuvens que despejassem a chuva, aos ventos que soprassem, em suma, ordenasse muitos acontecimentos naturais e estes imediatamente se seguissem a seu comando, tais fatos poderiam com razão ser considerados milagres porque são, neste caso, realmente contrários às leis da natureza. Pois, se existe alguma suspeita de que o acontecimento e a ordem coincidiram acidentalmente, não há milagre nem transgressão às leis da natureza. Mas, se essa suspeita é removida, existe sem dúvida um milagre e uma transgressão dessas leis, porque nada pode ser mais contrário à natureza do que a voz ou o comando de um homem terem uma tal influência. Um milagre pode ser precisamente definido como *uma transgressão de uma lei da natureza por uma volição particular da Divindade, ou pela interposição de algum agente invisível*. Um milagre pode ser ou não ser alguma coisa identificável pelos homens, mas isso não altera sua natureza e essência. Que uma casa ou um navio se elevem no ar é um milagre manifesto. Que uma pena se eleve quando falta ao vento uma parcela, ainda que mínima, da força requerida para esse propósito é um milagre tão real como o outro, embora não nos seja tão perceptível.

milagre. Se a falsidade do testemunho dessa pessoa for mais miraculosa que o acontecimento que ela relata, então sim — mas não até então — ela pode pretender contar com minha crença ou assentimento.

Parte 2

14   Na argumentação precedente, supusemos que o testemunho sobre o qual se funda um milagre poderia equivaler a uma prova cabal, e que a falsidade desse testemunho seria um verdadeiro prodígio. Mas é fácil mostrar que fomos liberais em demasia em nossa concessão, e que nunca houve algum acontecimento milagroso demonstrado com base em uma evidência tão plena.

15   Pois, *primeiro*, não se encontra em toda a história nenhum milagre atestado por um número suficiente de homens de bom senso, educação e saber tão inquestionáveis que nos garantam contra toda possibilidade de estarem eles próprios enganados; de integridade tão indubitável que os coloque acima de qualquer suspeita de pretenderem iludir outros; de tal crédito e reputação aos olhos da humanidade que tenham muito a perder no caso de serem apanhados em qualquer falsidade; e, ao mesmo tempo, que atestem fatos realizados de maneira tão pública e em uma parte do mundo tão conhecida que não se pudesse evitar o desmascaramento. Todas essas circunstâncias são requeridas para nos dar uma confiança plena no testemunho dos homens.

16   *Segundo*, podemos observar na natureza humana um princípio que, se examinado com rigor, mostrar-se-á capaz de enfraquecer imensamente a confiança que poderíamos depositar em qualquer tipo de prodígio com base no testemunho

humano. A máxima pela qual comumente nos conduzimos em nossos raciocínios é que os objetos dos quais não temos experiência assemelham-se àqueles dos quais a temos, que o que descobrimos ser mais usual é sempre mais provável, e que onde há oposição de argumentos devemos dar a preferência aos que estão apoiados no maior número de observações passadas. Mas, embora ao proceder segundo essa regra rejeitemos de pronto qualquer fato que seja inusitado e incrível num grau ordinário, ocorre que, quando se vai mais longe, a mente nem sempre observa a mesma regra, e, diante da afirmação de alguma coisa completamente absurda e miraculosa, mostra-se, antes, mais pronta a admitir esse fato em razão da própria circunstância que deveria destruir toda sua autoridade. Por ser uma emoção agradável, a paixão da *surpresa* e do *assombro*, proveniente dos milagres, dá-nos uma perceptível tendência a acreditar nos acontecimentos dos quais deriva. E isso vai tão longe que mesmo aqueles que não podem gozar diretamente desse prazer, nem acreditar nos acontecimentos milagrosos que lhes são relatados, adoram, contudo, compartilhar dessa satisfação, em segunda mão ou como intermediários, e têm orgulho e prazer em excitar a admiração de outros.

17   Com que sofreguidão são recebidas as narrativas miraculosas dos viajantes, suas descrições de monstros marinhos e terrestres, seus relatos de aventuras maravilhosas, homens misteriosos e costumes estranhos! E quando a esse amor pelo maravilhoso junta-se o espírito da religiosidade, é aí que todo o bom senso desaparece de vez; e o testemunho humano, em tais circunstâncias, perde suas últimas pretensões à autoridade. Um devoto pode ser um visionário e imaginar que vê coisas que não existem na realidade; ele pode saber que seu relato é falso e ainda assim aferrar-se a ele com as melhores

intenções do mundo, para promover uma causa tão sagrada. E mesmo quando essa ilusão não está presente, a vaidade, estimulada por tão forte tentação, atua sobre ele com mais força do que sobre o restante da humanidade em quaisquer outras circunstâncias, e o interesse próprio não atua com menos força. É possível que seus ouvintes não tenham, como usualmente não têm, suficiente discernimento para examinar as provas que ele apresenta; e ao pouco discernimento que possuem renunciam por princípio, nesses assuntos sublimes e misteriosos; ou, se estiverem eventualmente dispostos a empregá-lo, a paixão e a imaginação exaltada perturbam a regularidade de suas operações. Sua credulidade aumenta o descaramento do narrador, e o descaramento deste conquista-lhes a credulidade.

18   A eloquência, quando levada a seu patamar mais alto, deixa pouco lugar à razão ou à reflexão, mas, dirigindo-se inteiramente à imaginação e aos afetos, cativa os ouvintes condescendentes e subjuga-lhes o entendimento. Raramente, por sorte, ela atinge esse patamar. Mas o efeito que com muita dificuldade um Túlio ou um Demóstenes poderia obter sobre uma plateia romana ou ateniense, qualquer capuchinho, qualquer mestre itinerante ou estabelecido pode alcançar sobre o grosso da humanidade, e num grau mais elevado, manipulando essas paixões rudes e vulgares.

19   Os muitos exemplos forjados de milagres, profecias e acontecimentos sobrenaturais que em todas as épocas foram desmascarados, ou por provas em contrário, ou pelo seu próprio absurdo, demonstram suficientemente a forte propensão da humanidade para o extraordinário e o fantástico, e é razoável que gerem uma suspeita contra todo relato desse

tipo. Esse é nosso modo natural de pensar, mesmo com relação aos acontecimentos mais comuns e mais plausíveis. Por exemplo, não há nenhuma espécie de notícia que surja tão facilmente e se espalhe com tanta rapidez, especialmente nas áreas rurais e cidades do interior, como as que se referem a casamentos: nem bem dois jovens de mesma condição veem-se por duas vezes, e a vizinhança inteira já os une imediatamente em casamento. O prazer de dar uma notícia tão interessante, de propagá-la e de estar entre os primeiros que a divulgam, faz que a informação se espalhe. E sabe-se tão bem disso que ninguém de bom senso dá atenção a esses relatos até vê-los confirmados por alguma evidência mais forte. E não são porventura essas mesmas paixões, e outras ainda mais poderosas, capazes de inclinar a maioria das pessoas a acreditar e divulgar, com a máxima veemência e confiança, todos os milagres religiosos?

20   *Terceiro*, uma forte predisposição contra todos os relatos sobrenaturais e milagrosos resulta do fato de que eles abundam principalmente em nações ignorantes e bárbaras; ou, nos casos em que um povo civilizado chegou a admitir alguns deles, verificar-se-á que esse povo os recebeu de ancestrais ignorantes e bárbaros que os transmitiram com aquela inviolável sanção e autoridade que sempre acompanha as concepções herdadas. Quando examinamos as histórias primevas de todas as nações, sentimo-nos como que transportados a algum mundo novo, no qual todo o arcabouço da natureza se acha desarticulado, e cada elemento realiza suas operações de uma maneira diferente da que o faz presentemente. Batalhas, revoluções, pestilência, fome e morticínio nunca são o efeito daquelas causas naturais de que temos experiência. Prodígios, presságios, oráculos e sentenças obscurecem completamente

os poucos acontecimentos naturais que a eles se misturam. Mas, como os primeiros vão ficando mais raros a cada página, à medida que nos aproximamos das eras esclarecidas, logo descobrimos que nada há de misterioso ou sobrenatural no caso, mas que tudo procede da propensão usual da humanidade para o fantástico, e que, embora essa inclinação possa ocasionalmente ser freada pelo bom senso e instrução, nunca se poderá extirpá-la completamente da natureza humana.

21 "É estranho", um leitor judicioso estará tentado a dizer, ao examinar esses historiadores fantásticos, "que tais prodígios jamais ocorram em nossos dias". Mas penso que não é nada estranho, espero que se reconheça, que os homens mintam em todas as épocas, e você já terá certamente presenciado suficientes exemplos dessa fraqueza. Você próprio já observou o início de muitos desses relatos fantasiosos que, depois de serem tratados com desprezo por todos os homens sábios e judiciosos, foram por fim abandonados até mesmo pelo vulgo. Esteja certo de que essas mentiras famosas, que se espalharam e floresceram a tão monstruosas alturas, começaram de forma semelhante; mas, tendo sido semeadas em solo mais apropriado, vicejaram até converter-se em prodígios quase iguais aos que relatam.

22 Foi uma sábia decisão daquele falso profeta, Alexandre, outrora tão famoso embora hoje esquecido, representar a primeira cena de suas imposturas na Paflagônia, onde, conta-nos Luciano, as pessoas eram extremamente ignorantes e estúpidas, prontas a engolir mesmo a mais grosseira mistificação. Aqueles que vivem longe do local, e que são tolos o bastante para julgar o assunto digno de investigação, não têm oportunidade de obter informações mais fidedignas. As his-

tórias lhes chegam ampliadas por uma centena de detalhes. Os estúpidos aplicam-se diligentemente a propagar a impostura, ao passo que os sábios e instruídos contentam-se geralmente em ridicularizar esse absurdo sem buscar informações sobre fatos particulares que poderiam conclusivamente refutá-lo. E foi assim que o mencionado impostor conseguiu alçar-se de seus ignorantes paflagonianos até o recrutamento de seguidores entre os próprios filósofos gregos e entre romanos da mais alta categoria e distinção. E não apenas isso, mas foi capaz de atrair a atenção do sábio imperador Marco Aurélio, a ponto de fazê-lo confiar o sucesso de uma expedição militar a suas enganosas profecias.

23   As vantagens de originar uma impostura em meio a um povo ignorante são tão grandes que, mesmo quando a mistificação é demasiado grosseira para impor-se à maioria das pessoas (*o que, embora raro, às vezes ocorre*), ela tem uma possibilidade muito maior de ser bem-sucedida em lugares remotos do que se a primeira encenação ocorresse em uma cidade famosa pelas artes e pelo conhecimento. Os mais ignorantes e bárbaros dentre esses bárbaros levam a notícia para o exterior. Nenhum de seus compatriotas mantém uma grande correspondência, ou tem suficiente crédito e autoridade para contradizer e derrubar a mistificação. A inclinação humana para o fantástico tem então plena oportunidade de se manifestar, e, assim, uma história, universalmente desacreditada em seu lugar de origem, deverá passar por genuína a mil milhas de distância. Se Alexandre tivesse, contudo, fixado sua residência em Atenas, os filósofos desse famoso centro de erudição teriam imediatamente espalhado por todo o Império Romano sua opinião sobre o assunto, a qual, estando apoiada por tão grande autoridade e sendo exposta com toda a força da ra-

zão e da eloquência, teria aberto inteiramente os olhos da humanidade. É verdade que Luciano, passando por acaso pela Paflagônia, teve uma oportunidade de prestar esse bom serviço. Porém, por muito desejável que seja, nem sempre ocorre que todo Alexandre depare com um Luciano pronto a denunciar e desmascarar suas imposturas.

24 Posso acrescentar, como uma *quarta* razão para o enfraquecimento da autoridade dos prodígios, que não há relato de nenhum deles, mesmo dos que não foram expressamente refutados, que não sofra a oposição de um número infinito de testemunhas, de modo que não apenas o milagre destrói o crédito do relato, mas o próprio relato destrói-se a si mesmo. Para tornar isso mais compreensível, consideremos que, em questões de religião, tudo que é distinto está em oposição, e que é impossível que as religiões da antiga Roma, da Turquia, do Sião e da China estejam todas elas estabelecidas sobre alguma fundação sólida. Todo milagre, portanto, que se suponha produzido em qualquer dessas religiões (e todas elas abundam em milagres), dado que seu objetivo direto é consolidar o sistema particular ao qual é atribuído, terá o mesmo poder, embora de maneira mais indireta, para derrubar todos os demais sistemas. Ao destruir um sistema rival, ele destrói do mesmo modo o crédito dos milagres sobre os quais esse sistema foi erigido, de tal modo que todos os prodígios das diferentes religiões devem ser considerados como fatos que se contrariam, e as evidências desses prodígios, sejam elas tênues ou vigorosas, devem ser tomadas como opostas umas às outras. De acordo com esse método de raciocínio, quando acreditamos em qualquer milagre de Maomé ou de seus sucessores, temos como nossa garantia o depoimento de uns poucos árabes bárbaros. E, por outro lado, temos de conside-

rar a autoridade de Tito Lívio, Plutarco, Tácito, e, em suma, de todos os autores e testemunhas, gregos, chineses e católicos romanos que alguma vez relataram qualquer milagre em sua particular religião; temos de considerar seu testemunho, eu dizia, do mesmo modo que se tivessem mencionado aquele milagre maometano e o tivessem contradito em termos expressos, com a mesma certeza que depositam no milagre que relatam. Esse argumento pode parecer excessivamente sutil e refinado, mas não é na realidade diferente do raciocínio de um juiz que supõe que o crédito de duas testemunhas que acusam alguém de um crime é destruído pelo depoimento de duas outras que afirmam que ele estava a duas léguas de distância no mesmo momento em que se diz que o crime teria sido cometido.

25   Um dos mais bem atestados milagres em toda a história profana é aquele que Tácito conta de Vespasiano, que curou um cego em Alexandria por meio de sua saliva e um coxo com os simples toque de seu pé, em obediência a uma visão que estes tiveram de Serápis, o qual lhes ordenara recorrer ao imperador para obter essas curas milagrosas. A história pode ser lida nesse excelente historiador,[4] e todas as circunstâncias que a acompanham parecem aumentar o peso do testemunho e poderiam ser detalhadamente expostas com toda a força da argumentação e da eloquência, caso alguém estivesse hoje preocupado em fortalecer a evidência para essa superstição desacreditada e idólatra: a sobriedade, a integridade, o amadurecimento e a honestidade de tão grande imperador, que, ao longo de toda sua vida, conviveu familiarmente com seus

---

4 *Histórias*, livro IV, cap.81. Suetônio oferece quase o mesmo relato em sua *Vida de Vespasiano*.

amigos e cortesãos e nunca simulou os extravagantes ares de divindade assumidos por Alexandre e Demétrio; o historiador, um autor contemporâneo aos fatos, famoso pela sinceridade e fidedignidade e, além disso, o maior e mais penetrante gênio, talvez, de toda Antiguidade, tão desprovido de qualquer inclinação à credulidade que recebe até mesmo a acusação contrária, de ateísmo e profanidade; as pessoas em cuja autoridade se baseia o relato do milagre, de caráter reputado pelo juízo e veracidade, como se pode presumir; as testemunhas oculares do fato que continuaram a confirmar seu depoimento depois que a família dos Flávios foi despojada do império e não poderia mais oferecer recompensas em troca de uma mentira. *Utrunque, qui interfuere, nunc quoque memorant, postquam nullum mendacio pretium.** Se a isso acrescentarmos a natureza pública dos fatos, tal como foram relatados, parece claro que não se poderia imaginar prova mais forte para uma falsidade tão grosseira e tangível.

26   Há também uma história memorável, contada pelo cardeal de Retz, que bem merece nossa consideração. Quando esse político intrigante fugiu para a Espanha a fim de evitar a perseguição de seus inimigos, passou por Saragoça, capital de Aragão, onde lhe mostraram, na catedral, um homem que havia servido sete anos como porteiro e era bem conhecido de cada habitante da cidade que já havia feito suas devoções naquela igreja. Durante longo tempo, ele fora visto sem uma perna, mas recuperou aquele membro esfregando óleo bento no coto, e o cardeal nos assegura que o viu com duas pernas.

---

* "Os que estiveram presentes mencionam ainda hoje ambos os incidentes, quando não há mais vantagem em contar uma mentira" (Tácito, ibidem). (N. T.)

Esse milagre foi afiançado por todos os cônegos da igreja, e a gente da cidade foi chamada a confirmar o fato, pessoas cuja fervente devoção mostrou ao cardeal que acreditavam plenamente no milagre. Aqui também se tem um narrador contemporâneo ao prodígio, dotado de caráter incrédulo e libertino, bem como de grande inteligência; o milagre de natureza tão *singular* que dificilmente daria margem à manipulação, e as testemunhas muito numerosas, e todas elas, de certo modo, espectadoras do fato do qual deram testemunho. E o que amplia imensamente a força da evidência, e pode duplicar nossa surpresa neste caso, é que o próprio cardeal que relata a história parece não dar nenhum crédito a ela e não pode, por conseguinte, ser suspeito de qualquer colaboração com a pia fraude. Ele acertadamente considerou que, para rejeitar um fato dessa espécie, não se requeria a capacidade de refutar minuciosamente o testemunho e rastrear sua falsidade ao longo de todas as situações de logro e credulidade que o produziram. Ele sabia que, assim como é geralmente de todo impossível fazer isso a distância ou após um pequeno período de tempo, é também extremamente difícil fazê-lo mesmo quando se está imediatamente presente, em razão de fanatismo, ignorância, astúcia e canalhice de uma grande parte da humanidade. Concluiu, portanto, raciocinando corretamente, que tal evidência trazia a falsidade estampada em seu próprio rosto, e que um milagre, suportado por qualquer testemunho humano que se queira, era mais propriamente objeto de riso do que assunto de argumentação.

27   Nunca houve com certeza maior número de milagres atribuídos a uma só pessoa do que aqueles que se diz terem ocorrido recentemente na França, sobre o túmulo do abade Paris,

o famoso jansenista, acerca de cuja santidade o povo esteve por tanto tempo iludido. A cura dos enfermos, a restituição da audição aos surdos e da vista aos cegos foram comentadas por toda parte como os efeitos habituais daquela santa sepultura. Mas o que é mais extraordinário é que muitos dos milagres foram prontamente comprovados no próprio lugar de ocorrência, diante de juízes de integridade inquestionável atestados por testemunhas de crédito e distinção, em uma época esclarecida e no mais importante centro que existe hoje no mundo. E isso não é tudo: uma narração deles foi publicada e distribuída por toda parte, e nem mesmo os jesuítas, embora formassem uma corporação instruída, tivessem o apoio da magistratura civil, e fossem inimigos ferrenhos das doutrinas em favor das quais os milagres teriam sido realizados, jamais foram capazes de refutá-los ou desmascará-los conclusivamente.[5] Onde encontraremos tamanho número de circunstâncias concordando na corroboração de um único fato? E que temos a opor a uma tal massa de testemunhas, exceto a absoluta impossibilidade, ou natureza miraculosa, dos acontecimentos que elas relatam? E certamente essa consideração, aos olhos de todas as pessoas razoáveis, será por si só considerada uma refutação suficiente.

---

[5] Esse livro [*La Verité des miracles operés par l'intercession de M. De Pâris, demontreé contre M. L'archevêque de Sens*] foi escrito pelo Sr. Montgeron, conselheiro ou juiz do Parlamento de Paris, um homem de estatura e caráter que foi também um mártir da causa e que hoje se diz estar encarcerado em algum lugar por causa de seu livro.

Há outro livro em três volumes (intitulado *Recueil des Miracles de l'Abbé Paris*) que oferece um relato de muitos desses milagres e que está acompanhado de textos introdutórios muito bem escritos. Ao longo de todos estes, contudo, desenvolve-se uma ridícula comparação entre os milagres de nosso Salvador e os do abade, na qual se assevera que a evidência para estes é a mesma que para aqueles, como se o testemunho dos homens pudesse alguma vez ser posto na mesma balança que o testemunho do próprio Deus, que guiou as penas dos autores inspirados. Se esses autores, de fato, devessem ser considerados meramente como testemunhas humanas, o autor francês estaria sendo muito moderado em sua comparação, dado que poderia, com alguma plausibilidade, alegar que os milagres jansenistas suplantam em muito os primeiros quanto à força de sua evidência e autoridade. As circunstâncias que se seguem foram extraídas de documentos autênticos contidos no livro supracitado.

Muitos dos milagres do abade Paris foram comprovados imediatamente por testemunhas perante a oficialidade ou a corte do bispo em Paris, sob a supervisão do cardeal Noailles, cuja reputação de integridade e preparo nunca foi contestada nem por seus inimigos.

Seu sucessor na arquidiocese era um inimigo dos jansenistas, e por essa razão promovido à Sé pela corte. Contudo, 22 párocos ou *curés* de Paris urgiram-no, com completa seriedade, a examinar esses milagres, que declararam serem conhecidos no mundo inteiro e inquestionavelmente genuínos. Mas ele prudentemente absteve-se de fazê-lo.

O partido molinista havia tentado desacreditar esses milagres em um caso isolado, o de *mademoiselle* Le Franc. Mas, além de seus procedimentos terem sido em muitos aspectos os mais irregulares do mundo, especialmente ao convocarem apenas umas poucas dentre as testemunhas jansenistas, cujos depoimentos adulteraram; além disso, eu dizia, eles logo se viram esmagados por uma massa de novas testemunhas, em número de 120, a maioria delas pessoas de crédito e posição em Paris, que depuseram sob juramento em favor do milagre. A isto seguiu-se um grave e solene apelo ao Parlamento, mas os parlamentares não tiveram autorização para intervir no caso. Constatou-se, por fim, que, quando os homens estão imbuídos de zelo e ardor, não há grau tão forte de testemunho humano que não possa ser conseguido em favor da coisa mais absurda. E os que forem tolos o bastante para examinar o caso por esse prisma e procurar falhas particulares no testemunho terão quase certamente seus esforços frustrados. É preciso que uma impostura seja realmente muito inepta para não ter sucesso nessa disputa.

Todos os que estiveram na França por volta dessa época ouviram falar da reputação do Sr. Heraut, o *lieutenant de Polire,* de cuja vigilância, perspicácia, energia e extensa rede de informações muito se falou. Esse magistrado, que pela natureza de seu cargo é quase absoluto, foi investido de plenos poderes com o propósito de suprimir ou desacreditar esses milagres, e frequentemente detinha e examinava imediatamente as testemunhas e beneficiários deles. Mas jamais foi capaz de levantar satisfatoriamente alguma coisa contra essas pessoas.

No caso de *mademoiselle* Thibaut, ele enviou o famoso De Sylva para examiná-la, cujo depoimento é muito curioso. O médico afirma que é impossível que ela tivesse estado tão doente como declarado pelas testemunhas, pois ter-lhe-ia sido impossível, em tão pouco tempo, recuperar-se tão perfeitamente como ele a encontrara. Ele raciocinava, como um homem de bom senso, a partir de causas naturais, mas a parte contrária disse-lhe que o caso todo era um milagre, e seu depoimento era a melhor prova disso.

Os molinistas viram-se em um triste dilema. Não ousaram afirmar a absoluta insuficiência da evidência humana para provar um milagre e foram obrigados a dizer que esses milagres tinham sido realizados por feitiçaria e pelo demônio. Mas foi lhes dito que esse fora um argumento empregado pelos judeus de antanho.

Nenhum jansenista jamais se sentiu embaraçado para explicar a cessação dos milagres quando o cemitério foi fechado por um édito real. Era o toque da tumba que produzia esses extraordinários efeitos, e se ninguém mais podia aproximar-se dela, nenhum efeito era mesmo de esperar. Deus, na verdade, poderia ter derrubado as paredes em um instante, mas ele é o senhor de suas próprias graças e obras, e delas não nos cabe dar explicações. Ele não derrubou as paredes de todas as cidades, como o fez em Jericó ao soar das trombetas, nem abriu a prisão de cada apóstolo, como no caso de São Paulo.

Ninguém menos que o duque de Chatillon, nobre e par da França, do mais alto berço e posição, deu testemunho de uma cura miraculosa realizada em um de seus servos, que vivera em sua casa por muitos anos, com uma visível e palpável enfermidade.

Concluo observando que nenhum clero é mais famoso pela severidade de sua vida e costumes que o clero secular da França, particularmente os párocos ou curas de Paris, que dão testemunho dessas imposturas.

28 Seria justo concluir, do fato de que alguns testemunhos humanos têm em alguns casos extrema força e autoridade – por exemplo, quando relatam a batalha de Filipos ou a de Farsália –, que todos os tipos de testemunhos devem ter em todos os casos a mesma força e autoridade? Suponha-se que as facções de César e de Pompeu tivessem, cada uma delas, reivindicado a vitória nessas batalhas e que os historiadores de

---

A sabedoria, inteligência e honradez dos cavalheiros e a austeridade das freiras de Port-Royal têm sido muito louvadas por toda a Europa. E, contudo, todos eles depõem em favor de um milagre acontecido à sobrinha do famoso Pascal, cuja santidade de vida e extraordinária capacidade são bem conhecidas. O famoso Racine relata esse milagre em sua famosa história de Port-Royal, e a reforça com todas as provas que uma multidão de freiras, padres, médicos e homens da sociedade – todos eles de crédito inquestionável – puderam conferir a ele. Diversos homens de letras, particularmente o bispo de Tournay, consideraram esse milagre tão genuíno a ponto de empregá-lo na refutação de ateístas e livre-pensadores. A rainha-regente da França, que alimentava imensa hostilidade contra Port-Royal, enviou seu médico particular para investigar o milagre, o qual retornou absolutamente convertido. Em resumo, a cura sobrenatural era tão incontestável que salvou por um tempo o famoso monastério da ruína com a qual os jesuítas o ameaçavam. Se tivesse sido um logro, teria sido certamente detectado por antagonistas tão sagazes e poderosos, e deveria ter apressado a ruína dos perpetradores. Nossos teólogos, capazes de construir um castelo formidável com materiais tão insignificantes, que prodigiosa estrutura não teriam erguido com todas essas circunstâncias e muitas outras que não mencionei! Quão frequentemente teriam os grandes nomes de Pascal, Racine, Arnaud, Nicole ressoado em nossos ouvidos? Mas, se forem sábios, é melhor que adotem o milagre por ser mil vezes mais valioso que todo o restante de sua coleção. Além disso, ele pode servir muito a seu propósito, pois esse milagre foi efetivamente realizado pelo toque de uma autêntica ponta sagrada do santo espinho, que compunha a santa coroa, que... etc.

cada partido tivessem uniformemente atribuído a vantagem a seu próprio campo, como poderia a humanidade, tanto tempo depois, decidir entre eles? Uma oposição igualmente forte existe entre os milagres relatados por Heródoto ou Plutarco e os recitados por Mariana, Beda ou qualquer historiador monacal.

29 Os sábios ouvem com muito ceticismo todos os relatos que são favoráveis aos sentimentos do narrador, quer eles exaltem seu país, sua família ou a si próprio, ou de algum modo confluam com suas inclinações e tendências naturais. E haveria maior tentação que a de aparecer como um missionário, um profeta, um embaixador do céu? Quem não se disporia a enfrentar numerosos perigos e dificuldades para atingir uma condição tão elevada? Ou se, com o auxílio da vaidade e de uma imaginação inflamada, um homem primeiramente se converteu a si mesmo e assumiu sinceramente a ilusão, quem hesitaria nessa situação em lançar mão de piedosas fraudes em apoio a uma causa tão santa e meritória?

30 Aqui, a menor centelha pode gerar enormes labaredas, pois os materiais para isso estão sempre bem preparados. O *avidum genus auricularum*,[6] o populacho de olhos esbugalhados, recebe sofregamente, sem nenhuma verificação, tudo o que produz o assombro e agrada a superstição.

31 Quantas histórias dessa natureza têm sido, em todas as épocas, desmascaradas e desacreditadas logo em seus inícios? E quantas outras foram celebradas durante certo tempo, caindo depois no descaso e no esquecimento? Onde quer que esses

---

6 Lucrécio [*De Rerum Natura* IV, 593-4: "o gênero (humano) ávido pelo ouvir-dizer"].

relatos circulem, a solução do prodígio é, portanto, óbvia, e julgamos em conformidade com a experiência e observação regulares quando o explicamos pelos princípios naturais e reconhecidos da credulidade e ilusão. Por que iríamos, em vez de recorrer a uma solução tão natural, admitir uma violação miraculosa das leis mais bem estabelecidas da natureza?

32   Não é preciso mencionar a dificuldade de descobrir uma mentira em qualquer história privada, ou mesmo pública, ainda que se esteja presente no próprio lugar em que se diz que ela aconteceu. E isso se torna muito mais difícil quando se está a alguma distância, por pequena que seja, do cenário. Mesmo as cortes judiciais, com toda autoridade, precisão e discernimento que podem empregar, encontram-se muitas vezes em dificuldades para distinguir entre verdade e falsidade nas ações mais recentes. E o caso jamais chega a nenhuma conclusão se é entregue ao método usual das altercações, debates e rumores fugidios, especialmente quando as paixões humanas tomaram partido por algum dos lados.

33   Nos primórdios das novas religiões, os sábios e instruídos comumente julgam que o assunto é demasiado insignificante para merecer seu cuidado e atenção. E quando mais tarde se interessam em desmascarar a fraude para abrir os olhos à multidão iludida, a hora certa já passou e os registros e testemunhas, que poderiam esclarecer a questão, estão para sempre perdidos.

34   Não restam meios para detectar a fraude senão os que se podem extrair do próprio depoimento dos informantes, e estes, embora sempre suficientes aos olhos dos judiciosos e conhecedores, são em geral muito refinados para serem compreendidos pelo vulgo.

35   Assim, no conjunto, parece que nenhum testemunho em favor de um milagre de qualquer tipo jamais chegou sequer a torná-lo provável, quanto menos a constituir uma prova de sua ocorrência, e que, mesmo supondo-se que chegasse a fazê-lo, seria contraditado por outra prova, derivada da própria natureza do fato que ele se esforça por estabelecer. A autoridade do testemunho humano provém apenas da experiência, mas é essa mesma experiência que nos assegura sobre as leis da natureza. Quando, portanto, esses dois tipos de experiência se opõem, nada nos resta a fazer senão subtrair um do outro, e abraçar uma opinião, seja de um lado, seja de outro, com a confiança que o resíduo pode produzir. Mas, de acordo com o princípio aqui explicado, essa subtração, no que diz respeito a todas as religiões populares, equivale a uma completa aniquilação, e podemos estabelecer, portanto, como uma máxima, que nenhum testemunho humano pode ter força suficiente para provar um milagre e torná-lo uma genuína fundação para qualquer sistema religioso dessa espécie.

36   Peço que se observem as ressalvas aqui introduzidas, quando digo que um milagre jamais pode ser provado de modo a tornar-se a fundação de um sistema religioso. Pois admito que, em outros casos, podem existir milagres ou violações do curso habitual da natureza, de um tipo capaz de admitir prova por meio do testemunho humano, embora seja talvez impossível encontrar algum em todos os registros da história. Suponha-se, assim, que todos os autores, em todas as linguagens, concordem que, começando em 1º de janeiro de 1600, houve uma completa escuridão em toda a Terra por oito dias; suponha-se que a tradição desse extraordinário acontecimento seja ainda forte e vívida entre as pessoas; que todos os viajantes que retornam de países distantes tragam relatos da mesma tradição, sem a menor mudança ou inconsistência; é evidente que os filósofos da atualidade, em vez de pôr em dúvida o fato, deveriam admiti-lo como verdadeiro e procurar as causas das quais pudesse ser derivado. A decadência, corrupção e dissolução da natureza é um acontecimento tornado provável por tantas analogias que qualquer fenômeno que pareça apontar na direção dessa catástrofe cai sob a jurisdição do testemunho humano, se esse testemunho for muito extenso e uniforme.

37 Mas suponha-se que todos os historiadores que estudam a Inglaterra concordem que, em 1º de janeiro de 1600, a rainha Elizabeth morreu; que ela foi vista tanto antes como depois de sua morte por seu médico e por toda a corte, como é habitual no caso de pessoas de sua posição; que seu sucessor foi reconhecido e proclamado pelo Parlamento; e que, após ter estado sepultada por um mês, ela reapareceu, voltou a assumir o trono e governou a Inglaterra por três anos. Devo confessar que ficaria surpreso com a coincidência de tantas e tão estranhas circunstâncias, mas não estaria minimamente inclinado a acreditar em um acontecimento tão miraculoso. Não duvidaria de que sua morte foi alegada, nem das outras circunstâncias públicas que se seguiram, apenas declararia que houve a alegação da morte, mas que esta nunca foi nem poderia ter sido real. Seria inútil levantar contra mim a dificuldade, ou quase impossibilidade, de enganar o mundo em um assunto de tal importância; a sabedoria e o sólido discernimento daquela renomada rainha; a pouca ou nenhuma vantagem que poderia colher de uma artimanha tão lastimável. Tudo isso poderia causar-me espanto, mas eu ainda responderia que a canalhice e a insanidade dos homens são fenômenos tão comuns que eu preferiria, antes, acreditar que a confluência

desses fatores pode dar origem aos mais extraordinários acontecimentos a aceitar uma violação tão patente das leis da natureza.

38 Caso, porém, esse milagre tivesse sido atribuído a algum novo sistema religioso, essa própria circunstância, dado que os homens têm sido, em todas as épocas, tão enganados por histórias ridículas desse tipo, já seria uma prova cabal de uma fraude, e suficiente, aos olhos de todos os homens sensatos, não só para fazê-los rejeitar o fato, mas até mesmo rejeitá-lo sem nenhum exame adicional. Embora o Ser ao qual o milagre é atribuído seja, nesse caso, Todo-Poderoso, o fato não se torna por isso minimamente mais provável, dado que nos é impossível conhecer os atributos ou ações de um tal Ser, a não ser pela experiência que temos de suas operações no curso usual da natureza. Isso nos remete mais uma vez à experiência passada e nos obriga a comparar os casos de violação da verdade nos testemunhos humanos com os da violação das leis da natureza pelos milagres, a fim de julgar qual deles é mais verossímil e provável. Como as violações da verdade são mais comuns nos testemunhos relativos a milagres religiosos do que nos que se relacionam a fatos de quaisquer outros tipos, isso deve enfraquecer em muito a autoridade do primeiro tipo de testemunho, e fazer-nos adotar a resolução geral de nunca dar a ele a menor atenção, por mais razoável que seja a aparência de que se reveste.

39 Os mesmos princípios de raciocínio parecem ter sido adotados por lorde Bacon. "Devemos", diz ele, "fazer uma coleção ou história particular de todos os monstros e produções ou nascimentos prodigiosos, e, em suma, de todas as coisas novas, raras e extraordinárias na natureza. Mas esse exame deve ser feito com o máximo rigor, para não nos afastarmos da verdade. Acima de tudo, todos os relatos que dependem em algum grau da religião devem ser considerados suspeitos, como os prodígios de Lívio. E no mesmo grau todas as coisas que se encontram nos escritos de magia natural ou alquimia, ou em autores que parecem todos dotados de insaciável apetite por mentiras e fábulas."[7]

40 O método de raciocínio aqui exposto agrada-me ainda mais quando penso que ele pode servir para frustrar os amigos perigosos ou os inimigos disfarçados da religião cristã, que se propuseram a defendê-la pelos princípios da razão humana. Nossa sagrada religião está fundada na *fé*, não na razão, e uma forma segura de pô-la em risco é submetê-la a uma prova que ela não está de modo algum preparada para enfrentar. Para tornar isso mais evidente, examinemos aqueles milagres relatados nas escrituras, e, para não nos perdermos em um campo demasiado vasto, vamos nos limitar àqueles encontrados no Pentateuco, que examinaremos – segundo os princípios desses pretensos cristãos – não como a palavra ou o testemunho do próprio Deus, mas como o produto de um mero autor ou historiador humano. Para isso, teremos então de considerar inicialmente um livro que recebemos de um povo bárbaro e ignorante, escrito numa época em que eram ainda mais bárbaros e, muito provavelmente, longo tempo depois dos fatos nele narrados, um livro que não conta com a corroboração de nenhum testemunho concordante e que se assemelha aos relatos fabulosos que todas as nações fazem de suas origens. Verificamos, ao lê-lo, que se trata de um livro cheio de prodígios e milagres. Ele fala de uma condição do mundo e da natureza humana inteiramente diferente da atual.

---

[7] *Novum Organum*, II, afor.29.

Fala de nossa queda dessa condição, de homens cuja idade estende-se a quase mil anos, da destruição do mundo por um dilúvio, da escolha arbitrária de um povo como o favorito dos céus (povo, aliás, formado pelos próprios compatriotas do autor), de sua libertação do cativeiro por meio dos mais assombrosos prodígios imagináveis. Peço que qualquer um coloque a mão sobre o coração e, após uma séria consideração, declare se acredita que a falsidade de um livro como esse, suportado por esse tipo de testemunho, seria mais extraordinária e milagrosa que todos os milagres que ele relata; o que, entretanto, é necessário para que ele possa ser aceito como verdadeiro, de acordo com as medidas de probabilidade já estabelecidas.

41   O que dissemos sobre os milagres aplica-se sem nenhuma alteração às profecias; e, de fato, todas as profecias são genuínos milagres, e só assim podem ser admitidas como provas de alguma revelação. Se a previsão de acontecimentos futuros estivesse dentro da capacidade da natureza humana, não faria sentido empregar qualquer profecia como um argumento para uma missão divina ou autoridade proveniente do céu. Podemos concluir, portanto, levando tudo em conta, que a religião cristã não apenas esteve acompanhada de milagres em suas origens, mas, mesmo nos dias de hoje, nenhuma pessoa razoável pode dar-lhe crédito sem um milagre. A mera razão é insuficiente para convencer-nos de sua veracidade. E todo aquele que a aceita movido pela *fé* está consciente de um permanente milagre em sua própria pessoa, milagre esse que subverte todos os princípios de seu entendimento e o faz acreditar no que há de mais oposto ao costume e à experiência.

Seção 11
De uma providência particular e de um estado vindouro

1   Mantive há pouco tempo uma conversa com um amigo que aprecia os paradoxos céticos, na qual ouvi dele muitos princípios com os quais não estou absolutamente de acordo, mas que, como parecem interessantes e de certo modo relacionados com a sequência de argumentos percorrida ao longo desta investigação, reproduzo aqui de memória, tão exatamente quanto possível, para que o leitor possa julgá-los.

2   Nossa conversa começou com minha expressão de admiração pela singular boa sorte da filosofia, a qual, necessitando de uma liberdade completa que excede qualquer outro privilégio e nutrindo-se principalmente da livre contraposição de opiniões e argumentos, surgiu pela primeira vez em uma época e em um país marcados pela liberdade e pela tolerância, e nunca foi constrangida, mesmo em seus mais extravagantes princípios, por quaisquer credos, confissões ou sanções penais. Pois, exceto pelo banimento de Protágoras e a morte de Sócrates — este último evento resultou parcialmente de outros motivos —, dificilmente se encontram, na história antiga, exemplo desse zelo fanático que tanto infesta a época presente.

Epicuro viveu em Atenas até idade provecta, gozando de paz e tranquilidade, e os epicuristas[1] foram mesmo admitidos ao sacerdócio e oficiaram, diante do altar, os ritos mais sagrados da religião estabelecida. E o encorajamento público[2] dos estipêndios e remunerações foi concedido igualmente, pelos mais sábios dos imperadores romanos,[3] aos seguidores de todas as seitas filosóficas. Será fácil conceber quão necessário esse tipo de tratamento foi para a filosofia, em seus primórdios, ao refletirmos que, mesmo no presente, quando se pode supor que esteja mais resistente e robusta, é só com muita dificuldade que ela suporta a inclemência das estações e os ásperos ventos da calúnia e da perseguição que sobre ela sopram.

3 "Você admira", disse meu amigo, "como uma singular boa sorte da filosofia algo que parece decorrer do curso natural das coisas e ser inevitável em qualquer época e nação. O obstinado fanatismo que você acusa como tão nefasto para a filosofia é, na realidade, seu próprio fruto, o qual, depois de se aliar à superstição, separa-se inteiramente dos interesses de sua progenitora e torna-se seu mais inveterado inimigo e perseguidor. Os dogmas especulativos da religião, que dão presentemente ensejo a tão acirradas disputas, não poderiam ser concebidos ou aceitos nos primeiros tempos do mundo, quando a humanidade, sendo completamente iletrada, formava da religião uma ideia mais apropriada à sua fraca compreensão, e compunha seus dogmas sagrados mais a partir das lendas que faziam parte das crenças tradicionais do que a par-

---

1 Luciano, *O Banquete ou os Lápitas*.
2 Luciano, *O Eunuco*.
3 Luciano, ibidem; e Dio [*História de Roma*].

tir de argumentos e discussões. Assim, passado o primeiro alarme suscitado pelos novos paradoxos e princípios dos filósofos, esses mestres parecem ter vivido daí em diante, ao longo das eras da Antiguidade, em grande harmonia com a superstição estabelecida, e ter repartido com ela de maneira equânime a humanidade, reclamando para si todos os homens sábios e instruídos, e deixando para aquela a posse do vulgo e dos iletrados."

4 "Parece então", disse eu, "que você deixa a política inteiramente fora da questão e não concebe que um douto magistrado possa, com razão, sentir-se preocupado diante de certos princípios filosóficos, como os de Epicuro, os quais, negando uma existência divina e, consequentemente, uma providência e um estado vindouro, parecem afrouxar em boa medida os liames da moralidade e podem, por essa razão, ser considerados perniciosos à paz da sociedade civil."

5 "Sei", respondeu ele, "que, de fato, essas perseguições em nenhuma época tiveram origem na serena razão ou na experiência das consequências perniciosas da filosofia, mas sempre brotaram inteiramente da paixão e dos preconceitos. Mas e se eu fosse ainda mais longe e declarasse que, se tivesse sido acusado publicamente por qualquer um dos sicofantas ou informantes da época, Epicuro poderia facilmente ter defendido sua causa e provado que seus princípios de filosofia eram tão salutares quanto os dos adversários, que com tanto ardor se esforçavam para expô-lo à reprovação e desconfiança do público?"

6 "Muito me agradaria", disse eu, "vê-lo exercitar sua eloquência sobre um tema tão notável e fazer, por Epicuro, um discurso capaz de satisfazer não ao populacho de Atenas – se

se admitir que naquela antiga e civilizada cidade houvesse algum populacho –, mas à parcela mais filosófica de sua audiência, que supostamente seria capaz de compreender seus argumentos."

7 "Isso não seria difícil em tais condições", respondeu ele, "e, se me der licença, vou assumir o papel de Epicuro por um momento e fazer de você o povo de Atenas, e despejar um tal falatório que encherá toda a urna de feijões-brancos, sem um só grão preto para satisfazer a malícia de meus adversários."

8 "Muito bem; prossiga, por favor, de acordo com essa suposição."

9 "Venho aqui, ó atenienses, justificar diante de vossa assembleia o que sustento em minha escola, e, em vez de argumentar com inquiridores calmos e desapaixonados, vejo-me atacado por furiosos antagonistas. Vossas deliberações, que de direito deveriam ser dirigidas a assuntos voltados ao bem público e ao interesse da comunidade, são desviadas para as questões de filosofia especulativa, e essas magníficas mas talvez estéreis investigações tomam o lugar de vossas ocupações mais familiares e mais úteis. Vou evitar, porém, esse abuso, na medida em que isso esteja ao meu alcance. Não vamos discutir aqui a origem e o governo dos mundos, mas apenas investigar quanto essas questões dizem respeito ao interesse público. E se puder persuadir-vos de que elas são totalmente indiferentes à paz da sociedade e à segurança do governo, espero que logo a seguir nos seja permitido voltar às nossas escolas, para ali examinar, com vagar, a questão mais sublime, mas, ao mesmo tempo, mais especulativa de toda a filosofia.

10 "Os filósofos religiosos, não satisfeitos com a tradição de vossos antepassados e a doutrina de vossos sacerdotes (com

as quais de bom grado concordo), cedem a uma curiosidade temerária ao investigar até que ponto a religião pode ser estabelecida sobre os princípios da razão, e com isso excitam, em vez de satisfazer, as dúvidas que naturalmente se originam de uma investigação dedicada e minuciosa. Pintam a ordem, a beleza e o sábio arranjo do universo com as mais magníficas cores e então perguntam se uma tão gloriosa exibição de inteligência poderia proceder da conjunção acidental de átomos, ou se o acaso seria capaz de produzir o que o mais alto gênio jamais poderá admirar suficientemente. Não vou examinar a correção desse argumento, e admitirei que ele seja tão sólido quanto o queiram meus antagonistas e acusadores. Basta-me ser capaz de provar, a partir desse próprio raciocínio, que a questão é inteiramente especulativa e que, ao negar em minhas indagações filosóficas uma providência e um estado vindouro, não estou solapando as fundações da sociedade, mas apresentando princípios que esses mesmos antagonistas, se raciocinarem consistentemente a partir de suas próprias considerações, deverão reconhecer como sólidos e satisfatórios.

11 "Vós, então, que sois meus acusadores, reconhecestes que o principal ou único argumento para uma existência divina (a qual nunca pus em questão) deriva da ordem da natureza, que contém tantos e tais indícios de inteligência e desígnio que considerais extravagante apresentar como sua causa quer o acaso, quer a força cega e não dirigida da matéria. Admitis que este é um argumento que parte dos efeitos para as causas. Do ordenamento da obra inferis que deve ter havido propósito e premeditação do obreiro. Se não podeis estabelecer esse ponto, é-vos forçoso reconhecer que vossa conclusão falha. Além disso, não pretendeis estabelecer a conclusão com uma amplitude maior do que seria justificado pelos fenômenos da

natureza. Estas são vossas premissas. Desejo agora fazer notar as consequências.

12 "Quando inferimos qualquer causa particular de um efeito, devemos guardar a proporção entre eles, não nos sendo jamais permitido atribuir à causa quaisquer qualidades que não sejam precisamente aquelas suficientes para a produção do efeito. Um peso de dez onças que se eleve em um dos pratos de uma balança pode servir como prova de que o contrapeso excede dez onças, mas não prova uma razão para que exceda cem. Se a causa atribuída a algum efeito não for suficiente para produzi-lo, devemos ou rejeitar essa causa ou acrescentar-lhe qualidades tais que a tornem corretamente proporcional ao efeito. Mas, se lhe atribuirmos qualidades adicionais, ou a declararmos capaz de produzir outros efeitos, estamos simplesmente nos entregando à conjetura e supondo arbitrariamente a existência de qualidades ou energias sem nenhuma razão ou autoridade.

13 "A mesma regra vale tanto quando a causa atribuída é a matéria bruta inconsciente como quando é um ser dotado de inteligência e razão. Se a causa só é conhecida pelo efeito, jamais nos será permitido atribuir-lhe qualidades além das precisamente requeridas para a produção do efeito, e não podemos, por nenhuma regra do raciocínio correto, recuar em nossos passos a partir dessa causa e inferir dela outros efeitos além daqueles que são a única coisa que nos informa de sua existência. Ninguém, pela simples contemplação de uma das pinturas de Zeuxis, poderia saber que ele foi também um escultor ou arquiteto, e um artista não menos talentoso com a pedra e o mármore que com as cores. Quanto aos talentos e ao gosto exibidos na particular obra que temos diante de nós, podemos concluir com segurança que o autor os possuía. A

causa deve guardar proporção ao efeito, e, se estabelecermos essa proporção de forma exata e precisa, jamais encontraremos na causa outras qualidades que apontem para mais além, ou que sustentem uma inferência acerca de qualquer outro desígnio ou realização. Qualidades como essas necessariamente conteriam algo mais que o simplesmente requerido para produzir o efeito que inspecionamos.

14 "Admitindo, pois, que os deuses sejam os autores da existência ou da ordem do universo, segue-se que eles possuem o grau exato de poder, inteligência e benevolência que se manifesta em seu trabalho, mas jamais se poderá provar mais do que isso, a não ser que se recorra ao exagero e à insinceridade para suprir as lacunas do argumento e do raciocínio. É só à medida que indícios de determinados atributos se manifestam no presente que podemos concluir a existência desses atributos. A suposição de atributos adicionais é uma mera hipótese, e, ainda mais hipotética, a suposição de que, em remotas regiões do espaço ou do tempo, houve ou haverá exibições mais grandiosas desses atributos, e um esquema de administração mais adequado a essas imaginadas virtudes. Não nos é permitido ascender do universo, que é o efeito, até Júpiter, que é a causa, e depois retornar dali em movimento descendente para inferir algum novo efeito dessa causa, como se os efeitos presentes, por si sós, não fossem inteiramente dignos dos gloriosos atributos que conferimos àquela divindade. Dado que o conhecimento da causa deriva unicamente do efeito, causa e efeito devem estar exatamente ajustados um ao outro, e a primeira não pode jamais referir-se a algo adicional, nem atuar como fundamento de qualquer nova inferência ou conclusão.

15 "Observais certos fenômenos na natureza, buscais para eles uma causa ou autor, e imaginais ter encontrado tal coisa.

Ficais, a seguir, tão enamorados desse produto de vosso cérebro que imaginais ser impossível que ele não produza algo maior e mais perfeito que o presente cenário, tão cheio de males e transtornos. Esqueceis que essa inteligência e benevolência superlativa é inteiramente imaginária ou, pelo menos, desprovida de qualquer base na razão, e que não tendes fundamento para atribuir-lhe quaisquer qualidades a não ser as que vedes que ela efetivamente exerceu e exibiu em suas produções. Que vossos deuses, ó filósofos, sejam adequados, portanto, às aparências presentes da natureza, e não tenhais a pretensão de alterar essas aparências mediante suposições arbitrárias para adequá-las aos atributos que tão credulamente conferis a vossas divindades.

16   "Quando sacerdotes e poetas, apoiados em vossa autoridade, ó atenienses, falam de uma idade de ouro ou de prata que precedeu a atual situação de maldade e sofrimento, eu os ouço com atenção e reverência. Mas, quando filósofos, que alegam desprezar a autoridade e cultivar a razão, aderem ao mesmo discurso, confesso que não lhes ofereço a mesma submissão obsequiosa e pia deferência. Pergunto quem os conduziu às regiões celestiais, quem os admitiu aos concílios dos deuses, quem lhes abriu o livro do destino para que possam afirmar tão audaciosamente que suas divindades realizaram ou irão realizar algum propósito além daqueles que efetivamente se manifestaram diante de nós. Se eles me disserem que galgaram os degraus num gradual ascenso da razão, fazendo inferências dos efeitos para as causas, insistirei em que auxiliaram esse ascenso da razão com as asas da imaginação; caso contrário, não poderiam ter alterado tanto seu modo de inferir e passado a argumentar das causas para o efeito, supondo que uma produção mais perfeita que o mundo presen-

te seria mais adequada a seres tão perfeitos como os deuses, e esquecendo-se de que não têm razões para conferir a esses seres celestiais qualquer perfeição ou qualquer atributo além dos que podem ser encontrados no mundo presente.

17 "Daí provém todo esse esforço estéril dedicado a explicar as manifestações maléficas na natureza e a preservar a honra dos deuses, ao passo que, na verdade, deveríamos reconhecer a realidade desse mal e dessa desordem que existem no mundo em abundância. As propriedades obstinadas e intratáveis da matéria, dizem-nos, ou a observância de leis gerais, ou alguma outra razão desse tipo, é a única causa que restringiu o poder e a benevolência de Júpiter, obrigando-o a criar a humanidade e todas as demais criaturas sensíveis tão imperfeitas e tão infelizes. Parece, portanto, que esses atributos de poder e benevolência são aceitos de antemão, e em sua máxima amplitude. E admito que, a partir dessa suposição, talvez se possam aceitar tais conjeturas como explicações plausíveis para as manifestações do mal; mas insisto em perguntar: por que aceitar de antemão esses atributos, ou por que atribuir à causa outras qualidades além daquelas que efetivamente aparecem no efeito? Por que torturar vosso cérebro para justificar o curso da natureza a partir de suposições que, por tudo o que sabeis, podem ser inteiramente imaginárias, e das quais não se encontra vestígio no curso da natureza?

18 "A hipótese religiosa deve, portanto, ser considerada apenas como um método particular de explicar os fenômenos visíveis do universo, mas ninguém que raciocine corretamente se proporá jamais a inferir dela um único fato que seja, e a alterar minimamente os fenômenos ou acrescentar-lhes o menor detalhe. Se pensais que as aparências das coisas provam a existência de tais causas, tendes a permissão de fazer uma in-

ferência relativa à existência delas. Deve-se conceder a cada um a liberdade de conjeturar e argumentar em assuntos tão complexos e elevados. Mas é preciso parar aí. Se fazeis o caminho inverso e, argumentando a partir da suposta causa, chegais à conclusão de que existiu ou existirá no curso da natureza algum outro fato capaz de servir como uma expressão mais completa de certos atributos particulares, devo advertir--vos de que vos afastastes do método de raciocínio próprio ao assunto em consideração e acrescentastes com certeza, aos atributos da causa, alguma coisa que vai além do que aparece no efeito, pois de outro modo não vos seria possível, de forma toleravelmente sensata ou apropriada, acrescentar algo ao efeito para torná-lo mais digno da causa.

19 "Que há, então, de abominável na doutrina que ensino em minha escola, ou antes, que discuto em meu jardim? E o que encontrais em toda esta questão que diga o menor respeito à segurança da boa moral, ou à paz e à ordem da sociedade?

20 "Eu nego uma providência, vós dizeis, e nego um governante supremo do mundo que guie o curso dos eventos, puna os maus com a infâmia e o malogro, e recompense os bons com honras e sucesso em todos os seus empreendimentos. Mas não nego, certamente, o próprio curso dos eventos, que está aberto à inquirição e exame de cada um. Reconheço que, na atual ordem das coisas, a virtude é acompanhada de maior paz de espírito que o vício, e é acolhida mais favoravelmente pelo mundo. Percebo que, de acordo com a experiência passada da humanidade, a amizade é a maior alegria da vida humana, e a moderação é a única fonte de paz e felicidade. Nunca hesito entre uma conduta virtuosa ou viciosa na vida, e sei que, para um espírito bem moldado, a primeira tem a seu lado todas as vantagens. E que podeis acrescentar a isso, admitin-

do-se todas as vossas suposições e raciocínios? Dizeis-me, na verdade, que esse estado de coisas procede da inteligência e do desígnio. Mas, proceda de onde proceder, esse estado, do qual dependem nossa felicidade ou miséria e, consequentemente, nossa conduta e procedimento na vida, continua sendo o mesmo. Permanece aberta para mim, bem como para vós, a possibilidade de regular meu comportamento pela minha experiência dos acontecimentos passados. E se afirmais que, ao admitir uma providência divina e uma suprema justiça distributiva no universo, eu poderia esperar alguma recompensa mais particular para os bons e uma punição mais particular para os maus, além do curso ordinário dos acontecimentos, vejo aí de novo a mesma falácia que antes me esforcei por denunciar. Insistis em imaginar que, se admitirmos essa existência divina, em favor da qual tão zelosamente argumentais, seria possível extrair dela consequências seguras, e acrescentar algo à ordem natural de que temos experiência, argumentando a partir dos atributos que conferis a vossos deuses. Não vos recordais, aparentemente, de que todos os raciocínios sobre esse assunto só podem proceder dos efeitos para as causas, e que todo argumento deduzido das causas para os efeitos deve ser necessariamente um grosseiro sofisma, já que vos é impossível saber qualquer coisa sobre a causa além do que anteriormente descobristes – não inferistes – por inteiro no efeito.

21 "Mas o que deve um filósofo pensar desses fúteis raciocinadores que, em vez de tomar o presente estado de coisas como o único objeto de sua contemplação, invertem de tal forma todo o curso da natureza a ponto de tornar esta vida meramente uma passagem para algo além, um pórtico que conduz a um edifício maior e imensamente diferente, um prólogo que serve só para introduzir a peça e dar-lhe mais

graça e pertinência? De onde pensais que tais filósofos puderam derivar sua ideia dos deuses? De sua própria fantasia e imaginação, com certeza. Pois, se a derivassem dos fenômenos presentes, ela jamais poderia apontar para alguma outra coisa, mas estaria ajustada exatamente a esses fenômenos. Que a divindade *possa* estar dotada de atributos que nunca vimos serem exercidos, que ela possa ser governada por princípios de ação cuja satisfação não podemos verificar, tudo isso de bom grado se admite. Mas não se altera com isso seu caráter de simples *possibilidade* e hipótese. Jamais teremos razões para *inferir* quaisquer dos atributos ou princípios de ação da divindade, exceto na medida em que saibamos terem sido exercidos e satisfeitos.

22 "Pergunto-vos se há algum indício de uma justiça distributiva no mundo. Se respondeis afirmativamente, concluo que, se a justiça aqui se exerce, esse princípio de ação está satisfeito. Se vossa resposta é negativa, concluo que não tendes, nesse caso, razão para atribuir justiça aos deuses, no sentido em que a entendemos. Se adotais uma posição intermediária entre a afirmação e a negação, dizendo que a justiça dos deuses, no presente, exerce-se em parte mas não em toda a sua extensão, respondo que não tendes razão para dar-lhe qualquer extensão particular senão até o ponto em que a observais sendo exercida *no presente*.

23 "Resumo dessa forma, ó atenienses, a disputa com meus antagonistas. O curso da natureza está aberto à minha contemplação, bem como à deles. A sucessão de acontecimentos experimentados é a regra magna pela qual todos regulamos nossa conduta. A nada mais se pode apelar, seja no campo de batalha, seja no Senado. E não se deveria falar jamais de outra coisa, seja na aula pública, seja no estúdio privado. Em vão

tentaria nosso limitado entendimento romper essas barreiras, demasiado estreitas para nossa sonhadora imaginação. Quando raciocinamos a partir do curso da natureza e inferimos uma causa particular inteligente que teria originalmente conferido ordem ao universo, e ainda a preserva, abraçamos um princípio que é tão incerto quanto inútil. Incerto porque o assunto jaz completamente fora do alcance da experiência humana. E inútil porque, dado que nosso conhecimento dessa causa deriva inteiramente do curso da natureza, não nos é jamais permitido, segundo as regras do raciocínio correto, retornar a partir da causa em direção a novas inferências ou, fazendo acréscimos ao curso ordinário da natureza conhecido pela experiência, estabelecer quaisquer novos princípios de conduta e procedimento."

24 "Noto", disse eu, percebendo que seu discurso havia terminado, "que você não despreza as artimanhas dos demagogos de antanho; e como decidiu fazer-me passar pelo povo, atraiu minhas boas graças defendendo princípios pelos quais, como você bem sabe, sempre expressei uma simpatia especial. Mas, admitindo que você faça da experiência (como penso, de fato, que se deve fazer) a única norma de nosso julgamento relativamente a essa e a todas as outras questões de fato, não posso deixar de observar que essa mesma experiência à qual você recorre permite refutar o raciocínio que você pôs na boca de Epicuro. Se você visse, por exemplo, um edifício semiacabado, cercado de pilhas de tijolos, pedras e argamassa, e todos os instrumentos dos pedreiros, não poderia *inferir* do efeito que se tratava de uma obra do desígnio e do planejamento? E não poderia retornar agora dessa causa inferida, para inferir novas adições ao efeito e concluir que o edifício em breve estaria terminado e receberia todos os me-

lhoramentos adicionais que a técnica lhe pode oferecer? Se você visse à beira do mar a marca de um pé humano, concluiria que um homem havia passado por ali e que também havia deixado os rastros do outro pé, embora estes tivessem sido apagados pelo movimento da areia ou pela subida das águas. Por que, então, você rejeita a aplicação do mesmo método de raciocínio ao ordenamento da natureza? Considere o mundo e a vida presente apenas como uma construção imperfeita, da qual se pode inferir uma inteligência superior; por que não se poderia, raciocinando a partir dessa inteligência superior que não pode deixar nada imperfeito, inferir um plano ou esquema mais bem acabado que estará concluído em algum ponto mais distante do espaço ou do tempo? Não são esses métodos de raciocínio exatamente similares? Qual é a alegação que lhe permite aceitar um deles enquanto rejeita o outro?"

25 "A diferença infinita entre as duas coisas", respondeu ele, "é uma base suficiente para essa diferença em minhas conclusões. Em obras da arte e engenho *humanos*, é permissível proceder do efeito para a causa e, retornando da causa, fazer novas inferências referentes ao efeito e examinar as alterações que provavelmente sofreu ou pode ainda sofrer. Mas qual é o fundamento desse método de raciocínio? Simplesmente este: que o homem é um ser que conhecemos por experiência, com cujos motivos e desígnios estamos familiarizados, e cujos projetos e disposições exibem uma certa conexão e coerência, de acordo com as leis que a natureza estabeleceu para a direção dessa criatura. Quando, portanto, descobrimos que alguma obra procedeu da técnica e do engenho do homem, o fato de estarmos familiarizados com a natureza desse animal permite-nos extrair uma centena de inferências relativas ao que dele se pode esperar, e todas essas inferências estarão

fundadas na experiência e observação. Mas, se conhecêssemos o homem unicamente pela obra ou produção individual que estivéssemos examinando, ser-nos-ia impossível raciocinar dessa maneira, pois nosso conhecimento de todas as qualidades que a ele atribuímos, sendo nesse caso derivado daquela única produção, não poderia apontar para alguma coisa além dela, ou atuar como o fundamento de alguma nova inferência. Considerada isoladamente, a marca de um pé na areia só é capaz de provar que existiu alguma forma adaptada a ela, pela qual foi produzida, mas a marca de um pé humano prova igualmente, com base em nossas outras experiências, que houve provavelmente um outro pé que também teria deixado sua impressão, embora apagada pelo tempo ou por outros acidentes. Aqui ascendemos do efeito para a causa, e, descendendo novamente a partir da causa, inferimos alterações no efeito, mas isto não constitui um prolongamento de uma mesma cadeia simples de raciocínios. Incluímos nesse caso uma centena de outras experiências e observações concernentes à forma e aos membros *usuais* dessa espécie de animal, sem o que esse método de raciocínio teria de ser considerado falacioso e sofístico.

26   "O mesmo não ocorre no caso de nossos raciocínios que partem das obras da natureza. A Divindade só nos é conhecida por suas produções, e é um ser único no universo, não abrangido em nenhum gênero ou espécie cujos atributos ou qualidades nos fossem conhecidos por experiência e dos quais pudéssemos, por analogia, inferir alguns outros atributos ou qualidades desse ser. Na proporção que o universo exibe sabedoria e bondade, inferimos sabedoria e bondade. Na proporção que exibe um grau particular dessas perfeições, inferimos um grau particular delas, precisamente adaptado ao efeito que examinamos. Mas, quanto a atributos adicionais

ou a graus adicionais dos mesmos atributos, jamais estaremos autorizados a inferi-los ou a supor sua existência mediante quaisquer regras do raciocínio correto. Ora, sem alguma licença ou suposição desse tipo, é-nos impossível raciocinar a partir da causa, ou inferir qualquer alteração no efeito além daquilo que nos foi imediatamente dado à observação. Um maior bem produzido por esse Ser deve provar um grau maior de bondade; uma distribuição mais imparcial de recompensas e punições deve proceder de uma maior atenção à justiça e à equidade. Todo suposto acréscimo às obras da natureza produz um acréscimo nos atributos do Autor da natureza, e, consequentemente, não estando de modo algum apoiado em qualquer razão ou argumento, não pode jamais ser admitido senão como simples conjetura e hipótese.[4]

"A grande fonte de nosso erro nesse assunto, e da irrestrita licença de conjeturar que nos concedemos, é que tacitamente nos colocamos no lugar do Ser Supremo e concluímos que ele observará, em todas as ocasiões, as mesmas regras de conduta que nós próprios, em seu lugar, teríamos adotado como razoáveis e preferíveis. Contudo, além do fato de que o curso ordinário da natureza já nos pode convencer de que quase tudo está regulado por máximas e princípios muito diferen-

---

[4] De modo geral, penso que se pode estabelecer como uma máxima que, nos casos em que uma causa qualquer é conhecida apenas por seus efeitos particulares, deve ser impossível inferir dessa causa quaisquer novos efeitos, dado que as qualidades requeridas para produzir esses novos efeitos em acréscimo aos anteriores devem ser ou diferentes, ou superiores, ou dotadas de um campo de atuação mais extenso do que as que simplesmente produzem o efeito a partir do qual, exclusivamente, supõe-se que a causa nos é conhecida. Nunca poderemos ter, portanto, nenhuma razão para supor que essas qualidades existam.

tes dos nossos, além disso, eu digo, raciocinar a partir das intenções e projetos humanos em direção aos de um Ser tão diferente e tão superior é visivelmente contrário a todas as regras da analogia. A experiência revela, na natureza humana, uma certa coerência de desígnios e disposições, de tal modo que, quando um fato nos revela uma intenção de algum homem, pode ser muitas vezes razoável inferir, pela experiência, uma intenção adicional, e derivar uma longa cadeia de conclusões acerca de sua conduta passada ou futura. Mas esse método de raciocínio jamais poderá ser empregado em relação a um Ser tão remoto e incompreensível, que guarda menos analogia com qualquer outro ser no universo do que o Sol com um círio de cera, e que se revela apenas por alguns tênues indícios e esboços, para além dos quais não estamos autorizados a conferir-lhe nenhum atributo ou perfeição. O que imaginamos como uma superior perfeição pode na realidade ser um defeito. Ou mesmo que fosse uma perfeição, atribuí-la ao Ser Supremo, quando não parece ter sido de fato plenamente exercida em suas obras, soa mais como adulação e panegírico do que como raciocínio

---

A dificuldade não é removida dizendo-se que os novos efeitos resultam apenas de um prolongamento da mesma energia que já nos é conhecida pelos seus primeiros efeitos. Pois, mesmo que isso seja admitido (o que só raramente se pode supor), o próprio prolongamento e exercício de uma energia semelhante (pois é importante que possa ser absolutamente a mesma), esse exercício, eu dizia, de uma energia semelhante em um diferente local do espaço e período do tempo, é uma suposição muito arbitrária, e de que não pode haver quaisquer traços nos efeitos dos quais todo nosso conhecimento da causa inicialmente derivou. Seja a causa *inferida* exatamente proporcional (como deve ser) ao efeito conhecido, será então impossível que venha a possuir quaisquer qualidades das quais novos ou diferentes efeitos possam ser *inferidos*.

justo e boa filosofia. Toda a filosofia do mundo, portanto, e toda a religião (que não é senão uma espécie de filosofia) não serão capazes de transportar-nos para além do curso habitual da experiência, ou prover-nos de padrões de conduta e procedimento diferentes dos que nos fornecem as reflexões sobre a vida comum. Da hipótese religiosa, nenhum novo fato pode ser inferido, nenhum evento previsto ou antecipado, nenhuma recompensa esperada ou punição temida, além do que já se conhece pela prática e observação. De tal sorte que minha apologia de Epicuro permanece sólida e satisfatória, e os interesses políticos da sociedade totalmente desvinculados das disputas filosóficas sobre metafísica e religião."

28 "Há ainda uma circunstância", repliquei, "que você parece ter negligenciado. Embora eu deva admitir suas premissas, tenho de negar sua conclusão. Você conclui que as doutrinas e raciocínios religiosos não *podem* ter influência sobre a vida porque não *deveriam* ter nenhuma influência, sem considerar que as pessoas não raciocinam da mesma maneira que você, mas extraem muitas consequências da crença em uma Existência divina, e supõem que a Divindade irá infligir punições ao vício e outorgar recompensas à virtude, além do que se observa no curso ordinário da natureza. Se esse raciocínio é ou não correto não tem importância: sua influência sobre a vida e a conduta continuará a mesma. E aqueles que tentam desfazer esse preconceito podem, por tudo quanto sei, ser bons raciocinadores, mas não posso considerá-los bons cidadãos e políticos, dado que libertam os homens de um freio sobre suas paixões, e tornam mais fácil e segura, sob certo aspecto, a desobediência às leis da sociedade.

29 "Talvez eu possa concordar, afinal, com sua conclusão geral em favor da liberdade, embora partindo de premissas di-

ferentes daquelas sobre as quais você procurou fundá-la. Penso que o Estado deve tolerar todos os princípios de filosofia, e não há exemplo de um governo que tenha sido prejudicado em seus interesses políticos por essa indulgência. Não há fanatismo entre os filósofos, suas doutrinas não são muito atraentes para o público, e não se pode impor nenhuma restrição a seus raciocínios sem trazer perigosas consequências para as ciências e mesmo para o Estado, abrindo o caminho para a opressão e perseguição em assuntos que interessam e concernem mais profundamente à humanidade em geral.

"Ocorre-me, porém", continuei, "em relação a seu tópico principal, uma dificuldade que vou apenas levantar, sem nela insistir, para não sermos levados a raciocínios de caráter excessivamente sutil e refinado. Duvido muito, em poucas palavras, que seja possível conhecer uma causa apenas por seus efeitos (como você supôs o tempo todo), ou que uma causa tenha uma natureza tão única e particular a ponto de não ter paralelo ou similaridade com qualquer outra causa ou objeto que já tenha sido dado à nossa observação. É apenas quando duas *espécies* de objetos se mostram constantemente conjugadas que podemos inferir uma da outra; e se nos fosse apresentado um efeito inteiramente único, que não pudesse ser subsumido a nenhuma *espécie* conhecida, não vejo como poderíamos fazer qualquer conjetura ou inferência relativa à sua causa. Se a experiência, a observação e a analogia forem de fato os únicos guias que podemos racionalmente seguir em inferências dessa natureza, tanto o efeito quanto a causa devem guardar uma similaridade e semelhança com outros efeitos e causas que conhecemos e que verificamos, em muitos casos, estarem conjugados uns aos outros. Deixo à sua reflexão a tarefa de extrair as consequências de tal princípio, observando apenas que, como os antagonistas de Epicuro sempre tomam o universo (um efeito tão singular e sem paralelo) como a prova de uma Divindade (uma causa não menos singular e sem paralelo), os raciocínios que você expôs, desse ponto de vista, não deixam de merecer nossa atenção. Há, eu admito, uma certa dificuldade sobre como podemos jamais remontar da causa para o efeito e, raciocinando a partir de nossas ideias da primeira, inferir alguma alteração ou acréscimo neste último."

Seção 12
Da filosofia acadêmica ou cética

Parte I

1 Não há maior número de raciocínios filosóficos desenvolvidos sobre um assunto qualquer do que aqueles que provam a existência de uma Divindade e refutam as falácias dos *ateístas*; e, contudo, os filósofos mais religiosos continuam debatendo se algum homem pode ser tão cego a ponto de ser um ateísta especulativo. Como poderíamos reconciliar essas contradições? Os cavaleiros errantes, que vagavam pelo mundo para livrá-lo dos dragões e gigantes, nunca alimentaram a menor dúvida quanto à existência desses monstros.

2 Um outro inimigo da religião é o *cético*, que provoca compreensivelmente a indignação de todos os teólogos e filósofos mais severos, embora seja certo que ninguém jamais se defrontou com uma criatura tão absurda ou conversou com um homem que não tivesse opinião ou princípios relativos a quaisquer assuntos, práticos ou especulativos. O que levanta uma questão muito natural: que se entende por um cético? E

até que ponto é possível levar esses princípios filosóficos de dúvida e incerteza?

3   Há uma espécie de ceticismo, *antecedente* a todo estudo e toda filosofia, muito recomendado por Descartes e outros como a suprema salvaguarda contra o erro e o julgamento precipitado. Ele prega uma dúvida universal não apenas sobre nossos anteriores princípios e opiniões, mas também sobre nossas próprias faculdades, de cuja veracidade, dizem, devemos nos assegurar por meio de uma cadeia argumentativa deduzida de algum princípio original que não tenha a menor possibilidade de ser fraudulento ou enganoso. Mas nem existe qualquer princípio original desse tipo, dotado de uma prerrogativa sobre outros que são autoevidentes e convincentes; nem, se existisse, poderíamos avançar um passo além dele, a não ser pelo uso daquelas próprias faculdades das quais se supõe que já desconfiamos. A dúvida cartesiana, portanto, se fosse alguma vez capaz de ser atingida por qualquer criatura humana (o que obviamente não é), seria totalmente incurável, e nenhum raciocínio poderia jamais nos levar a um estado de segurança e convencimento acerca de qualquer assunto.

4   Deve-se confessar, contudo, que essa espécie de ceticismo, quando exercida com mais moderação, pode ser entendida em um sentido muito razoável, e constitui um preparativo necessário para o estudo da filosofia, ao preservar uma adequada imparcialidade em nossos julgamentos e libertar nossa mente de todos os preconceitos que nos podem ter sido transmitidos pela educação ou opinião apressada. Partir de princípios claros e autoevidentes, avançar a passos cautelosos e seguros, rever frequentemente nossas conclusões e examinar cuidadosamente todas as suas consequências; embora tais meios

tornem lento e limitado o progresso em nossos sistemas, são os únicos métodos que nos permitem esperar alcançar algum dia a verdade, e atingir uma adequada estabilidade e certeza em nossas decisões.

5   Uma outra espécie de ceticismo, que é *consequente* à ciência e à investigação, ocorre quando se supõe que os homens constataram quer a natureza absolutamente falaciosa de suas faculdades mentais, quer a incapacidade que elas demonstram de chegar a qualquer conclusão definida em todos esses peculiares assuntos especulativos nos quais comumente são empregadas. Até mesmo nossos próprios sentidos são postos em questão por uma certa espécie de filósofos, e as máximas da vida ordinária são sujeitas à mesma dúvida que os mais profundos princípios ou conclusões da metafísica e teologia. Como essas doutrinas paradoxais (se se pode chamá-las doutrinas) podem ser encontradas em alguns filósofos, e sua refutação em diversos outros, elas naturalmente excitam nossa curiosidade e fazem-nos perguntar pelos argumentos em que podem estar fundadas.

6   Não preciso estender-me sobre as considerações mais banais empregadas pelos céticos de todas as épocas contra a evidência dos *sentidos*, tais como as que derivam das falhas e imperfeições de nossos órgãos em um sem-número de ocasiões, a aparência torta de um remo na água, as diferentes perspectivas dos objetos conforme suas diferentes distâncias, as imagens duplas produzidas ao se pressionarem os olhos, e muitos outros fenômenos de natureza similar. Essas considerações céticas são, na verdade, suficientes apenas para provar que os sentidos, por si sós, não são algo em que se possa confiar sem reservas, mas devem ter seu testemunho

corrigido pela razão e pelas considerações ligadas à natureza do meio, a distância do objeto e a disposição do órgão, para que se tornem, dentro de seu âmbito, os *critérios* próprios de verdade e falsidade. Há, contra os sentidos, outros argumentos mais profundos que não admitem uma solução tão fácil.

7   Parece evidente que os homens são levados a depositar fé em seus sentidos por um instinto ou predisposição natural, e que, sem nenhum raciocínio, quase mesmo antes de fazermos uso da razão, sempre supomos um universo externo que não depende de nossa percepção, mas existiria ainda que nós e todas as outras criaturas sensíveis estivéssemos ausentes ou fôssemos aniquilados. Mesmo a criação animal se rege por uma opinião semelhante e mantém essa crença em objetos externos em todos os seus pensamentos, desígnios e ações.

8   Também parece evidente que, quando os homens seguem esse cego e poderoso instinto da natureza, sempre tomam as próprias imagens apresentadas pelos sentidos como os objetos externos e nunca alimentam qualquer suspeita de que as primeiras não sejam senão representações dos segundos. Esta própria mesa que vemos branca e que sentimos rija é tomada como alguma coisa que existe independentemente de nossa percepção e que é externa à nossa mente, que a percebe. Nossa presença não lhe confere ser; nossa ausência não a aniquila. Ela preserva sua existência uniforme e integral, independentemente da existência de seres inteligentes que a percebam e contemplem.

9   Mas essa opinião universal e primária de todos os seres humanos é logo varrida pela mais tênue filosofia, que nos ensina que nada senão uma imagem ou percepção pode jamais estar presente à mente, e que os sentidos são apenas os canais de

entrada pelos quais essas imagens são conduzidas, e são incapazes de produzir qualquer comunicação direta entre a mente e o objeto. A mesa que vemos parece diminuir à medida que dela nos afastamos, mas a mesa real, que existe independentemente de nós, não sofre nenhuma alteração; não era, pois, senão sua imagem que estava presente à mente. Esses são os óbvios ditados da razão, e ninguém que tenha refletido sobre isso jamais duvidou de que as existências que consideramos quando dizemos "esta casa" e "aquela árvore" não são nada além de percepções na mente, e cópias ou representações transitórias de outras existências que permanecem uniformes e independentes.

10   Nessa medida, portanto, fomos obrigados pelo raciocínio a contradizer os instintos primários da natureza, ou deles nos afastar, e a abraçar um novo sistema referente ao testemunho de nossos sentidos. Mas aqui a filosofia se sente extremamente embaraçada quando procura justificar esse novo sistema e prevenir os sofismas e objeções dos céticos. Ela não pode mais recorrer ao instinto infalível e irresistível da natureza, pois tal caminho nos conduz a um sistema completamente diferente, que se demonstrou falível e mesmo enganoso. E justificar esse pretenso sistema filosófico por uma série de argumentos claros e convincentes, ou nem sequer por algo que se assemelhe a um argumento, é algo que está fora do alcance de toda a capacidade humana.

11   Por qual argumento se poderia provar que as percepções da mente devem ser causadas por objetos externos inteiramente distintos delas, embora a elas assemelhados (se isso for possível), e não poderiam provir, seja da energia da própria mente, seja da sugestão de algum espírito invisível e des-

conhecido, seja de alguma outra causa que ignoramos ainda mais? Reconhece-se, de fato, que muitas dessas percepções não surgem de nada exterior, como nos sonhos, na loucura e em outras enfermidades. E nada pode ser mais inexplicável que a maneira pela qual um corpo deveria operar sobre a mente para ser capaz de transmitir uma imagem de si mesmo a uma substância que se supõe dotada de uma natureza tão distinta e mesmo oposta.

12   É uma questão de fato se as percepções dos sentidos são produzidas por objetos externos a elas assemelhados – como se decidirá essa questão? Pela experiência, certamente, como no caso de todas as outras questões de mesma natureza. Mas aqui a experiência permanece – e tem de permanecer – inteiramente calada. Nada está jamais presente à mente senão as percepções, e ela não tem como alcançar qualquer experiência da conexão destas com objetos. A hipótese dessa conexão não tem, portanto, nenhum fundamento no raciocínio.

13   Recorrer à veracidade do Ser supremo para provar a veracidade de nossos sentidos é, certamente, tomar um caminho muito inesperado. Se sua veracidade estivesse minimamente envolvida nesta questão, nossos sentidos seriam inteiramente infalíveis, porque não é possível que esse Ser possa jamais nos enganar. Sem mencionar que, se o mundo exterior fosse por um momento posto em dúvida, estaríamos em dificuldades para encontrar argumentos pelos quais pudéssemos provar a existência desse Ser ou qualquer de seus atributos.

14   Este é um tópico, portanto, no qual os céticos mais profundos e mais filosóficos sempre haverão de triunfar quando se propuserem a introduzir uma dúvida universal em todos os objetos de conhecimento e investigação humanos. "Seguis

os instintos e propensões da natureza", poderiam dizer, "ao admitir a veracidade dos sentidos? Mas esses instintos e propensões levam-vos a acreditar que a própria percepção, ou imagem sensível, é o objeto externo. Recusais esse princípio para abraçar uma opinião mais racional, a saber, que as percepções são apenas representações de algo externo? Mas aqui separai-vos de vossas propensões naturais e de vossas mais óbvias convicções e, ainda assim, não sois capazes de satisfazer vossa razão, que permanece incapaz de encontrar, a partir da experiência, algum argumento convincente para provar que as percepções estejam conectadas a quaisquer objetos externos."

15   Há um outro argumento cético de natureza semelhante, derivado da filosofia mais profunda, que poderia merecer nossa atenção se fosse necessário mergulhar tão fundo para descobrir argumentos e raciocínios que têm tão pouca utilidade para qualquer propósito mais sério. É universalmente reconhecido, pelos modernos pesquisadores, que todas as qualidades sensíveis de objetos, tais como o duro e o mole, o quente e o frio, o branco e o preto etc., são meramente secundárias e não existem nos objetos eles mesmos, mas são percepções da mente que não representam nenhum arquétipo ou modelo externo. Se isso se admite com relação às qualidades secundárias, o mesmo deve igualmente se seguir com relação às supostas qualidades primárias de extensão e solidez, as quais não podem ter mais direito a essa denominação que as anteriores. A ideia de extensão é inteiramente adquirida a partir dos sentidos da visão e do tato, e se todas as qualidades percebidas pelos sentidos estão na mente, não no objeto, a mesma conclusão deve alcançar a ideia de extensão, que é inteiramente dependente das ideias sensíveis, ou ideias de qualidades secundárias. Nada pode nos resguardar dessa conclusão a não ser declarar que as ideias dessas qualidades primárias são obtidas por *abstração*, uma opinião que, examinada cuidadosamente, revelar-se-á inteligível e mesmo absurda. Uma extensão que não é nem tangível nem visível não pode ser minimamente concebida, e uma extensão visível ou tangível que não é nem dura nem mole, nem preta nem branca está igualmente além do alcance da concepção humana. Que alguém tente conceber um triângulo em geral, que não seja nem isósceles, nem escaleno, nem tenha qualquer particular comprimento ou proporção entre seus lados, e logo perceberá o absurdo de todas as noções escolásticas referentes à abstração e às ideias gerais.[1]

16 Assim, a primeira objeção filosófica ao testemunho dos sentidos ou à crença na existência de coisas externas consiste em que essa crença, se apoiada no instinto natural, é contrária à razão, e, se referida à razão, é contrária ao instinto natural, ao mesmo tempo que não traz consigo nenhuma evidência racional capaz de convencer o investigador imparcial. A segunda

---

1 Tomou-se de empréstimo esse argumento ao Dr. Berkeley, e, de fato, a maior parte dos escritos desse autor extraordinariamente habilidoso compõe as melhores lições de ceticismo que se pode encontrar entre os filósofos antigos ou modernos, incluindo Bayle. Ele declara, entretanto, na folha de rosto (e sem dúvida com grande sinceridade), ter composto seu livro contra os céticos, bem como contra os ateus e os livres-pensadores. Mas todos os seus argumentos, embora visem a outro objetivo, são, na realidade, meramente céticos, o que fica claro ao se observar *que não admitem nenhuma resposta e não produzem nenhuma convicção*. Seu único efeito é causar aquela perplexidade, indecisão e embaraço momentâneos que são o resultado do ceticismo.

objeção vai mais longe e descreve essa crença como contrária à razão; ao menos se for um princípio da razão que todas as qualidades sensíveis estão na mente, não no objeto. Despoje-se a matéria de todas as suas qualidades inteligíveis, tanto primárias como secundárias, e isso de certa forma a aniquila, deixando atrás de si apenas um certo *algo* desconhecido e inexplicável, como causa de nossas percepções; uma noção tão imperfeita que nenhum cético julgará valer a pena argumentar contra ela.

Parte 2

17 Pode parecer muito extravagante que os céticos tentem destruir a *razão* por meio de argumentos e raciocínios, contudo esse é o grande objetivo de todas as suas disputas e investigações. Eles se esforçam para encontrar objeções tanto aos nossos raciocínios abstratos como aos que dizem respeito a questões de fato e existência.

18 A principal objeção contra todos os raciocínios *abstratos* deriva das ideias de espaço e tempo; ideias que, na vida ordinária e para um olhar descuidado, passam por muito claras e inteligíveis, mas, quando submetidas ao escrutínio das ciências profundas (e elas são o principal objeto dessas ciências), geram princípios que parecem recheados de absurdos e contradições. Nenhum dos *dogmas* eclesiásticos, propositalmente inventados para domar e submeter a razão rebelde da humanidade, jamais chocou mais o senso comum que a doutrina da divisibilidade infinita da extensão, com suas consequências, pomposamente ostentadas por todos os geômetras e metafísicos com uma espécie de triunfo e exaltação. Uma quantida-

de real, infinitamente menor que qualquer quantidade finita, contendo quantidades infinitamente menores que ela própria, e assim por diante *in infinitum;* esse é um edifício tão ousado e prodigioso que se torna demasiado pesado para ser suportado por qualquer alegada demonstração, porque choca os princípios mais claros e naturais da razão humana.[2] Mas o que torna o assunto ainda mais extraordinário é que essas opiniões aparentemente absurdas são apoiadas pela mais clara e natural cadeia de raciocínios, e não nos é possível acolher as premissas sem admitir as conclusões. Nada pode ser mais convincente e satisfatório do que todas as conclusões referentes às propriedades de círculos e triângulos, e, contudo, uma vez que estas sejam admitidas, como poderemos negar que o ângulo de contato entre um círculo e sua tangente é infinitamente menor que qualquer ângulo retilíneo; que, à medida que se aumenta o diâmetro do círculo *in infinitum*, esse ângulo de contato torna-se ainda menor, mesmo *in infinitum*; e que o ângulo de contato entre outras curvas e suas tangentes pode ser infinitamente menor que os

---

2 Quaisquer que sejam as disputas que possam ocorrer quanto a tópicos matemáticos, devemos admitir que há pontos físicos, porções de extensão que não podem ser divididas ou reduzidas quer pelo olho, quer pela imaginação. Assim, essas imagens que estão presentes à imaginação ou aos sentidos são absolutamente indivisíveis e, consequentemente, devem ser reconhecidas pelos matemáticos como infinitamente menores que qualquer parcela real de extensão; e, contudo, nada parece mais certo à razão que a suposição de que um número infinito delas componha uma extensão infinita. Quão mais, então, no caso de um número infinito daquelas partes infinitamente pequenas de extensão que ainda se supõe serem infinitamente divisíveis.

que existem entre um círculo qualquer e sua tangente, e assim por diante *in infinitum*? A demonstração desses princípios parece tão irretorquível como a que prova que os três ângulos de um triângulo são iguais a dois ângulos retos, embora esta última proposição seja natural e acessível, e a anterior prenhe de contradições e absurdos. A razão, aqui, parece ter sido presa de uma espécie de pasmo e ansiedade que, sem a sugestão de nenhum cético, fá-la desconfiar de si mesma e do terreno sobre o qual caminha. Vê uma forte luz que ilumina certos lugares, mas essa luz margeia a mais profunda escuridão. E, entre ambas, ela tanto se ofusca e confunde que mal é capaz de se pronunciar com certeza e segurança sobre qualquer objeto.

19 O absurdo dessas ousadas conclusões das ciências abstratas parece tornar-se — se é que isso é possível — ainda mais perceptível com relação ao tempo que à extensão. Um número infinito de parcelas reais de tempo, transcorrendo em sucessão e exaurindo-se uma após a outra, parece ser uma contradição tão evidente que ninguém, pensaríamos, cujo juízo não esteja perturbado em vez de aperfeiçoado pelas ciências, seria jamais capaz de admitir.

20 E, contudo, a razão deve manter-se inquieta e agitada, mesmo com relação ao ceticismo a que é conduzida por esses aparentes absurdos e contradições. É absolutamente incompreensível como alguma ideia clara e distinta possa conter circunstâncias contrárias a si mesma ou a qualquer outra ideia clara e distinta; tão absurdo, talvez, quanto qualquer outra proposição que se possa formular. De tal forma que nada pode ser mais cético ou mais repleto de dúvidas e hesitações que esse próprio ceticismo, que provém de algumas

das conclusões paradoxais da geometria ou ciência da quantidade.³

21   As objeções céticas às provas *morais*, ou raciocínios relativos a questões de fato, são ou *populares* ou *filosóficas*. As objeções populares derivam da natural fragilidade do entendimento humano; das opiniões contraditórias que têm sido mantidas em diferentes épocas e nações; das alterações de nossos julgamentos na doença e na saúde, na juventude e na velhice, na prosperidade e na adversidade; da perpétua contradição nas opiniões e sentimentos de cada homem em particular; e de muitas outras considerações desse tipo. É desnecessário insistir mais sobre esse tópico. Essas objeções são todas elas muito fracas. Pois, como raciocinamos a cada instante, na

---

3   Não me parece impossível evitar esses absurdos e contradições se se admitir que não há coisas tais como ideias abstratas ou gerais propriamente ditas, mas que todas as ideias gerais são, na realidade, ideias particulares acopladas a um termo geral, que recorda oportunamente outras ideias particulares que, em certas circunstâncias, assemelham-se à ideia presente à mente. Assim, quando se pronuncia o termo *cavalo*, fazemo-nos imediatamente a ideia de um animal branco ou preto, de um determinado tamanho e contorno. Mas, como esse termo é usualmente aplicado também a animais de outras cores, formatos e tamanhos, essas ideias, embora não efetivamente presentes à imaginação, são facilmente evocadas, e nosso raciocínio e conclusão procedem do mesmo modo que se estivessem de fato presentes. Se isto for admitido (como parece razoável), segue-se que todas as ideias de quantidade, sobre as quais raciocinam os matemáticos, são simplesmente ideias particulares, sugeridas pelos sentidos e pela imaginação, e não podem, consequentemente, ser divididas infinitamente. É suficiente pelo momento lançar esta sugestão, sem desenvolvê-la adicionalmente. Cabe, certamente, a todos os admiradores das ciências não se exporem ao ridículo e ao desprezo dos ignorantes por causa de suas conclusões, e essa parece ser a solução mais à mão para essa dificuldade.

vida ordinária, sobre questões de fato e existência, e não poderíamos sobreviver sem o emprego contínuo dessa espécie de raciocínio, quaisquer objeções populares daí derivadas serão necessariamente insuficientes para destruir essa evidência. A grande destruidora do pirronismo, ou ceticismo de princípios excessivos, é a ação, e os afazeres e ocupações da vida cotidiana. Tais princípios podem florescer e triunfar nas escolas, onde, de fato, é difícil refutá-los, se não mesmo impossível. Mas tão logo deixam a sombra e são colocados, pela presença dos objetos reais que estimulam nossas paixões e sentimentos, em confronto com os princípios mais poderosos de nossa natureza, desvanecem como fumaça e deixam o cético mais empedernido na mesma condição que os demais mortais.

22 Seria melhor para o cético, portanto, ater-se a seu próprio campo e expor aquelas objeções *filosóficas*, provenientes de investigações mais aprofundadas. Aqui ele parece dispor de amplo material para triunfar, ao insistir corretamente que toda nossa evidência para qualquer questão de fato situada além do testemunho dos sentidos ou da memória deriva inteiramente da relação de causa e efeito; que não temos outra ideia dessa relação além da de dois objetos que se apresentaram frequentemente *conjugados* um ao outro; que não dispomos de nenhum argumento que possa nos convencer de que os objetos que, em nossa experiência, apresentaram-se frequentemente conjugados, continuarão a aparecer conjugados do mesmo modo em outros casos; e que nada nos leva a essa inferência a não ser o hábito ou um certo instinto de nossa natureza, ao qual, de fato, é difícil resistir; mas que, como outros instintos, pode ser falaz e enganoso. Ao insistir nesses tópicos, o cético mostra sua força, ou, melhor dizendo, a sua e a nossa fraqueza; e parece, ao menos no momento, destruir toda segurança e

convicção. Esses argumentos poderiam ser extensamente desenvolvidos, caso deles se pudesse esperar algum bem ou proveito duradouro para a sociedade.

23   Pois esta é a objeção mais importante e contundente ao ceticismo *excessivo*: que nenhum bem duradouro pode jamais resultar dele enquanto gozar de sua plena força e vigor. Basta apenas perguntar a um desses céticos *o que tem ele em mente e qual é o seu propósito com todas essas excêntricas indagações*. Ele será imediatamente tomado de perplexidade e não saberá o que responder. Um seguidor de Copérnico, ou um de Ptolomeu, defendendo cada qual seu diferente sistema de astronomia, pode esperar produzir em sua audiência uma convicção que permanecerá constante e duradoura. Um estoico ou um epicurista expõem princípios que não apenas podem ser duradouros, mas também têm uma influência na conduta e nas maneiras. Mas um pirrônico não pode esperar que sua filosofia venha a ter alguma influência constante na mente humana; ou, se tiver, que essa influência seja benéfica para a sociedade. Ao contrário, ele deverá reconhecer – se puder reconhecer alguma coisa – que toda vida humana seria aniquilada se seus princípios fossem adotados de forma constante e universal. Todo discurso e toda ação cessariam de imediato, e as pessoas mergulhariam em completa letargia, até que as necessidades naturais insatisfeitas pusessem fim à sua miserável existência. É verdade que há poucos motivos para temer tamanha fatalidade, pois a natureza é sempre demasiado forte diante dos princípios. E embora um pirrônico, com seus raciocínios profundos, possa lançar a si próprio e a outros em uma perplexidade e confusão momentâneas, a primeira e mais banal ocorrência da vida porá em fuga todas as suas dúvidas e hesitações e deixá-lo-á em posição exatamente semelhante, em tudo o que diz respeito à ação e especulação, à dos filósofos de qualquer outra seita, ou daqueles que nunca se envolveram em investigações filosóficas. Quando desperta de seu sonho, ele é o primeiro a rir-se de si mesmo e a confessar que suas objeções são puro entretenimento, e só tendem a mostrar a estranha condição da humanidade, que está obrigada a agir, a raciocinar e a acreditar sem ser capaz, mesmo pelas mais diligentes investigações, de convencer-se quanto às bases dessas operações, ou de afastar as objeções que podem ser levantadas contra elas.

Parte 3

24 Existe, com efeito, um ceticismo mais *mitigado*, ou filosofia *acadêmica*, que pode ser tanto útil quanto duradouro, e que pode ser em parte o resultado desse pirronismo, ou ceticismo *excessivo*, quando suas dúvidas indiscriminadas são em certa medida corrigidas pelo senso comum e a reflexão. As pessoas tendem naturalmente, em sua maior parte, a ser afirmativas e dogmáticas em suas opiniões; e, ao contemplarem os objetos apenas unilateralmente, sem fazer ideia de qualquer argumento que se possa contrapor, atiram-se precipitadamente em direção aos princípios para os quais sentem inclinação, e não demonstram nenhuma indulgência para com aqueles que professam opiniões contrárias. Hesitar ou ponderar são atos que confundem seu entendimento, imobilizam suas paixões e suspendem suas ações. Sentem-se, portanto, impacientes para escapar de um estado que lhes é tão desconfortável, e julgam que a violência de suas afirmações e a obstinação de suas crenças podem pô-los a uma distância segura dele. Mas, se tais raciocinadores dogmáticos pudessem tornar-se conscientes das estra-

nhas fraquezas do entendimento humano, mesmo em sua mais perfeita condição e ao deliberar da forma mais exata e cuidadosa, essa reflexão naturalmente iria inspirar-lhes mais modéstia e reserva, diminuir a elevada opinião que têm de si mesmos e seu preconceito contra os antagonistas. Os iletrados podem refletir sobre a condição dos instruídos, os quais, mesmo com todas as vantagens do estudo e da reflexão, continuam sentindo pouca confiança em suas decisões; e se alguns dos instruídos inclinarem-se, por seu temperamento natural, à altivez e obstinação, algumas poucas tinturas de pirronismo poderiam abater seu orgulho, mostrando-lhes que as poucas vantagens que podem ter alcançado sobre seus companheiros são insignificantes quando comparadas com a perplexidade e confusão universais que são inerentes à natureza humana. Há, em geral, um grau de dúvida, cautela e modéstia que, em todos os tipos de exame e decisão, deve sempre acompanhar o verdadeiro raciocinador.

25 Outra espécie de ceticismo *mitigado* que pode ser vantajoso para a humanidade e que é, possivelmente, o resultado natural das dúvidas e hesitações pirrônicas é a limitação de nossas investigações aos assuntos que estejam mais bem adaptados à exígua capacidade do entendimento humano. A *imaginação* do homem é naturalmente atraída para o sublime, deleita-se com tudo o que é remoto e extraordinário, e irrompe impetuosamente nas mais distantes partes do espaço e do tempo para fugir dos objetos que o hábito tornou-lhe demasiado familiares. Um correto *julgamento* segue o método contrário, e, evitando todas as indagações remotas e elevadas, restringe-se à vida comum e aos objetos que se apresentam à prática e à experiência cotidianas, deixando os tópicos mais sublimes aos floreios de poetas e oradores, ou aos artifícios de sacerdotes e

políticos. Nada pode ser mais útil para conduzir-nos a essa salutar determinação do que nos deixar convencer plenamente, de uma vez por todas, da força da dúvida pirrônica, e da impossibilidade de que qualquer coisa, exceto o forte poder do instinto natural, possa livrar-nos dela. Aqueles que têm propensão para a filosofia prosseguirão em suas pesquisas, porque ponderam que, em adição ao prazer imediato que acompanha essa ocupação, as decisões filosóficas nada mais são que as reflexões da vida ordinária, sistematizadas e corrigidas. Mas jamais se sentirão tentados a ir além da vida ordinária, enquanto não perderem de vista a imperfeição das faculdades que empregam, seu limitado alcance, e suas operações imprecisas. Se nem mesmo podemos apresentar uma razão satisfatória pela qual acreditamos, após um milhar de experimentos, que uma pedra irá cair, ou o fogo irá queimar, como poderíamos nos dar por satisfeitos no tocante a qualquer decisão que viéssemos a tomar sobre a origem dos mundos e a situação da natureza desde o início até o fim dos tempos?

26   Essa estrita limitação de nossas investigações é realmente tão razoável, sob todos os aspectos, que basta fazer o exame mais superficial dos poderes naturais da mente humana e compará-los com seus objetos, para recomendá-la a nossos olhos. Descobriremos assim quais são os assuntos próprios da ciência e da investigação.

27   Parece-me que os únicos objetos das ciências abstratas, ou objetos de demonstração, são a quantidade e o número, e que todas as tentativas para estender essa espécie mais perfeita de conhecimento além desses limites não passam de sofística e ilusionismo. Como as partes componentes da quantidade e do número são inteiramente similares, suas relações se tornam complexas e emaranhadas, e nada mais interessante, além

de útil, do que rastrear, pelos meios mais diversos, sua igualdade ou desigualdade ao longo de suas várias aparições. Mas, como todas as outras ideias são claramente distintas e diferentes umas das outras, mesmo o exame mais aprofundado nunca nos permite fazer mais que observar essa diversidade, e, por uma reflexão óbvia, declarar que uma coisa não é outra. Ou, caso haja alguma dificuldade nessa decisão, ela procede inteiramente do significado indeterminado das palavras, que se corrige com definições mais exatas. Que o *quadrado da hipotenusa é igual aos quadrados dos dois outros lados*, isso pode não ser conhecido, por mais exatamente que estejam definidos os termos, sem um processo de raciocínio e investigação. Mas, para convencer-nos da proposição que *onde não há propriedade não há injustiça*, é necessário apenas definir os termos e explicar a injustiça como uma violação da propriedade. Essa proposição, de fato, nada mais é que uma definição imperfeita. O caso é o mesmo com todos os supostos raciocínios silogísticos que podem ser encontrados em todos os outros campos do conhecimento, exceto as ciências da quantidade e do número, e penso que estes podem, com segurança, ser declarados os únicos objetos próprios de conhecimento e demonstração.

28 Todas as outras investigações humanas dizem respeito apenas a questões de fato e de existência, e estas são evidentemente incapazes de demonstração. Tudo que *é* pode *não ser*. Nenhuma negação de um fato pode envolver uma contradição. A não existência de um ser qualquer é, sem exceção, uma ideia tão clara e distinta quanto sua existência. A proposição que afirma que ele não existe, embora falsa, não é menos concebível e inteligível do que a que afirma que ele existe. O caso é diferente com as ciências propriamente ditas. Nelas, toda proposição que não é verdadeira é confusa e ininteligível.

Que a raiz cúbica de 64 é igual à metade de 10 é uma proposição falsa e não pode jamais ser distintamente concebida. Mas que César, ou o arcanjo Gabriel, ou outro ser qualquer jamais tenha existido, pode ser uma proposição falsa, mas é ainda assim perfeitamente concebível e não implica nenhuma contradição.

29 Portanto, a existência de um ser qualquer só pode ser provada por argumentos que partam de sua causa ou de seu efeito; e argumentos desse tipo fundam-se inteiramente na experiência. Se raciocinamos *a priori*, qualquer coisa pode parecer capaz de produzir qualquer coisa. A queda de um seixo pode, por tudo que sabemos, extinguir o Sol, ou a vontade de um homem controlar os planetas em suas órbitas. É só a experiência que nos revela a natureza e os limites da relação de causa e efeito, e nos permite inferir a existência de um objeto a partir da existência de outro.[4] Tal é o fundamento do raciocínio moral que compõe boa parte do conhecimento humano e é a fonte de toda ação e comportamento humanos.

30 Os raciocínios morais dizem respeito quer a fatos particulares, quer a fatos gerais. Todas as deliberações na vida referem-se aos primeiros, bem como todas as investigações da história, da cronologia, da geografia e da astronomia.

31 As ciências que tratam dos fatos gerais são a política, a filosofia natural, a medicina, a química etc., nas quais se indaga

---

4 A ímpia máxima da filosofia antiga, *Ex nihilo, nihil fit* ["Do nada, nada procede"], pela qual se negava a criação da matéria, deixa de ser uma máxima, de acordo com a presente filosofia. Não apenas a vontade do Ser supremo pode criar a matéria, mas, por tudo o que sabemos *a priori*, a vontade de qualquer outro ser poderia criá-la, ou qualquer outra causa a que pudéssemos atribuí-la pela mais extravagante imaginação.

sobre as qualidades, causas e efeitos de toda uma espécie de objetos.

32   A teologia, dado que prova a existência de uma Divindade e a imortalidade das almas, compõe-se parcialmente de raciocínios referentes a fatos particulares, e, parcialmente, a fatos gerais. Ela dispõe de um fundamento na *razão*, na medida em que é suportada pela experiência. Mas seu melhor e mais sólido fundamento é a *fé* e a revelação divina.

33   Os assuntos ligados à moral e à crítica são menos propriamente objetos do entendimento que do gosto e do sentimento. A beleza, quer moral ou natural, é mais propriamente sentida que percebida. Ou, se raciocinamos sobre ela, e tentamos estabelecer seu padrão, tomamos em consideração um novo fato, a saber, o gosto geral da humanidade ou algum outro fato desse tipo, que possa ser objeto do raciocínio e da investigação.

34   Quando percorrermos as bibliotecas, convencidos destes princípios, que devastação não deveremos produzir! Se tomarmos em nossas mãos um volume qualquer, de teologia ou metafísica escolástica, por exemplo, façamos a pergunta: *Contém ele qualquer raciocínio abstrato referente a números e quantidades?* Não. *Contém qualquer raciocínio experimental referente a questões de fato e de existência?* Não. Às chamas com ele, então, pois não pode conter senão sofismas e ilusão.

*Uma investigação sobre
os princípios da moral*

Seção I
Dos princípios gerais da moral

1   Disputas com homens que se aferram teimosamente a seus princípios são entre todas as mais tediosas, excetuando-se talvez aquelas com pessoas completamente insinceras, que não acreditam de fato nas opiniões que defendem, mas envolvem-se na controvérsia por afetação, por um espírito de oposição ou por um desejo de mostrar espirituosidade e inventividade superiores às do restante da humanidade. Em ambos os casos, é de esperar a mesma aderência cega aos próprios argumentos, o mesmo desprezo por seus antagonistas e a mesma veemência apaixonada em defender sofismas e falsidades. E como não é do raciocínio que nenhum desses contendores deriva suas doutrinas, é inútil esperar que qualquer lógica – que não se dirige aos afetos – seja jamais capaz de levá-los a abraçar princípios mais sadios.

2   Aqueles que negaram a realidade das distinções morais podem ser classificados entre os contendores insinceros, pois não é concebível que alguma criatura humana pudesse seriamente acreditar que todos os caracteres e ações fossem igualmente dignos da estima e consideração de todas as pessoas. A

diferença que a natureza estabeleceu entre um ser humano e outro é tão vasta e, além disso, tão mais ampliada pela educação, pelo exemplo e pelo hábito que, quando consideramos simultaneamente os extremos opostos, não pode existir ceticismo tão meticuloso nem certeza tão inflexível que negue absolutamente toda distinção entre eles. Por mais insensível que seja um homem, ele será frequentemente tocado pelas imagens do *certo* e do *errado*, e, por mais obstinados que sejam seus preconceitos, ele deve certamente observar que outras pessoas são sucetíveis às mesmas impressões. O único modo, portanto, de converter um antagonista dessa espécie é deixá-lo sozinho. Pois, ao descobrir que ninguém o acompanha na controvérsia, é provável que, por mero aborrecimento, venha finalmente a passar-se para o lado do senso comum e da razão.

3   Surgiu recentemente uma controvérsia bem mais digna de exame, referente aos fundamentos gerais da moral, a saber: se eles derivam da *razão* ou do *sentimento*; se chegamos a seu conhecimento por uma sequência de argumentos e induções ou por uma sensação imediata e um sentido interno mais refinado; se, como em todos os julgamentos corretos acerca da verdade e da falsidade, eles deveriam ser os mesmos para cada ser racional e inteligente; ou se, como na percepção da beleza e da deformidade, estão inteiramente fundados na estrutura e constituição particulares da espécie humana.

4   Os filósofos da Antiguidade, embora afirmem muitas vezes que a virtude nada mais é que a conformidade com a razão, parecem em geral considerar que a moral deriva sua existência do gosto e do sentimento. Porém, nossos modernos investigadores, embora também falem muito da beleza da vir-

tude e da deformidade do vício, têm-se comumente esforçado para explicar essas distinções por meio de raciocínios metafísicos e deduções baseados nos mais abstratos princípios do entendimento. Reinou nesses assuntos uma tal confusão que um conflito da máxima importância pôde manifestar-se entre um e outro sistema, e mesmo em quase cada um dos sistemas individuais, sem que ninguém, até muito recentemente, disso se apercebesse. Os elegantes escritos de lorde Shaftesbury — autor que pela primeira vez fez notar essa distinção e que, de modo geral, aderiu aos princípios dos filósofos da Antiguidade — tampouco estão, eles próprios, inteiramente isentos dessa mesma confusão.

5   Deve-se reconhecer que ambos os lados da questão têm a seu favor atraentes argumentos. Pode-se dizer que distinções morais são discerníveis pela pura *razão*; caso contrário, de onde viriam as muitas disputas que reinam tanto na vida cotidiana como na filosofia quanto a esse assunto; as longas concatenações de provas que ambos os lados frequentemente oferecem, os exemplos citados, as autoridades às quais se faz apelo, as analogias empregadas, as falácias detectadas, as inferências extraídas e as diversas conclusões ajustadas aos respectivos princípios? Só se pode disputar sobre a verdade, não sobre o gosto; o que existe na natureza das coisas é a norma de nosso julgamento, mas a norma do sentimento é o que cada pessoa sente dentro de si mesma. As proposições da geometria podem ser provadas, os sistemas da física podem ser debatidos, mas a harmonia do verso, a ternura da paixão, o brilho da espirituosidade devem dar um prazer imediato. Ninguém raciocina sobre a beleza de uma outra pessoa, mas fá-lo frequentemente sobre a justiça ou injustiça de suas ações. Em todo julgamento criminal, o primeiro objetivo do

prisioneiro é refutar os fatos alegados e negar as ações que lhe são imputadas, o segundo é provar que, mesmo que essas ações realmente tivessem sido feitas, seria possível justificá-las como inocentes e legais. Se admitirmos que o primeiro ponto é estabelecido por meio de deduções do entendimento, como se poderia supor que se empregue uma diferente faculdade mental para estabelecer o segundo?

6   Porém, os que querem analisar todas as decisões morais em termos do *sentimento* podem esforçar-se para mostrar que é impossível que a razão chegue a conclusões dessa natureza. O que é próprio da virtude, dizem eles, é ser *estimável*, e do vício, *odioso*. É isso que forma sua própria natureza, ou essência. Mas poderia a razão ou argumentação distribuir esses diversos epítetos a quaisquer objetos e decidir de antemão que isto deve produzir amor, e aquilo, ódio? E que outra razão poderíamos dar a essas afecções senão a estrutura e conformação originais da mente humana, que está naturalmente adaptada a recebê-las?

7   A finalidade de toda especulação moral é nos ensinar nosso dever e, pelas adequadas representações da deformidade do vício e da beleza da virtude, engendrar os hábitos correspondentes e levar-nos a evitar o primeiro e abraçar a segunda. Mas seria possível esperar tal coisa de inferências e conclusões do entendimento que por si sós não têm controle dos afetos nem põem em ação os poderes ativos das pessoas? Elas revelam verdades, mas, quando as verdades que elas revelam são indiferentes e não engendram desejo ou aversão, elas não podem ter influência na conduta e no comportamento. O que é honroso, o que é imparcial, o que é decente, o que é nobre, o que é generoso, toma posse do coração e nos anima a abra-

çá-lo e conservá-lo. O que é inteligível, o que é evidente, o que é provável, o que é verdadeiro, obtém somente a fria aquiescência do entendimento e, satisfazendo uma curiosidade especulativa, põe um termo a nossas indagações.

8   Extingam-se todos os cálidos sentimentos e propensões em favor da virtude, e toda repugnância ou aversão ao vício; tornem-se os homens totalmente indiferentes a essas distinções, e a moralidade não mais será um estudo prático nem terá nenhuma tendência a regular nossa vida e ações.

9   Esses argumentos de cada um dos lados (e muitos mais poderiam ser fornecidos) são tão plausíveis que tendo a suspeitar que ambos podem ser sólidos e satisfatórios, e que *razão* e *sentimento* colaboram em quase todas as decisões e conclusões morais. É provável que a sentença final que julga caracteres e ações como amáveis ou odiosos, louváveis ou repreensíveis; aquilo que lhes impõe a marca da honra ou da infâmia, da aprovação ou da censura, aquilo que torna a moralidade um princípio ativo e faz da virtude nossa felicidade e do vício nossa miséria – é provável, eu dizia, que essa sentença final se apoie em algum sentido interno ou sensação que a natureza tornou universal na espécie inteira. Pois que outra coisa poderia ter uma influência desse tipo? Mas vemos que, para preparar o caminho para um tal sentimento e prover um discernimento apropriado de seu objeto, é frequentemente necessário precedê-lo de muitos raciocínios, traçar distinções sutis, extrair conclusões corretas, efetuar comparações distantes, examinar relações complexas, e estabelecer e verificar fatos gerais. Alguns tipos de beleza, especialmente a das espécies naturais, impõem-se a nosso afeto e aprovação desde a primeira vista, e se não produzem esse efeito é impossível que

qualquer raciocínio consiga corrigir essa influência ou adaptá--la melhor ao nosso gosto e sentimento. Mas em muitas espécies de beleza, particularmente no caso das belas-artes, é preciso empregar muito raciocínio para experimentar o sentimento adequado, e um falso deleite pode muitas vezes ser corrigido por argumentos e reflexão. Há boas razões para se concluir que a beleza moral tem muitos traços em comum com esta última espécie, e exige a assistência de nossas faculdades intelectuais para adquirir uma influência apropriada sobre a mente humana.

10   Embora essa questão relativa aos princípios gerais da moral seja instigante e significativa, é desnecessário, neste momento, ocuparmo-nos mais detalhadamente de seu estudo. Pois, se tivermos a felicidade, no curso desta investigação, de descobrir a verdadeira origem da moral, será fácil perceber em que medida o sentimento ou a razão participam de todas as determinações dessa espécie.[1] Com esse objetivo, esforçar-nos--emos para seguir um método bastante simples: vamos analisar o complexo de qualidades mentais que constituem aquilo que, na vida cotidiana, chamamos de *mérito pessoal*; vamos considerar cada atributo do espírito que faz de alguém um objeto de estima e afeição, ou de ódio e desprezo; cada hábito, sentimento ou faculdade que, atribuído a uma pessoa qualquer, implica ou louvor ou censura, e poderia figurar em algum panegírico ou sátira de seu caráter e maneiras. A aguda sensibilidade que nesses assuntos é tão universal entre os seres humanos fornece ao filósofo uma garantia suficiente de que nunca estará demasiadamente enganado ao compor seu catálogo, nem correrá nenhum risco de classificar erronea-

---

1 Ver Apêndice I.

mente os objetos de sua contemplação; tudo o que ele precisa é consultar por um momento seu próprio coração e considerar se desejaria ou não que esta ou aquela qualidade lhe fossem atribuídas, e se essa atribuição procederia de um amigo ou de um inimigo. A própria natureza da linguagem guia-nos quase infalivelmente na formação de um juízo dessa espécie; e assim como qualquer língua possui um conjunto de palavras que são tomadas em um bom sentido e outras em um sentido oposto, basta a mínima familiaridade com o idioma para nos orientar, sem nenhum raciocínio, na coleta e arranjo das qualidades que são estimáveis ou censuráveis nos homens. A única tarefa do raciocínio é discernir em cada um dos casos as circunstâncias que são comuns a essas qualidades; observar as particularidades em que concordam, de um lado, as qualidades estimáveis, e, de outro, as censuráveis; e atingir a partir daí o fundamento da ética, descobrindo os princípios universais dos quais se deriva, em última instância, toda censura ou aprovação. Dado que essa é uma questão factual e não um assunto de ciência abstrata, só podemos esperar obter sucesso seguindo o método experimental e deduzindo máximas gerais a partir de uma comparação de casos particulares. O outro método científico, no qual inicialmente se estabelece um princípio geral abstrato que depois se ramifica em uma variedade de inferências e conclusões, pode ser em si mesmo mais perfeito, mas convém menos à imperfeição da natureza humana e é uma fonte comum de erro e ilusão, neste como em outros assuntos. Os homens estão hoje curados de sua paixão por hipóteses e sistemas em filosofia natural, e não darão ouvidos a argumentos que não sejam derivados da experiência. Já é tempo de que façam uma reforma semelhante em todas as investigações morais e rejeitem todos os sistemas éticos, por mais sutis e engenhosos, que não estejam fundados em fatos e na observação.

11   Começaremos nossa investigação pelo exame das virtudes sociais da *benevolência* e da *justiça*. Sua elucidação, com toda a probabilidade, abrir-nos-á o caminho para a explicação das demais virtudes.

Seção 2
Da benevolência

Parte I

1 Pode parecer uma tarefa supérflua provar que as afecções benevolentes ou mais gentis são *estimáveis* e que, onde quer que apareçam, granjeiam a aprovação e a boa vontade dos seres humanos. Os epítetos "sociável", "de boa índole", "humano", "compassivo", "grato", "amistoso", "generoso", "benfazejo", ou seus equivalentes, são conhecidos em todas as linguagens e expressam universalmente o mais alto mérito que a *natureza humana* é capaz de atingir. Quando essas qualidades estimáveis são acompanhadas de linhagem, poder e capacidades eminentes, e se manifestam no bom governo ou na útil instrução da humanidade, elas parecem até mesmo alçar seus possuidores acima da natureza humana e fazê-los aproximar-se, em certa medida, da divina. Uma elevada aptidão, uma coragem indomável, um sucesso florescente só podem expor um herói ou um político à inveja e má vontade do público; mas tão logo se acrescentem os louvores de humanitário e beneficente, tão logo sejam dadas demonstrações de brandura,

2   Quando Péricles, o grande estadista e general ateniense, jazia em seu leito de morte, seus amigos ao redor, supondo-o inconsciente, começaram a dar vazão à tristeza pelo seu patrono moribundo, enumerando suas grandes qualidades e êxitos, suas conquistas e vitórias, a duração incomum de seu governo e seus nove troféus erigidos sobre os inimigos da república. "Vós esqueceis", exclama o herói agonizante que tudo ouvira, "vós esqueceis o mais eminente de meus méritos, e estendeis-vos em demasia sobre vantagens vulgares nas quais a sorte teve um papel preponderante. Deixastes de observar que nenhum cidadão jamais vestiu luto por minha causa."[1]

3   Em homens de talentos e capacidades mais ordinários, as virtudes sociais são (se é que isto é possível) requeridas de forma ainda mais essencial, já que não há, nesses casos, nada que sobressaia para compensar sua ausência ou para preservar a pessoa da mais profunda aversão ou desprezo. Em personalidades menos perfeitas, diz Cícero, uma elevada ambição ou uma coragem exaltada tendem a degenerar em uma ferocidade incontrolada. As virtudes mais sociais e delicadas são, aí, as que devem principalmente ser levadas em consideração. Estas são sempre boas e estimáveis.[2]

4   A principal vantagem que Juvenal identifica na extensa capacidade da espécie humana é que ela torna também mais extensa nossa benevolência, e oferece-nos maiores oportunidades de disseminar nossa influência benigna do que as dadas às

---

[1] Plutarco, em *Vida de Péricles*.
[2] Cícero, *De officiis*, livro I.

criaturas inferiores.³ Deve-se de fato reconhecer que é apenas pela prática do bem que um homem pode verdadeiramente gozar das vantagens de ser eminente. Sua posição elevada, por si só, apenas o deixa mais exposto ao perigo e à tempestade. Seu único privilégio é dar abrigo aos que lhe são inferiores e que repousam sob seu manto e proteção.

5   Mas estou esquecendo que minha tarefa aqui não é elogiar a generosidade e a benevolência, ou pintar, em suas verdadeiras cores, todos os genuínos encantos das virtudes sociais. É verdade que estas seduzem suficientemente todos os corações logo que são apreendidas, e é difícil abster-se de algum arroubo laudatório sempre que são mencionadas no discurso ou raciocínio. Mas, como nosso assunto aqui é antes a parte especulativa do que a parte prática da moral, será suficiente notar (o que, segundo penso, será facilmente concedido) que não há qualidades mais merecedoras da boa vontade e aprovação geral dos homens que a beneficência e a humanidade, a amizade e a gratidão, a afeição natural e o espírito público, e tudo o que procede de uma terna simpatia pelos demais e de uma generosa preocupação pelo nosso grupo e espécie. Tais qualidades, onde quer que se manifestem, parecem de certa forma infundir-se a todos que as contemplam e produzir neles, em seu próprio interesse, os mesmos sentimentos favoráveis e afetuosos que elas exercem ao seu redor.

Parte 2

6   Podemos observar que, ao arrolar os méritos de um indivíduo humanitário e beneficente, há uma circunstância que

---
3 *Sátiras*, 15, linhas 139 ss.

nunca deixa de ser amplamente realçada, a saber, a felicidade e satisfação que a sociedade obtém de sua convivência e de seus bons ofícios. Ele se torna caro a seus pais, é justo dizer, mais ainda pelo seu devotado afeto e respeitosa atenção do que pelas ligações naturais de filiação. Seus filhos nunca sentem o peso de sua autoridade, a não ser quando empregada em benefício deles próprios. Nele, os laços do amor estão consolidados pela beneficência e amizade, e os laços de amizade aproximam-se, por uma atenção solícita em todos os favores, aos do amor e afeto. Seus servos e dependentes podem contar seguramente com seu auxílio, sem temer os caprichos do destino, exceto quando exercidos sobre ele. Os famintos recebem dele alimento, os desnudos, vestimentas, os ignorantes e indolentes, habilidades e diligência. Semelhante ao sol, um ministro secundário da providência, ele incentiva, revigora e sustenta o mundo ao seu redor.

7   Se ele se confina à vida privada, a esfera de sua atividade é mais restrita, mas sua influência é de todo benigna e gentil. Se se alça a um alto posto, a humanidade e a posteridade colhem os frutos de seu labor.

8   Dado que esses tópicos de louvor são sempre empregados, e com sucesso, quando queremos despertar a estima por alguém, não se poderia porventura disso concluir que a *utilidade* resultante das virtudes sociais constitui pelo menos uma *parte* de seu mérito, e é uma fonte da aprovação e respeito que recebem de forma tão universal?

9   Quando enaltecemos uma simples planta ou animal como *útil* e *benéfico*, fazemos-lhe um elogio e uma recomendação adequados à sua natureza. Por sua vez, uma reflexão sobre a influência danosa de algum desses seres inferiores sempre

nos inspira o sentimento de aversão. O olhar se delicia com o aspecto de um campo de trigo, vinhas carregadas de frutos, cavalos e rebanhos pastando; mas foge da visão de sarças e espinheiros que dão guarida a lobos e serpentes.

10 Uma máquina, uma peça de mobiliário, uma vestimenta ou uma casa bem planejadas para o uso e conveniência são nessa medida belas e contempladas com prazer e aprovação. Um olhar experiente é sensível, nestes casos, a muitas excelentes qualidades que passam despercebidas a pessoas ignorantes e não instruídas.

11 Há maior louvor de uma profissão, como o comércio ou a manufatura, do que observar as vantagens que traz à sociedade? E um monge inquisidor não se enraivece quando tratamos sua ordem como inútil ou prejudicial para a humanidade?

12 O historiador exulta ao mostrar o benefício que resulta de seu trabalho; e o autor de histórias de aventuras ameniza ou nega as más consequências atribuídas ao seu gênero de composição.

13 E, em geral, quanto louvor não está subentendido no simples qualificativo "útil"! E quanta reprovação em seu contrário!

14 "Vossos deuses", diz Cícero[4] aos epicuristas, "não podem com justiça pretender algum culto ou adoração, sejam quais forem as imaginárias perfeições que vós lhes atribuís. Eles são totalmente inúteis e passivos. Até mesmo os egípcios, que tanto ridicularizais, nunca sacralizaram nenhum animal senão em vista de sua utilidade."

---

4 *De natura deorum*, livro I.

15   Os céticos afirmam,[5] embora absurdamente, que a origem de todo culto religioso proceda da utilidade de objetos inanimados, como o Sol e a Lua, para o sustento e o bem-estar da humanidade. Essa é também a razão comumente apontada por historiadores para a deificação de heróis e legisladores eminentes.[6]

16   Plantar uma árvore, cultivar um campo, gerar filhos: atos meritórios, segundo a religião de Zoroastro.

17   Em todas as decisões morais, a característica de utilidade pública é o que se tem principalmente em vista; e sempre que surgem disputas, seja em filosofia seja na vida cotidiana, referentes aos limites do dever, a melhor forma de decidir a questão é averiguar, em cada um dos lados, os verdadeiros interesses da humanidade. Se alguma opinião errônea é adotada em vista das aparências, tão logo a experiência adicional e um raciocínio mais preciso nos forneçam ideias mais corretas acerca dos assuntos humanos, recuamos desse primeiro sentimento e ajustamos novamente as fronteiras entre o bem e o mal morais.

18   O ato de dar esmolas a pedintes vulgares é compreensivelmente elogiado, pois parece trazer alívio aos aflitos e indigentes; mas quando observamos o encorajamento que isso dá à ociosidade e à devassidão, passamos a considerar essa espécie de caridade antes como uma fraqueza do que uma virtude.

19   O *tiranicídio*, ou assassinato de usurpadores e príncipes opressivos, foi sumamente enaltecido em tempos antigos porque livrou a humanidade de muitos desses monstros e pa-

---

5 Sexto Empírico, *Adversos mathematicos*, livro 9.
6 Diodoro da Sicília, *passim*.

recia, além disso, impor o temor a outros que a espada ou o punhal não podiam alcançar. Mas como a história e a experiência desde então nos convenceram de que essa prática aumenta a suspeita e a crueldade dos príncipes, um Timoleão e um Bruto, embora tratados com indulgência em vista das predisposições de sua época, são hoje considerados como modelos muito impróprios para imitação.

20 A liberalidade nos príncipes é considerada um sinal de beneficência, mas, quando ocorre que, por causa dela, o pão de cada dia de homens honestos e trabalhadores se veja com frequência convertido em deliciosos manjares para os indolentes e esbanjadores, logo retiramos nossos elogios desatentos. Os lamentos de um príncipe por haver perdido um dia foram nobres e generosos, mas, se ele tencionasse empregar esse dia em atos de generosidade para com seus insaciáveis cortesãos, terá sido melhor perdê-lo que desperdiçá-lo dessa forma.

21 O luxo, ou refinamento nos prazeres e confortos da vida, foi durante muito tempo tomado como a origem de toda a corrupção no governo, e como a causa imediata de discórdia, rebelião, guerras civis e perda total de liberdade. Por isso, o luxo foi universalmente considerado como um vício e constituiu assunto dos discursos de todos os satiristas e severos moralistas. Aqueles que demonstram ou procuram demonstrar que esses refinamentos tendem antes ao desenvolvimento da diligência, da polidez e das artes estão dando uma nova regulamentação a nossos sentimentos *morais*, tanto quanto *políticos*, e representam como louvável ou inocente o que anteriormente era considerado pernicioso ou censurável.

22 Se levarmos tudo isso em conta, parece inegável, portanto, que nada pode conferir mais mérito a qualquer criatura hu-

mana do que o sentimento de benevolência em um grau elevado, e que *parte*, ao menos, de seu mérito provém de sua tendência a promover os interesses de nossa espécie e trazer felicidade à sociedade humana. Dirigimos nossos olhos para as saudáveis consequências de um tal caráter e disposição; e tudo que tem uma influência tão benigna e promove um fim tão desejável é contemplado com satisfação e prazer. As virtudes sociais não são nunca consideradas separadamente de suas tendências benéficas, nem vistas como estéreis e infrutíferas. A felicidade da humanidade, a ordem da sociedade, a harmonia das famílias, o apoio mútuo dos amigos, são sempre considerados como o resultado do suave domínio dessas virtudes sobre os corações dos seres humanos.

23   Quão considerável é a *parte* de seu mérito que devemos atribuir à sua utilidade aparecerá mais claramente a partir das próximas investigações,[7] bem como a razão pela qual essa circunstância tem uma tão grande influência sobre nossa estima e aprovação.[8]

---

7   Seções 3 e 4.
8   Seção 5.

Seção 3
Da justiça

Parte I

1   Seria supérfluo provar que a justiça é útil à sociedade e, consequentemente, que pelo menos parte de seu mérito deve originar-se dessa consideração. Mas a afirmação de que a utilidade pública é a *única* origem da justiça e que as reflexões sobre as consequências benéficas dessa virtude são a *única* fundação de seu mérito, sendo uma proposta mais inusitada e significativa, é mais merecedora de nosso exame e investigação.

2   Suponhamos que a natureza houvesse dotado a raça humana de uma tamanha *abundância* de todas as conveniências *exteriores* que, sem nenhuma incerteza quanto ao resultado final, sem nenhuma atenção ou dedicação de nossa parte, todo indivíduo se achasse completamente provido de tudo o que seus mais vorazes apetites pudessem necessitar, ou que sua faustosa imaginação pudesse pretender ou desejar. Sua beleza natural, vamos supor, ultrapassaria todos os ornamentos adquiridos; a perpétua suavidade das estações tornaria inúteis

todas as roupas ou abrigos; as verduras ao natural proporcionar-lhe-iam o mais delicioso alimento, e a límpida fonte, a bebida mais excelente. Nenhuma tarefa laboriosa seria requerida, nenhuma lavoura, nenhuma navegação. Música, poesia e contemplação constituiriam sua única ocupação; conversas, risos e convivência com amigos, seu único divertimento.

3   Parece óbvio que, em uma condição tão afortunada, todas as demais virtudes sociais iriam florescer e intensificar-se dez vezes mais. Da cautelosa e desconfiada virtude da justiça, entretanto, ninguém jamais teria tido a menor ideia. Pois qual seria o propósito de fazer uma partilha de bens quando cada um já tem mais do que o suficiente? Para que instituir a propriedade quando é impossível causar prejuízo a quem quer que seja? Por que dizer que este objeto é *meu* quando, caso alguém dele se apodere, basta-me esticar a mão para apropriar-me de outro de igual valor? A justiça, sendo completamente *inútil* nessa situação, não passaria de um vão cerimonial e jamais poderia figurar no catálogo das virtudes.

4   E mesmo na presente condição de carência da humanidade, observamos que, sempre que algum benefício é provido pela natureza em uma abundância ilimitada, nós o deixamos para toda a raça humana em comum e não estabelecemos subdivisões de direitos e propriedades. A água e o ar, embora sejam as mais necessárias de todas as coisas, não são disputados como propriedades de indivíduos, e ninguém comete injustiça por mais prodigamente que se sirva e desfrute dessas bênçãos. Em países com grandes extensões de terras férteis e poucos habitantes, a terra é tratada desse mesmo modo. E nada é tão enfatizado pelos que defendem o livre uso dos mares quanto o fato de que eles não se esgotam ao serem utilizados

na navegação. Se as vantagens obtidas pela navegação fossem igualmente inexauríveis, esses pensadores jamais teriam tido adversários para refutar, nem teriam se apresentado reivindicações de um domínio separado e exclusivo sobre o oceano.

5   Pode acontecer que em alguns países e em algumas épocas se estabeleça um direito de propriedade sobre a água, mas nenhum sobre a terra,[1] se esta última existir em maior abundância do que pode ser usada pelos habitantes, e se a primeira só puder ser obtida com dificuldade e em quantidades muito pequenas.

6   Suponha-se além disso que, embora as carências da raça humana continuem as mesmas do presente, o espírito tenha se engrandecido tanto e esteja tão repleto de amizade e generosidade que todo ser humano nutra o maior carinho pelos demais e não sinta uma preocupação maior pelos assuntos de seu próprio interesse do que pelos de seus companheiros. Em vista de tamanha benevolência, parece evidente que o *uso* da justiça ficaria nesse caso suspenso, e as divisões e barreiras da propriedade e da obrigação jamais seriam cogitadas. Por que deveria eu obrigar outra pessoa a prestar-me um serviço por meio de um contrato ou promessa se sei que ela já está movida pela mais forte inclinação a buscar minha felicidade, e irá prestar de livre e espontânea vontade o serviço que desejo? A menos que o dano que lhe sobrevenha por isso seja maior que o benefício que eu receberia; mas, nesse caso, ela sabe que, em virtude de meu inerente caráter humanitário e amistoso, eu seria o primeiro a opor-me à sua imprudente generosidade. Para que erigir marcos limítrofes entre meu campo e o de

---

1   *Gênese*, capítulos 13 e 21.

meu vizinho se meu coração não fez nenhuma divisão entre nossos interesses, mas compartilha todas as suas alegrias e tristezas com a mesma força e vivacidade que experimentaria caso fossem originalmente as minhas próprias? Dado que cada homem, nessa suposição, seria um segundo eu para cada um dos outros, ele confiaria todos os seus interesses ao discernimento de qualquer um, sem desconfiança, sem divisões, sem distinções. E toda a raça humana formaria uma única família, na qual tudo seria possuído em comum e usado livremente, sem consideração de propriedade, mas também com bastante prudência, dando-se às necessidades de cada indivíduo uma atenção tão plena como se nossos próprios interesses estivessem aí intimamente envolvidos.

7   Na presente condição do coração humano, será talvez difícil encontrar exemplos cabais de afeições tão engrandecidas, mas ainda assim podemos observar que o caso das famílias aproxima-se disso; tanto mais quanto maior a benevolência mútua entre os indivíduos, até que todas as distinções de propriedade em boa parte se perdem e confundem entre eles. No caso de pessoas casadas, a lei supõe que o liame de afeto entre elas é tão forte a ponto de abolir toda a divisão de posses; e esse liame muitas vezes tem, de fato, essa força que lhe é atribuída. E pode-se observar que, durante o ardor dos fanatismos nascentes, quando cada princípio é inflamado até a loucura, a comunidade dos bens foi frequentemente experimentada, e apenas a experiência de seus inconvenientes – pelo egoísmo restabelecido ou disfarçado dos homens – pôde fazer que os imprudentes fanáticos retornassem às ideias de justiça e de propriedade privada. É certo, portanto, que essa virtude deriva sua existência inteiramente de seu indispensável *uso* para o relacionamento humano e a vida em sociedade.

8 Para tornar essa verdade mais evidente, vamos inverter as suposições anteriores e, levando tudo para o extremo oposto, considerar qual seria o efeito dessas novas situações. Suponha-se que uma sociedade tombe em uma carência tão grande de todas as coisas comumente necessárias para se viver a ponto de o máximo esforço e frugalidade não serem capazes de impedir a morte da maioria das pessoas e a extrema miséria de todas elas. Numa tal emergência, creio que se admitirá prontamente que as leis estritas da justiça estarão suspensas, em favor dos motivos mais fortes da necessidade e da auto-preservação. Seria porventura um crime, após um naufrágio, agarrar-se a qualquer meio ou instrumento de salvação em que pudéssemos pôr as mãos sem preocupar-se com as anteriores limitações decorrentes do direito de propriedade? Ou, se uma cidade sitiada estiver perecendo de fome, poderíamos imaginar que as pessoas, tendo diante de si qualquer meio de preservação, iriam perder sua vida em virtude de uma escrupulosa consideração para com aquilo que, em outras situações, seria a regra da equidade e da justiça? O *uso* e o *fim* dessa virtude é proporcionar felicidade e segurança pela preservação da ordem na sociedade, mas, quando a sociedade está prestes a sucumbir de extrema penúria, não há nenhum mal maior a temer da violência e da injustiça, e cada homem está livre para cuidar de si próprio por todos os meios que a prudência lhe ditar ou seus sentimentos humanitários permitirem. O povo, mesmo em circunstâncias menos calamitosas, abre celeiros sem o consentimento dos proprietários, supondo com razão que a autoridade da magistratura pode, de forma consistente com a equidade, chegar até esse ponto. Mas, se uma semelhante partilha de pão em uma condição de fome fosse realizada por um certo número de homens reunidos sem os vínculos das leis ou da jurisdição civil, poderíamos considerar esse ato como criminoso ou injusto, ainda que realizado por meio da força e mesmo da violência?

9 Suponha-se, analogamente, que a sina de um homem virtuoso levou-o a cair em meio a uma sociedade de bandidos, distante da proteção da lei e do governo – que comportamento deveria ele adotar nessa triste situação? Por toda parte ele vê uma voracidade desesperada, um descaso pela equidade, um desprezo pela ordem, uma cegueira estúpida ante as consequências futuras, e tudo isso em um tal grau que deve levar prontamente ao mais trágico desfecho, culminando com a destruição da maioria e a completa dissolução da sociedade dos demais. Durante esse tempo, ele não tem outro recurso senão armar-se, seja a quem for que pertença a espada ou o escudo que toma, e prover-se de todos os meios para sua defesa e segurança. E, já que sua consideração pessoal pela justiça não tem mais *utilidade* para sua segurança ou a dos demais, ele deve seguir exclusivamente os ditames da autopreservação, sem preocupar-se com aqueles que não mais merecem seu cuidado e atenção.

10 Quando alguém, mesmo numa sociedade politicamente constituída, torna-se aversivo ao público por seus crimes, ele é punido pelas leis em seus bens e em sua pessoa. Ou seja, as regras ordinárias da justiça ficam, em relação a ele, momentaneamente suspensas, e é justo infligir-lhe, para o *benefício* da sociedade, aquilo que de outro modo ele não poderia sofrer sem que se configurasse ofensa ou injustiça.

11 Que são a fúria e a violência da guerra civil senão uma suspensão da justiça entre as partes beligerantes, que percebem que essa virtude não tem mais nenhum *uso* ou vantagem para

elas? As leis da guerra, que se sucedem então às leis da equidade e da justiça, são regras calculadas em vista da sua *vantagem* e *utilidade* naquela peculiar situação em que os homens então se encontram. E se uma nação civilizada estivesse envolvida em uma guerra com bárbaros que não observam sequer as leis da guerra, ela deveria também suspender a observância dessas regras, que já não servem a nenhum propósito, e tornar cada ação e confronto o mais sangrento e prejudicial possível aos primeiros agressores.

12   As regras da equidade ou da justiça dependem, portanto, inteiramente do estado e situação particulares em que os homens se encontram, e devem sua origem e existência à *utilidade* que proporcionam ao público pela sua observância estrita e regular. Contrarie-se, em qualquer aspecto relevante, a condição dos homens; produza-se extrema abundância ou extrema penúria; implante-se no coração humano perfeita moderação e humanidade ou perfeita rapacidade e malícia: ao tornar a justiça totalmente *inútil*, destrói-se totalmente sua essência e suspende-se sua obrigatoriedade sobre os seres humanos.

13   A condição ordinária da humanidade é um meio-termo entre esses extremos. Somos naturalmente parciais em relação a nós mesmos e nossos amigos, mas somos capazes de compreender a vantagem resultante de uma conduta mais equânime. Poucos prazeres nos são dados pela mão aberta e liberal da natureza, mas, pela técnica, trabalho e diligência, podemos extraí-los em grande abundância. Por isso, as ideias de propriedade tornam-se necessárias em toda sociedade civil, é disso que a justiça deriva sua utilidade para o público; e é só desse fato que decorre seu mérito e seu caráter moralmente obrigatório.

14   Essas conclusões são tão naturais e óbvias que não escaparam nem sequer aos poetas em suas descrições da felicidade que acompanhava a idade de ouro, ou o reinado de Saturno. Se dermos crédito a essas agradáveis ficções, as estações eram tão temperadas naquele primeiro período da natureza que não era necessário que as pessoas se provessem de roupas ou moradias para proteger-se contra a violência do frio e do calor. Nos rios fluíam vinho e leite, os carvalhos forneciam mel e a natureza produzia espontaneamente as melhores iguarias. E essas não eram as principais vantagens dessa época feliz. Não apenas as tempestades estavam ausentes da natureza, mas também o coração humano desconhecia as violentas tempestades que hoje causam tanto tumulto e engendram tanta desordem. De avareza, ambição, crueldade, egoísmo, nunca se ouvira falar; um afeto cordial, compaixão, simpatia, eram os únicos impulsos com os quais o espírito estava familiarizado. Mesmo a meticulosa distinção entre o *meu* e o *teu* estava banida daquela feliz raça de mortais, e levara consigo as próprias ideias de propriedade e obrigação, justiça e injustiça.

15   Essa ficção *poética* de uma *idade de ouro* está, sob certos aspectos, em pé de igualdade com a ficção *filosófica* de um *estado de natureza*; a diferença é apenas que a primeira é representada como a situação mais pacífica e encantadora que se pode imaginar, ao passo que o segundo é pintado como um estado de guerra e violência mútuas, acompanhadas pela mais extrema miséria. Somos informados de que na origem primordial dos seres humanos sua ignorância e natureza selvagem eram tão predominantes que não podiam confiar uns nos outros, mas tinham de confiar apenas em si mesmos e em sua própria força ou astúcia para proteção e segurança. Não se ouvira falar de nenhuma lei, nenhuma regra de justiça era conhecida, nenhuma distinção de propriedade levada em conta. O poder era a única medida do direito, e uma guerra permanente de todos contra todos era o resultado do egoísmo incontrolado e da barbárie dos homens.[2]

---

2   Essa ficção de um estado de natureza como um estado de guerra não se iniciou com Thomas Hobbes, como se costuma imaginar [cf. Hobbes, *Leviatã*, capítulo XIII]. Platão esforça-se para refutar uma hipótese muito semelhante a essa nos segundo, terceiro e quarto livros da *República*. Cícero, ao contrário, toma-a como certa e universalmente admitida na seguinte passagem: *"Quis enim vestrum, judices, ignorat, ita naturam rerum tulisse, ut quodam tempore homines, nondum neque naturali neque civili jure descripto, fusi per agros ac dispersi vagarentur tantumque haberent quantum manu ac viribus, per cædem ac vulnera, aut eripere, aut retinere potuissent? Qui igitur primi virtute & consilio præstanti extiterunt, ii perspecto genere humanæ docilitatis ac ingenii, dissipatos, unum in locum congregarunt, eosque ex feritate illa ad justitiam ac mansuetudinem transduxerunt. Tum res ad communem utilitatem, quas publicas apellamus, tum conventicula hominum, quæ postea civitates nominatæ sunt, tum domicilia conjuncta, quas urbes dicamus, invento & divino & humano jure, mœrnibus sepserunt. Atque inter hanc vitam, perpolitam humanitate, & illam immanem, nihil tam interest quam JUS atque VIS. Horum utro uti nolimus, altero est utendum. Vim volumus extingui? Jus valeat necesse est, id est, judicia, quibus omne jus continetur. Judicia displicent, aut nulla sunt? Vis dominetur necesse est. Hæc vident omnes".* [Quem dentre vossos juízes ignora que, em uma certa época, o curso natural das coisas quis que os homens, na ausência de qualquer direito natural e de qualquer direito civil definido, vivessem nos campos e vagassem dispersos, sem possuir senão aquilo que suas mãos e forças lhes permitissem agarrar e manter à custa de lutas e morticínios? Os primeiros que se distinguiram pela superioridade de seu valor e inteligência, tendo reconhecido claramente a docilidade própria do gênero humano, reuniram em um só lugar aqueles que viviam dispersos e os conduziram de uma vida selvagem para uma vida de justiça e benevolência. Organizaram então as instituições voltadas para a utilidade comum, que denominamos "públicas", e os pequenos agrupamentos de homens que mais tarde receberam o nome de "Estados", e a reunião de moradias que chamamos "cidades" e que, após o estabe-

16   Pode-se com razão duvidar de que uma tal condição da natureza humana tenha jamais existido, ou, se existiu, que tenha durado por tanto tempo a ponto de merecer a denominação de um *Estado*. Os homens nascem necessariamente pelo menos em uma sociedade familiar e são instruídos pelos pais em alguma regra de conduta e comportamento. Mas deve-se admitir que, se esse estado de guerra e violência mútuas foi alguma vez real, a suspensão de todas as regras de justiça, dada a sua absoluta inutilidade, terá sido uma consequência necessária e inevitável.

17   Quanto mais variamos nossos pontos de vista sobre a natureza humana, e quanto mais novas e inusitadas as luzes sob as quais a inspecionamos, tanto mais nos convencemos de que a origem aqui atribuída à virtude da justiça é real e satisfatória.

18   Se existisse entremeada à espécie humana uma outra espécie de criaturas que, embora racionais, possuíssem um vigor corporal e intelectual tão reduzido a ponto de não serem capazes de qualquer resistência nem de nos fazer sentir os efeitos de seu ressentimento mesmo sob extrema provocação, penso que a consequência necessária disso é que considerações

---

lecimento do direito divino e humano, foram protegidas por muralhas. E entre nossa vida civilizada e humanitária e a anterior selvageria, não há uma demarcação mais clara que a que existe entre a *violência* e o *direito*. Se recusarmos um deles, será preciso empregar o outro. Queremos extinguir o uso da violência? Será preciso então fazer prevalecer o direito, isto é, os tribunais que sustentam todo o direito. Os tribunais não operam a contento, ou inexistem? A violência então dominará necessariamente. Tais coisas são óbvias para todos.] *Pro Sext*, § 42 [*Pro Sestius* § 42].

humanitárias nos obrigariam a tratá-las com brandura, mas não estaríamos propriamente submetidos, em nossas relações com elas, a qualquer restrição sob o aspecto da justiça, e tampouco poderiam elas possuir qualquer direito ou propriedade que as preservasse contra o arbítrio de seus senhores. Nosso relacionamento com essas criaturas não poderia ser denominado sociedade (que supõe um certo grau de igualdade), mas absoluto domínio de um lado e obediência servil de outro. Seja o que for que ambicionássemos, elas deveriam instantaneamente ceder-nos. Nossa permissão seria o único título pelo qual poderiam manter suas posses; nossa compaixão e delicadeza o único obstáculo com que poderiam contar para restringir nossa vontade sem lei. E como nenhum inconveniente pode resultar do exercício de um poder tão firmemente estabelecido na natureza, as restrições derivadas da justiça e da propriedade, sendo totalmente *inúteis*, não teriam jamais lugar em uma confederação tão desigual.

19 Essa é claramente a situação dos seres humanos ante os animais, e deixo a outros a tarefa de determinar em que medida pode-se dizer que estes são dotados de razão. A grande superioridade dos europeus civilizados em relação aos índios selvagens inclinou-nos a imaginar que estamos, perante eles, em idêntica situação, e fez que nos desembaraçássemos de todas as restrições derivadas da justiça e mesmo de considerações humanitárias em nosso trato com eles. Em muitas nações, os membros do sexo feminino estão reduzidos a uma condição próxima da escravidão e não podem ter nenhuma propriedade, ao contrário de seus senhores. Mas, embora os indivíduos do sexo masculino, quando aliados, tenham em todos os países força corporal suficiente para manter essa severa tirania, são tais as insinuações, langores e encantos de suas belas companheiras que as mulheres são geralmente capazes de romper essa aliança e compartilhar com o outro sexo de todos os direitos e privilégios da sociedade.

20   Se a espécie humana tivesse sido moldada pela natureza de modo que cada indivíduo dispusesse em si mesmo de todos os recursos necessários tanto para sua própria preservação como para a propagação de sua prole, se toda relação e comunicação social entre as pessoas tivessem sido cortadas pela intenção primordial do supremo Criador, pareceria evidente que um ser tão solitário seria incapaz de exercer tanto a justiça quanto a conversação e a convivência sociais. Se a mútua consideração e tolerância não servem a nenhum propósito, jamais poderão dirigir a conduta de qualquer pessoa razoável. O impetuoso curso das paixões não seria refreado por nenhuma reflexão sobre futuras consequências, e, dado que se supõe que cada homem ama somente a si próprio e confia apenas em si mesmo e em sua própria atividade para sua segurança e felicidade, ele irá, em todas as ocasiões e com todas as suas forças, reivindicar a preferência sobre qualquer outro ser, a nenhum dos quais está ligado por qualquer laço de natureza ou de interesse.

21   Suponha-se, porém, que a natureza tenha estabelecido a conjunção dos sexos: imediatamente surge uma família, e, como se descobre que certas regras particulares são exigidas para sua subsistência, essas regras são imediatamente adotadas, embora suas prescrições não abranjam o restante da humanidade. Suponha-se agora que várias famílias se reúnam em uma sociedade totalmente separada de todas as outras: as regras que preservam a paz e a ordem se ampliarão até abranger essa sociedade em toda sua extensão, mas perdem sua força

quando levadas um passo adiante, já que se tornam então inteiramente inúteis. Suponha-se, entretanto, que diversas sociedades distintas mantenham um tipo de relacionamento para a vantagem e conveniência mútuas: as fronteiras da justiça se ampliarão ainda mais, em proporção à amplitude das perspectivas dos homens e à força de suas relações mútuas. A história, a experiência e a razão nos instruem suficientemente sobre esse progresso natural dos sentimentos humanos e sobre a gradual ampliação de nosso respeito pela justiça à medida que nos familiarizamos com a vasta utilidade dessa virtude.

Parte 2

22   Se examinarmos as leis *particulares* pelas quais se administra a justiça e se determina a propriedade, estaremos mais uma vez diante da mesma conclusão: o bem da humanidade é o único objetivo de todas essas leis e regulamentações. Não apenas se requer, para a paz e o interesse da sociedade, que as posses das pessoas sejam separadas, mas as regras que seguimos ao fazer essa separação são as melhores que se poderiam inventar para servir mais adequadamente aos interesses da sociedade.

23   Vamos supor que uma criatura dotada de razão mas não familiarizada com a natureza humana delibere consigo mesma sobre quais *regras* de justiça ou propriedade promoveriam da melhor maneira possível o interesse público e estabeleceriam a paz e a segurança no interior da humanidade. Sua ideia mais óbvia seria consignar as maiores posses à virtude mais extensa, e dar a cada um o poder de fazer o bem proporcionalmente à inclinação que tem a fazê-lo. Em uma perfeita

teocracia, na qual um ser infinitamente inteligente governasse por meio de volições particulares, essa regra certamente teria lugar e poderia servir aos mais sábios propósitos. Mas, se coubesse à humanidade pôr em execução uma lei como essa, jamais se chegaria a nenhuma regra definida de conduta, tão grande é a incerteza sobre o mérito, tanto por sua natural obscuridade quanto pela presunção de cada indivíduo; e a consequência imediata só poderia ser a total dissolução da sociedade. Fanáticos podem supor que *o poder se funda na graça*, e que *somente os santos herdarão a terra*, mas o magistrado civil muito corretamente põe esses sublimes teóricos em pé de igualdade com os assaltantes comuns e lhes ensina pela disciplina mais severa que uma regra que do ponto de vista especulativo parece talvez a mais vantajosa para a sociedade, pode revelar-se na prática totalmente perniciosa e destrutiva.

24   A história nos ensina que houve fanáticos *religiosos* dessa espécie na Inglaterra durante as guerras civis, mas é provável que a óbvia *tendência* desses princípios tenha despertado um tal horror na humanidade que os perigosos entusiastas foram logo obrigados a abandonar, ou pelo menos ocultar, suas opiniões. Talvez os "Levellers", que reclamavam uma distribuição igualitária da propriedade, tenham sido um tipo de fanáticos *políticos* que brotaram da espécie religiosa e confessavam mais abertamente suas pretensões, como tendo uma aparência mais plausível de poderem ser postas em prática e serem de utilidade para a sociedade humana.

25   Deve-se na verdade confessar que a natureza é tão liberal para com a humanidade que, se todas as suas dádivas fossem igualmente divididas entre a espécie e cultivadas pela técnica e pelo trabalho, cada indivíduo poderia dispor de todas as coisas

necessárias para sua existência e mesmo da maioria dos confortos da vida, e não estaria sujeito a quaisquer males, com exceção dos que podem acidentalmente decorrer de uma constituição corporal doentia. Também se deve admitir que sempre que nos afastamos dessa igualdade, privamos o pobre de mais satisfação do que acrescentamos à do rico, e que a mínima gratificação de um frívolo capricho de um indivíduo custa frequentemente mais do que o pão de muitas famílias, e até de muitas províncias. Pode parecer, além disso, que essa regra da igualdade, além de extremamente *útil*, não é de modo algum *inexequível*, tendo já sido aplicada, pelo menos em um grau imperfeito, em algumas repúblicas, particularmente a de Esparta, onde se diz que produziu as mais benéficas consequências. Sem mencionar que as leis agrárias, tão frequentemente reivindicadas em Roma e postas em prática em muitas cidades gregas, procederam todas elas de uma concepção geral da utilidade desse princípio.

26   Mas os historiadores e mesmo o senso comum podem nos informar que, por mais plausíveis que pareçam essas ideias de uma *perfeita* igualdade, elas são no fundo realmente *impraticáveis*, e, se não o fossem, seriam extremamente *perniciosas* para a sociedade humana. Por mais iguais que se façam as posses, os diferentes graus de habilidade, atenção e diligência dos homens irão imediatamente romper essa igualdade. E caso se refreiem essas virtudes, a sociedade se rebaixará à mais extrema indigência e, em vez de impedir a miséria e mendicância de uns poucos, torná-las-á inevitáveis para toda a comunidade. Também será requerido o mais rigoroso corpo inquisitorial para vigiar a primeira aparição de qualquer desigualdade, e a mais severa jurisdição para puni-la e corrigi-la. Mas, além do fato

de que tamanha autoridade deve em pouco tempo degenerar em tirania e ser exercida com grande parcialidade, quem estaria apto a administrá-la numa situação como a aqui descrita? A perfeita igualdade de posses, ao destruir todo princípio de subordinação, enfraquece enormemente a autoridade da magistratura e, juntamente com a propriedade, deve reduzir todo o poder quase a um mesmo nível.

27 Podemos concluir que, para estabelecer leis para a regulamentação da propriedade, devemos estar familiarizados com a natureza e a condição dos seres humanos, devemos rejeitar aparências que, embora plausíveis, podem ser falsas, e devemos procurar regras que sejam, em seu todo, as mais *úteis* e *benéficas*. O bom senso ordinário e uma pequena experiência já são suficientes para esse propósito, desde que os homens não se entreguem a uma avidez demasiado egoísta ou a um fanatismo excessivo.

28 Quem não vê, por exemplo, que tudo que é produzido ou aperfeiçoado pela arte e pelo trabalho de um homem deve ser-lhe assegurado para sempre, a fim de encorajar esses *úteis* hábitos e realizações? Ou, ainda, que a propriedade deve passar por herança para os filhos e parentes, tendo em vista o mesmo *útil* propósito? Que ela deve poder ser alienada sob consentimento para gerar o comércio e o intercâmbio que são tão *benéficos* para a sociedade humana? E que todos os contratos e compromissos devem ser diligentemente cumpridos a fim de assegurar o mútuo crédito e confiança que tanto promovem o *interesse* geral da humanidade?

29 Examinem-se os autores que trataram das leis de natureza e sempre se verá que, sejam quais forem os princípios de que partiram, é seguro que chegarão por fim a essas conclusões e

identificarão a razão última de toda regra que estabelecem como a conveniência e as necessidades do gênero humano. Uma concessão extraída dessa maneira, em oposição aos sistemas, tem mais autoridade do que se tivesse sido alcançada levando avante os princípios desses sistemas.

30   E que outra razão, na verdade, poderia afinal ser apresentada por esses autores para que isto deva ser *meu* e aquilo *seu*, se a natureza ignorante certamente nunca traçou tal distinção? Os objetos que recebem essas denominações são em si mesmos alheios a nós, são totalmente desconectados e separados de nós, e nada senão os interesses gerais da sociedade podem estabelecer essa conexão.

31   Algumas vezes, os interesses da sociedade podem requerer uma regra de justiça em um caso particular, mas são incapazes de definir uma regra específica entre várias possibilidades que são todas igualmente benéficas. Nesse caso, lança-se mão das mais tênues *analogias* para evitar a ambiguidade e ausência de diferenciação que constituiriam uma fonte de permanente controvérsia. Assim, supõe-se que a mera posse, ou a primeira posse, acarreta a propriedade quando ninguém tem alguma reivindicação ou pretensão antecedente. Muitos dos arrazoados dos advogados têm essa natureza analógica e repousam em conexões muito tênues traçadas pela imaginação.

32   Alguém hesitaria, em circunstâncias extraordinárias, em violar toda consideração pela propriedade privada de indivíduos e em sacrificar ao interesse público uma distinção estabelecida em nome desse interesse? A segurança do povo é a lei suprema; todas as outras leis particulares são subordinadas a essa, e dela dependem. E se no curso *ordinário* das coisas essas leis são seguidas e levadas em consideração, é apenas porque a

segurança e o interesse públicos *ordinariamente* requerem uma administração assim equânime e imparcial.

33   Mas tanto a *utilidade* como a *analogia* falham algumas vezes, deixando as leis da justiça em total incerteza. Assim, é altamente requerido que a prescrição, ou uma longa posse, deva acarretar propriedade, mas é impossível determinar apenas pela razão qual número de dias, meses ou anos deve ser suficiente para esse propósito. Aqui, as *leis civis* suprem o papel do *código* natural e atribuem diferentes períodos para a prescrição, de acordo com as diferentes *utilidades* propostas pelo legislador. Letras de câmbio e notas promissórias, pelas leis da maioria dos países, prescrevem mais cedo do que títulos, hipotecas e contratos de natureza mais formal.

34   Podemos, em geral, observar que todas as questões relativas à propriedade são subordinadas à autoridade das leis civis, que estendem, restringem, qualificam e alteram as regras da justiça natural de acordo com a *conveniência* particular de cada comunidade. As leis têm, ou deveriam ter, uma referência constante à constituição do governo, aos costumes, ao clima, à religião, ao comércio, à situação de cada sociedade. Um autor recente, genial e erudito, examinou esse assunto em detalhe e estabeleceu, a partir desses princípios, um sistema de ciência política que está repleto de ideias brilhantes e engenhosas e que não carece de solidez.[3]

35   "Qual é a propriedade de um homem?" Qualquer coisa que ele, e apenas ele, pode utilizar legalmente. "Mas que regra temos para distinguir essas coisas?" Aqui temos que recorrer a

---

3   O autor de *O espírito das leis* [Montesquieu]. Esse ilustre escritor, porém, parte de uma teoria diferente e supõe que todo direito está

fundado em certos *rapports* ou relações; um sistema que, em minha opinião, jamais poderá ser reconciliado com a verdadeira filosofia. O padre Malebranche, tanto quanto posso saber, foi o primeiro a propor essa teoria abstrata da moral, que foi posteriormente adotada por Cudworth, Clarke e outros; e como ela exclui todo sentimento e pretende fundar tudo na razão, não lhe têm faltado seguidores nesta época filosófica (ver Seção I, Apêndice I). Com relação à justiça, a virtude aqui tratada, a inferência contra essa teoria parece breve e conclusiva. Admite-se que a propriedade repousa nas leis civis, admite-se que as leis civis não têm outro objetivo senão o interesse da sociedade; deve-se admitir, portanto, que esse interesse é o único fundamento da propriedade e da justiça. Isto sem mencionar que nossa própria obrigação de obedecer ao magistrado e a suas leis não se funda em nada além dos interesses da sociedade.

Se algumas vezes as ideias de justiça não seguem as disposições da lei civil, descobre-se que esses casos, em vez de objeções, são confirmações da teoria aqui apresentada. Quando uma lei civil é tão perversa a ponto de prejudicar todos os interesses da sociedade, ela perde toda sua autoridade e as pessoas passam a julgar pelas ideias da justiça natural, que estão em conformidade com esses interesses. Também algumas vezes as leis civis, para propósitos úteis, exigem uma cerimônia ou formalidade para convalidar algum ato, e quando isso falta, sua decisão é contrária ao teor usual da justiça, mas aquele que se aproveita de tais chicanas não é comumente considerado um homem honesto. Assim, os interesses da sociedade requerem que contratos sejam cumpridos, e não há artigo mais relevante que esse tanto na justiça natural como na civil. Contudo, a omissão de um detalhe fútil pode muitas vezes, pela lei, invalidar um contrato, mas *in foro humano*, não *in foro conscientiæ*, como se expressam os teólogos. Nesses casos, entende-se que o magistrado apenas suspende seu poder de fazer valer o direito, não que ele tenha alterado o direito. Quando sua intenção estende-se ao direito e está de acordo com os interesses da sociedade, ela nunca deixa de alterar o direito — uma clara demonstração da origem da justiça e da propriedade tal como aqui indicada.

estatutos, costumes, precedentes, analogias e centenas de outras circunstâncias, algumas das quais são constantes e inflexíveis, outras variáveis e arbitrárias. Mas o ponto derradeiro, no qual todas elas confessadamente terminam, é o interesse e felicidade da sociedade humana. Quando isso não é levado em consideração, nada pode parecer mais estranho, antinatural e mesmo supersticioso do que todas, ou a maioria, das leis da justiça e da propriedade.

36 Aqueles que ridicularizam as superstições vulgares e denunciam o disparate de certas atitudes peculiares com relação a alimentos, dias, lugares, gestos e vestimentas têm uma tarefa fácil quando consideram todas as qualidades e relações dos objetos e não encontram nenhuma causa adequada para aquela predileção ou antipatia, veneração ou horror que têm uma influência tão poderosa sobre uma considerável parcela da humanidade. Um sírio morreria de fome antes de saborear um pombo, um egípcio não se aproximaria de um pedaço de toucinho; mas, se essas espécies de alimento forem examinadas pelos sentidos da visão, olfato ou paladar, ou analisadas pelas ciências da química, medicina ou física, jamais se encontrará alguma diferença entre elas e qualquer outra espécie, e tampouco se consegue identificar a exata circunstância capaz de proporcionar um fundamento legítimo para a paixão religiosa. Uma ave na quinta-feira é um alimento lícito, na sexta-feira torna-se abominável; ovos são permitidos nesta casa e nesta diocese durante a Quaresma, cem passos adiante, comê-los é um pecado mortal; este terreno ou edifício ontem era profano, hoje, após serem murmuradas certas palavras, tornou-se pio e sagrado. Alguém poderia replicar com segurança que reflexões como estas, na boca de um filósofo, são muito óbvias para exercer qualquer influência, já que sempre

devem ter passado desde o primeiro momento pela cabeça de todas as pessoas, e quando não conseguem convencer por si mesmas, é seguro que foram tolhidas pela educação, preconceito e paixão, não por erro ou ignorância.

37 Uma observação descuidada, ou antes uma reflexão muito abstrata, poderia concluir que uma superstição semelhante está envolvida em todos os sentimentos de justiça, e que se alguém submeter o seu objeto, ou aquilo que chamamos propriedade, ao mesmo escrutínio dos sentidos e da ciência, não encontrará, pela mais acurada investigação, nenhum fundamento para a diferença introduzida pelo sentimento moral. Posso legalmente alimentar-me com o fruto desta árvore, mas cometo um crime se tocar o fruto de outra da mesma espécie a dez passos de distância. Se eu tivesse vestido este traje uma hora atrás, teria merecido a mais severa punição, mas um homem, ao pronunciar umas poucas sílabas mágicas, tornou-o agora próprio para meu uso e serventia. Se esta casa estivesse localizada no território vizinho, seria imoral que eu morasse nela, mas, tendo sido construída deste lado do rio, está sujeita à lei de um diferente Estado, e não incorro em censura ou reprovação quando ela se torna minha. Poder-se-ia pensar que os mesmos tipos de argumentos que com tanto sucesso desmascararam a superstição seriam também aplicáveis à justiça. Como no caso anterior, tampouco neste caso é possível identificar a exata qualidade ou circunstância que constitui a fundação do sentimento.

38 Mas entre *superstição* e *justiça* há esta importante diferença: a primeira é frívola, inútil e incômoda; a última é absolutamente necessária para o bem-estar da humanidade e para a existência da sociedade. Quando fazemos abstração desta circuns-

tância (pois ela é demasiado visível para passar despercebida), temos de reconhecer que todas as considerações de direito e propriedade parecem inteiramente infundadas, tanto quanto as superstições mais cruas e vulgares. Se os interesses da sociedade não estivessem de nenhum modo envolvidos, a razão pela qual a articulação de certos sons implicando consentimento por parte de uma pessoa deveria alterar a natureza de minhas ações com respeito a um objeto particular seria tão ininteligível quanto a razão pela qual uma fórmula litúrgica recitada por um padre, com um certo hábito e numa certa postura, deveria consagrar uma pilha de madeira e tijolos e torná-la desde então sagrada para todo o sempre.[4]

---

[4] É evidente que a vontade ou o consentimento por si sós jamais transferem propriedade nem trazem a obrigação de uma promessa (pois o mesmo raciocínio estende-se a ambas), mas é preciso que a vontade seja expressa por palavras ou sinais para que seja capaz de impor um vínculo a qualquer pessoa. Essa expressão, tendo sido introduzida como instrumento subserviente à vontade, logo se torna a parte principal da promessa, e uma pessoa não deixa de ficar comprometida por sua palavra ainda que secretamente tenha dado uma direção diferente à sua intenção e retirado o assentimento de seu espírito. Mas, embora a expressão constitua, na maior parte das ocasiões, o todo da promessa, isso nem sempre é o caso, e alguém que faça uso de alguma expressão da qual não conhece o significado e emprega sem nenhuma percepção das consequências certamente não estará comprometido por ela. Mais ainda: mesmo que saiba seu significado, se ele a utiliza apenas como gracejo e com sinais que demonstram claramente que não tem nenhuma intenção séria de se comprometer, ele não estará sob nenhuma obrigação de realizá-la, pois é necessário que as palavras sejam uma expressão perfeita da vontade, sem nenhum sinal em contrário. Mas mesmo isso não deve ser levado tão longe a ponto de imaginar que uma pessoa de quem, por um ágil raciocínio com base em certos indícios, conjeturamos que tem a intenção de nos enganar, não esteja comprometida por sua

expressão ou promessa verbal se nós a aceitarmos, mas devemos limitar essa conclusão aos casos em que os sinais são de uma natureza distinta dos de impostura. Todas essas contradições são facilmente explicadas se a justiça origina-se inteiramente de sua utilidade para a sociedade, mas não serão jamais esclarecidas sob qualquer outra hipótese.

É notável que as decisões morais dos jesuítas e outros vagos casuísticos tenham sido geralmente atingidas perseguindo-se algumas sutilezas de raciocínio do tipo das aqui apontadas, e procedam do habitual refinamento escolástico, tanto quanto de uma corrupção do coração, se nos é permitido seguir a autoridade de *Monsieur* Bayle. (ver seu *Dicionário*, verbete "Loyola"). E por que teria a indignação da humanidade se erguido tão alto contra esses casuísticos senão porque todos perceberam que a sociedade humana não poderia subsistir se essas práticas fossem autorizadas, e que a moral deve sempre ser conduzida com vista ao interesse público mais do que à regularidade filosófica? Se o direcionamento secreto da intenção, perguntaram-se todas as pessoas sensatas, pode invalidar um contrato, como ficam nossas garantias? E, contudo, um escolástico metafísico poderia pensar que, se a intenção foi assumida como um requisito, nenhuma consequência deveria seguir-se e nenhuma obrigação ser imposta se ela não tiver realmente existido. As sutilezas casuístas podem não ser maiores que as sutilezas dos advogados aqui mencionadas, mas como as primeiras são *perniciosas* e as últimas *inocentes* e mesmo *necessárias*, compreende-se a razão das recepções bastante diferentes que encontraram no mundo.

É uma doutrina da Igreja de Roma que o sacerdote, por um direcionamento secreto de sua intenção, pode invalidar qualquer sacramento. Essa posição se deriva de um prolongamento estrito e regular da óbvia verdade de que palavras vazias, por si sós, sem nenhuma significação ou intenção da parte do falante, jamais podem ser acompanhadas de qualquer efeito. O fato de que essa mesma conclusão não seja admitida em raciocínios envolvendo contratos civis, nos quais o assunto é reconhecido como de muito menor importância que a salvação eterna de milhares de almas, procede inteiramente da percepção humana do perigo e da inconveniência dessa doutrina no caso anterior. E disto podemos observar que, por mais taxativa, arrogante e dogmática que pareça ser uma superstição, ela nunca conseguirá

39   Estas reflexões estão longe de enfraquecer as obrigações derivadas da justiça ou de diminuir em qualquer medida a sacrossanta consideração pela propriedade. Pelo contrário, o presente raciocínio deve dar uma nova força a esses sentimentos, pois que fundação mais sólida poder-se-ia desejar ou conceber para qualquer dever do que a observação de que a sociedade humana, e mesmo a natureza humana, não poderiam subsistir sem seu estabelecimento, e que atingirão graus ainda mais elevados de felicidade e perfeição quanto mais inviolável for o respeito dedicado a esse dever?

40   O dilema parece óbvio: como a justiça tende evidentemente a promover a utilidade pública e dar suporte à sociedade civil, o sentimento de justiça é ou derivado de nossa reflexão sobre essa tendência, ou surge — como a fome, sede e outros apetites; o ressentimento, amor à vida, apego pelos descendentes e outras paixões — de um instinto simples e primordial localizado no coração humano, implantado pela natureza para os mesmos salutares propósitos. Se esta última alternativa for o caso, segue-se que a propriedade, que é o objeto da justiça, também seria distinguida por um instinto simples e primordial, e não verificada por algum argumento ou reflexão. Mas quem jamais ouviu falar de um tal instinto? Ou será este um assunto em que novas descobertas poderão ser realizadas? Poderíamos, com a mesma plausibilidade, esperar encontrar, no corpo, novos sentidos que até agora escaparam à observação de toda a humanidade!

---

produzir uma completa persuasão da realidade de suas afirmações, ou colocá-las, em qualquer medida, em pé de igualdade com os fatos ordinários da vida que conhecemos pela observação cotidiana e pelo raciocínio experimental.

41 Indo além: embora pareça uma proposta muito simples dizer que a natureza distingue a propriedade por um sentimento instintivo, descobrimos na realidade que seriam necessários para esse propósito dez mil instintos diferentes, exercendo-se sobre objetos da maior complexidade que exigem o mais fino discernimento. Pois, quando se pede por uma definição de *propriedade*, descobre-se que essa relação se decompõe em todas as posses adquiridas por ocupação, pelo trabalho, por prescrição, por herança, por contrato etc. Seria possível supor que a natureza, por um instinto originário, nos instrui sobre todos esses métodos de aquisição?

42 E estas próprias palavras, "herança" e "contrato", representam ideias infinitamente complicadas, e uma centena de volumes de legislação mais um milhar de volumes de comentários não se mostraram suficientes para defini-las com exatidão. Poderia a natureza, cujos instintos nos seres humanos são de todo simples, abarcar objetos tão complicados e artificiosos, e criar uma criatura racional sem nada consignar à operação de sua razão?

43 Mas, mesmo que se admitisse tudo isso, ainda não poderíamos nos dar por satisfeitos. As leis positivas podem certamente transferir a propriedade. Será então que é por meio de um outro instinto originário que reconhecemos a autoridade de monarcas e senadores, e demarcamos as fronteiras de sua jurisdição? Também os juízes, mesmo quando suas sentenças são errôneas e ilegais, devem ser considerados, em prol da paz e da ordem, como tendo uma autoridade decisiva e determinando, em última análise, a propriedade. Teríamos então ideias inatas originárias acerca de pretores, chanceleres e júris? Quem não vê que todas essas instituições surgem simplesmente das necessidades da sociedade humana?

44   Todos os pássaros da mesma espécie, em todas as épocas e países, constroem seus ninhos da mesma maneira – nisso vemos a força do instinto. Os homens, em épocas e lugares diferentes, constroem suas casas de maneiras distintas – aqui percebemos a influência da razão e do costume. Uma inferência semelhante poderia ser desenvolvida ao se comparar o instinto de geração e a instituição da propriedade.

45   Por maior que seja a variedade das leis dos Estados, deve-se reconhecer que elas concordam de forma bastante regular em seus traços gerais, pois os propósitos a que visam são em toda parte exatamente similares. Do mesmo modo, todas as casas têm teto e paredes, janelas e chaminés, embora se diferenciem em forma, estrutura e materiais. Seus propósitos, voltados para as necessidades da vida humana, revelam claramente sua origem na razão e reflexão, e isso não é menos claro no caso das leis, que se orientam para um fim semelhante.

46   Não é preciso mencionar as mudanças que todas as regras de propriedade sofrem em função das sutis inflexões e associações da imaginação, e dos refinamentos e abstrações dos tópicos legais e argumentos jurídicos. Não há possibilidade de reconciliar essa observação com a ideia de instintos originários.

47   A única coisa que poderia gerar alguma dúvida sobre a teoria na qual insisto é a influência da educação e dos hábitos adquiridos, pelo que nos acostumamos a censurar injustiças sem que estejamos, em cada caso, conscientes de alguma reflexão imediata acerca de suas consequências perniciosas. As opiniões que nos são mais familiares têm, exatamente por essa razão, a tendência a nos escapar; e, quando fazemos com muita frequência alguma coisa por certos motivos, temos

igualmente a tendência de continuar a fazê-la mecanicamente, sem evocar em cada ocasião as reflexões que pela primeira vez nos fizeram agir daquela maneira. A vantagem, ou antes a necessidade, que leva à justiça é tão universal e conduz em todas as partes de modo tão pronunciado às mesmas regras que o hábito toma assento em todas as sociedades e só com algum esforço investigativo somos capazes de descobrir sua verdadeira origem. O assunto, porém, não é tão obscuro, pois, mesmo na vida cotidiana, temos a cada instante a possibilidade de recorrer ao princípio de utilidade pública e perguntar: "Que será do mundo se práticas como estas se tornarem preponderantes? Como a sociedade poderia subsistir em tal desordem?". Se a distinção ou separação das posses fosse inteiramente inútil, poderia alguém conceber que seria alguma vez adotada na sociedade?

48   Assim, levando-se em conta tudo o que foi dito, parece que chegamos a uma compreensão da força do princípio sobre o qual insistimos, e podemos determinar qual o grau de estima e aprovação moral que deve resultar de reflexões sobre a utilidade e o interesse públicos. A necessidade da justiça para subsistência da sociedade é o *único* fundamento dessa virtude, e como nenhuma qualidade moral é mais valorizada do que essa, podemos concluir que a característica de utilidade é, de modo geral, a que tem mais força e exerce um controle mais completo sobre nossos sentimentos. Essa deve ser, então, a fonte de uma parte considerável do mérito atribuído ao caráter humanitário, à benevolência, à amizade, ao espírito público e a outras virtudes sociais dessa natureza, assim como a *única* origem da aprovação moral que se dá à fidelidade, justiça, veracidade, integridade e a outras qualidades e princípios úteis e dignos de estima. Quando um princípio se demonstrou muito poderoso e eficaz em um caso, está inteiramente de acordo com as regras filosóficas, e mesmo da razão ordinária, atribuir-lhe uma eficácia comparável em todos os casos similares. E, de fato, essa é, para Newton, a principal regra da atividade filosófica.[5]

---

5 *Principia*, livro 3.

Seção 4
Da sociedade política

1   Se todas as pessoas tivessem suficiente *sagacidade* para perceber, em todas as ocasiões, o grande benefício associado à observância da justiça e da imparcialidade, e suficiente *força de vontade* para manter-se constantemente apegadas a um interesse de caráter mais geral e remoto em oposição às seduções do prazer imediato e vantagens de curto prazo, jamais teria existido, nesse caso, nada de semelhante a um governo ou uma sociedade politicamente organizada, mas cada pessoa, seguindo sua liberdade natural, viveria em uma completa paz e harmonia com todas as demais. Qual a necessidade de uma lei positiva quando a justiça natural, por si só, é uma coerção suficiente? Para que empossar magistrados quando jamais ocorre qualquer desordem ou iniquidade? Por que limitar nossa liberdade original se, em todos os casos, o mais extremo exercício dessa liberdade se revela inocente e benéfico? É óbvio que o governo jamais teria surgido se fosse completamente inútil, e que o *único* fundamento do dever de *obediência* é a *vantagem* que proporciona à sociedade, ao preservar a paz e a ordem entre os seres humanos.

2   Quando um certo número de sociedades políticas é instituído e passa a manter entre si um grande intercâmbio, um novo conjunto de regras se revela imediatamente *útil* nessa situação particular, e é consequentemente implantado sob o título de *Leis das Nações*. Desse tipo são a inviolabilidade da pessoa dos embaixadores, a abstenção do uso de armas envenenadas, o quartel na guerra e outras regras visivelmente calculadas tendo em vista a *vantagem* de reinos e Estados em suas relações uns com os outros.

3   As regras de justiça que vigoram entre indivíduos não estão inteiramente ausentes entre sociedades políticas. Todos os príncipes alegam respeito pelos direitos de outros príncipes, e alguns, sem dúvida, não o fazem por hipocrisia. Alianças e tratados são formalizados todos os dias entre Estados independentes, o que constituiria apenas um grande desperdício de pergaminho se a experiência não tivesse mostrado que eles têm *alguma* influência e autoridade. Mas aqui se localiza a diferença entre reinos e indivíduos. A natureza humana não pode de modo algum subsistir sem a associação de indivíduos, e essa associação jamais poderia ter lugar se não houvesse respeito às leis da equidade e justiça. Desordem, confusão, a guerra de todos contra todos são as consequências necessárias de uma conduta assim desregrada. As nações, entretanto, podem subsistir sem intercâmbio. Elas podem até mais ou menos subsistir sob uma guerra geral. O respeito à justiça, embora útil entre elas, não está assegurado por uma necessidade tão forte como entre indivíduos, e a *obrigação moral* mantém proporção com a *utilidade*. Todos os políticos e a maioria dos filósofos admitirão que *razões de Estado* podem, em situações de emergência, abolir as regras de justiça e invalidar qualquer tratado ou aliança cuja estrita observação fosse sig-

nificativamente prejudicial para uma das partes envolvidas. Mas admite-se que só a mais extrema necessidade poderia justificar que indivíduos rompam seus contratos ou invadam a propriedade de outros.

4   No caso de confederações como a antiga república dos aqueus ou, modernamente, os Cantões Suíços e as Províncias Unidas,* como a aliança tem, nesses casos, uma peculiar *utilidade*, as condições de união têm um caráter particularmente sagrado e impositivo, e uma violação delas será considerada tão ou mais criminosa que qualquer dano ou injustiça de caráter privado.

5   A longa e indefesa infância dos seres humanos requer a cooperação dos pais para a subsistência de sua prole, e essa cooperação requer a virtude da *castidade* ou fidelidade ao leito conjugal. Sem uma tal *utilidade*, prontamente se admitirá que jamais se teria cogitado dessa virtude.[1]

---

*   Os Países Baixos, constituídos em 1579 pelo tratado de Utrecht. (N. T.)

1   A única solução que Platão oferece a todas as objeções que poderiam ser levantadas contra a posse em comum das mulheres estabelecida em sua comunidade imaginária é **Κάλλιστα γὰρ δὴ τοῦτο καὶ λέγεται καὶ λελέξεται, ὅτι τὸ μὲν ὠφέλιμον καλόν, τὸ δὲ βλαβερὸν αἰσχρόν** [pois sempre houve e haverá boa razão para se afirmar que o útil é belo, e o nocivo é feio]. *República*, livro 5, p.457, ed. Serranus. E essa máxima não admite dúvidas quando à utilidade pública está em jogo, que é o que Platão tem em mente. De fato, a que outro propósito serviriam todas as ideias de castidade e modéstia? *"Nisi utile est quod facimus, frustra est gloria."* [Vã é a glória, se não é útil o que fazemos], diz Fedro. **Καλὸν τῶν βλαβερῶν οὐδέν** [nada que é nocivo é admirável], diz Plutarco em *De vitioso pudore* [529E]. A mesma foi a opinião dos estoicos: **Φασίν οὖν οἱ Στωικοὶ ἀγαθὸν εἶναι ὠφέλειαν ἢ οὐχ ἕτερον ὠφελείας, ὠφελεῖν μὲν λέγοντες**

6   Uma infidelidade dessa natureza é muito mais *perniciosa* nas mulheres que nos homens. Daí as leis de castidade serem muito mais estritas com relação às primeiras do que aos segundos.

7   Embora todas essas regras se relacionem à geração, as mulheres que já passaram da idade fértil não são consideradas mais isentas do que as que estão na flor de sua beleza e juventude. *Regras gerais* estendem-se muitas vezes para além do princípio do qual originalmente brotaram, e isso ocorre em todas as questões de gosto e sentimento. Uma história muito conhecida em Paris é a de um corcunda que, durante o período da frenética especulação com as ações da Cia. Mississippi, ia todos os dias à Rue de Quincempoix, onde os corretores se reuniam em massa, e era muito bem pago para deixá-los usar sua corcunda como estante para assinar os contratos. Embora se admita que a beleza pessoal nasce em grande medida de considerações de utilidade, será que a fortuna que ele acumulou desse modo o transformaria em um rapaz formoso? A imaginação é influenciada por associações de ideias que, embora tenham surgido inicialmente do julgamento, não são facilmente alteradas por todas as exceções particulares que nos venham a ocorrer. Ao que se pode acrescentar, quanto ao presente assunto da castidade, que o exemplo das mais velhas seria pernicioso para as jovens, e que as mulheres, prevendo continuamente que uma certa época lhes traria o privilégio da tolerância, iriam naturalmente antecipar essa época e tratar com mais leviandade esse dever tão necessário para a sociedade.

τὴν ἀρετὴν καὶ τὴν σπουδαίαν πρᾶξιν [Os estoicos dizem, portanto, que o bem é a utilidade, ou que não difere da utilidade, e identificam assim a utilidade à virtude e à ação honesta]. *Sexto Empírico*, livro 3, cap.20.

8   Aqueles que vivem em uma mesma família têm oportunidades tão frequentes para abusos desse tipo que nada poderia preservar a pureza dos costumes se se permitisse o casamento entre parentes mais próximos, ou se qualquer relacionamento amoroso entre eles fosse ratificado pela lei ou pelas práticas. O incesto, portanto, sendo *pernicioso* no mais alto grau, tem associado a si o mais alto grau de torpeza e deformidade moral.

9   Por que razão, pela lei ateniense, era permitido a um homem desposar sua meia-irmã pelo lado do pai mas não pelo lado da mãe? Simplesmente esta: os costumes dos atenienses eram tão reservados que nunca se permitia a um homem aproximar-se dos aposentos das mulheres, ainda que da mesma família, a menos que ele fosse visitar sua própria mãe. Sua madrasta e as filhas desta eram-lhe tão inacessíveis quanto as mulheres de qualquer outra família e tanto menor era o perigo de algum contato ilícito entre eles. Por uma razão semelhante, tios e sobrinhas podiam casar-se em Atenas, mas nem estes, nem meios-irmãos podiam contratar essa aliança em Roma, onde o intercâmbio entre os sexos era mais aberto. A utilidade pública é a causa de todas essas variações.

10 Repetir, em prejuízo de alguém, qualquer coisa que lhe tenha escapado em uma conversa particular, ou fazer um tal uso de sua correspondência privada, constitui um ato extremamente repreensível. A comunicação livre e sociável entre os espíritos ficaria muito prejudicada se não se houvessem estabelecido essas regras de lealdade.

11 Mesmo quando se relatam histórias das quais não se prevê nenhuma má consequência, dar o nome da pessoa envolvida é considerado como um ato de indiscrição, se não de imoralidade. Essas histórias, ao passarem de boca em boca e recebe-

rem todos os acréscimos habituais, frequentemente chegam até as pessoas referidas, produzindo animosidade e rixas entre aqueles cujas intenções são as mais inocentes e inofensivas.

12   Espreitar segredos, abrir ou mesmo ler cartas de outros, espionar suas palavras, gestos e ações, que hábitos são mais inconvenientes em sociedade? Que hábitos, em consequência, mais censuráveis?

13   Esse princípio é também o fundamento da maioria das regras de boas maneiras; uma espécie inferior de moralidade calculada para facilitar a companhia e a conversação. Censura-se tanto o excesso como a falta de cerimônia; e tudo o que põe as pessoas mais à vontade, sem chegar a uma familiaridade grosseira, é útil e louvável.

14   A constância nas amizades, afetos e familiaridades é recomendável e requerida para estimular a confiança e a concórdia em sociedade. Mas, em locais de afluência geral e indiscriminada, nos quais a busca de saúde ou divertimentos reúne promiscuamente muitas pessoas, a conveniência pública prescindiu dessa máxima, e o costume incentiva ali uma convivência sem reservas durante o período da estada, concedendo o privilégio de abandonar em seguida todos esses dispensáveis conhecidos sem incorrer em uma quebra de civilidade ou boas maneiras.

15   Mesmo em sociedades que estão estabelecidas sobre os princípios mais imorais e mais destrutivos dos interesses da sociedade em geral, exigem-se certas regras que os membros são obrigados a observar por uma espécie de falsa honra, bem como por interesse privado. Assaltantes e piratas, como já se notou muitas vezes, não poderiam manter sua perniciosa associação se não estabelecessem entre si uma nova justiça dis-

tributiva e recorressem às mesmas leis de equidade que violam quanto ao resto da humanidade.

16 "Odeio um companheiro de bebedeiras que nunca esquece", diz o provérbio grego. As loucuras da última esbórnia devem ser sepultadas em eterno olvido a fim de abrir o máximo espaço para as loucuras da próxima.

17 Em nações onde galanteios imorais, se envoltos em um fino véu de mistério, são em certa medida autorizados pelos costumes, surge imediatamente um conjunto de regras calculadas para a conveniência desses relacionamentos. A famosa corte ou parlamento do amor, na Provença, decidia antigamente todos os casos difíceis dessa natureza.

18 Em sociedades de jogadores, requerem-se leis para a condução dos jogos, distintas em cada um deles. Admito que os motivos de tais sociedades são frívolos, e as leis são em grande medida, embora não totalmente, caprichosas e arbitrárias. Nesse ponto, há uma diferença importante entre elas e as regras de justiça, fidelidade e lealdade. As associações gerais de pessoas são absolutamente necessárias para a subsistência da espécie, e a conveniência pública que regulamenta a moral está inviolavelmente firmada na natureza do homem e do mundo no qual vive. A comparação, portanto, é bastante imperfeita quanto a esses aspectos. Ela apenas nos instrui sobre a necessidade de regras sempre que os homens mantêm quaisquer relações entre si.

19 Eles não podem sequer passar uns pelos outros em seu caminho sem seguir certas regras. Carroceiros, cocheiros e postilhões têm princípios pelos quais dão precedência de passagem, e esses princípios são fundados especialmente no conforto e na conveniência mútuos. Algumas vezes, eles são

também arbitrários, ou pelo menos dependentes de algum tipo de analogia caprichosa, como muitos dos raciocínios dos advogados.[2]

20   Para levar a questão mais adiante, podemos observar que nem sequer é possível aos homens matarem-se uns aos outros sem estatutos e princípios e sem uma ideia de honra e justiça. A guerra tem suas leis, tanto quanto a paz, e mesmo aquele tipo esportivo de guerra levada a cabo entre lutadores, boxeadores, esgrimistas de bastões e gladiadores é regulamentada por princípios definidos. O interesse e a utilidade comuns geram infalivelmente uma norma sobre o que é certo ou errado entre as partes envolvidas.

---

[2] Que o veículo mais leve ceda passagem ao mais pesado, e, em veículos de mesmo porte, que o que está vazio dê precedência ao carregado são regras fundadas na conveniência. Que aqueles que estão se dirigindo para a capital têm precedência sobre os que estão retornando parece fundar-se em alguma representação da dignidade da grande cidade, e a uma preferência do futuro sobre o passado. Por análogas razões, entre pedestres, a mão direita dá direito a caminhar junto à parede e evita os esbarrões que as pessoas pacíficas acham muito desagradáveis e inconvenientes.

Seção 5
Por que a utilidade agrada

Parte I

1   A ideia de que os louvores que fazemos às virtudes sociais devem-se à sua utilidade parece tão natural que esperaríamos encontrar esse princípio em todos os autores morais, como a base principal de seus raciocínios e investigações. Observamos que, na vida cotidiana, o aspecto da utilidade é sempre lembrado, e não se imagina maior elogio a um homem do que mostrar ao público sua utilidade e enumerar os serviços que prestou à humanidade e à sociedade. E mesmo no caso de uma forma inanimada, quão louvável não é o fato de que a regularidade e a elegância de suas partes não prejudicam sua adequação a algum propósito útil! E quão satisfatória não é a desculpa para alguma desproporção ou aparente deformidade se pudermos mostrar que essa particular conformação é necessária para o uso tencionado! Aos olhos de um artífice ou de alguém moderadamente versado em navegação, um navio cuja proa seja mais larga e expandida que a popa parece mais belo do que se estivesse construído segundo uma regularidade

geométrica precisa, em oposição a todas as leis da mecânica. Um edifício cujas portas e janelas fossem exatamente quadradas ofenderia os olhos precisamente por essa proporção, como algo mal adaptado à figura humana, para cujo uso sua construção se destina. Por que nos admiramos, então, de que um homem cujos hábitos e conduta são danosos à sociedade e perigosos ou prejudiciais para todos os que com ele se relacionam seja, por essa razão, um objeto de desaprovação e transmita a cada espectador o mais forte sentimento de desgosto e repulsa?[1]

2   Mas talvez a dificuldade de explicar esses efeitos da utilidade, ou de seu contrário, tenha impedido os filósofos de admiti-los em seus sistemas éticos e os induzido a empregar

---

[1] Não devemos imaginar que, só porque um certo objeto possa, como um homem, ser dito útil, consequentemente deva também, de acordo com nosso sistema, merecer ser denominado *virtuoso*. Os sentimentos provocados pela utilidade são muito distintos nos dois casos, estando um deles, mas não o outro, mesclado com afeto, estima, aprovação etc. De maneira similar, um objeto inanimado pode, assim como a figura humana, possuir uma bela coloração e proporções, mas seria possível que nos enamorássemos dele? Há um grande conjunto de paixões e sentimentos dos quais, pela constituição original da natureza, os seres racionais pensantes formam os únicos objetos adequados, e se as mesmas qualidades forem transferidas para um ser inanimado insensível, elas não produzirão os mesmos sentimentos. As qualidades benéficas de ervas e minerais são, é verdade, muitas vezes chamadas suas *virtudes*, mas esse é um efeito do capricho da linguagem que não deve ser levado em conta na argumentação. Pois, embora haja uma espécie de aprovação que acompanha até mesmo objetos inanimados quando estes são benéficos, esse sentimento é, contudo, tão tênue e tão diferente do que se dirige a magistrados e estadistas beneficentes que não deve ser incluído na mesma classe ou denominação.

preferencialmente qualquer outro princípio para explicar a origem do bem e do mal morais. Mas, se um princípio qualquer é confirmado pela experiência, o fato de não sermos capazes de dar uma explicação satisfatória de sua origem, ou de analisá-lo quanto a outros princípios mais gerais, não constitui uma justa razão para rejeitá-lo. E se dedicarmos um pouco de reflexão ao presente assunto, não teremos maior dificuldade para explicar a influência da utilidade e deduzi-la de princípios os mais sabidos e reconhecidos na natureza humana.

3 Da visível utilidade das virtudes sociais, os céticos antigos e modernos prontamente inferiram que todas as distinções morais originam-se da educação, e foram inicialmente inventadas, e depois encorajadas, pela arte dos políticos, a fim de tornar os seres humanos tratáveis, e subjugar a ferocidade e o egoísmo naturais que os incapacitavam para a vida em sociedade. E, na verdade, deve-se reconhecer que esse princípio de preceito e educação tem uma poderosa influência, na medida em que pode frequentemente ampliar ou diminuir os sentimentos de aprovação e desagrado para além de seus padrões naturais; e, em certos casos particulares, pode até mesmo criar um novo sentimento desse tipo sem nenhum princípio natural subjacente, como é evidente em todas as práticas e rituais supersticiosos. Mas que *toda* estima e reprovação morais brotem dessa origem, isso é algo que nenhum investigador judicioso irá certamente admitir. Se a natureza não tivesse feito essa distinção com base na constituição original da mente, as palavras "honroso" e "vergonhoso", "estimável" e "odioso", "nobre" e "desprezível" não existiriam em nenhuma linguagem; e mesmo que os políticos viessem a inventar esses termos, jamais seriam capazes de torná-los inteligíveis, ou fazê-los veicular alguma ideia aos ouvintes. Nada mais superficial,

portanto, que esse paradoxo dos céticos, e seria ótimo se pudéssemos expor os ardis dessa seita tão facilmente nos estudos mais abstratos de lógica e metafísica como o fazemos nas ciências mais práticas e mais inteligíveis da política e da moral.

4   Deve-se admitir, portanto, que as virtudes sociais têm uma beleza e estimabilidade naturais que, de imediato e anteriormente a todo preceito e educação, recomendam-nas ao respeito da humanidade não instruída e angariam sua afeição. E como a utilidade pública dessas virtudes é o principal aspecto do qual derivam seu mérito, segue-se que a finalidade que elas tendem a promover deve ser-nos de algum modo agradável e capaz de apoderar-se de alguma afeição natural. Ela deve agradar ou por uma atenção ao interesse próprio, ou por motivos e considerações mais generosos.

5   Já se disse muitas vezes que, como todo ser humano tem uma forte ligação com a sociedade e percebe a impossibilidade de sua subsistência solitária, ele se torna, por essa razão, favorável a todos aqueles hábitos e princípios que promovem a ordem na sociedade e lhe garantem a tranquila posse de uma bênção tão inestimável. Quanto mais valorizamos nossa própria felicidade e bem-estar, tanto mais deveremos aplaudir a prática da justiça e benevolência que, apenas elas, podem manter a união social e permitir que cada homem colha os frutos da mútua proteção e assistência.

6   Essa dedução da moral a partir do amor de si mesmo, ou de uma atenção aos interesses privados, é uma ideia óbvia, e não é inteiramente um produto dos ataques temerários e arroubos divertidos dos céticos. Para não mencionar outros, Políbio, um dos mais circunspectos e judiciosos, assim, como dos mais dignos, entre os autores da Antiguidade, atribuiu essa

origem egoísta a todos os nossos sentimentos de virtude.² Mas, embora o sólido sentido prático do autor e sua aversão a todas as sutilezas fúteis tornem sua autoridade no presente assunto muito considerável, este não é um tema a ser decidido pelo recurso à autoridade, e a voz da natureza e a da experiência parecem se opor claramente à teoria egoísta.

7   Frequentemente dirigimos elogios a ações virtuosas realizadas em épocas muito distantes e em países remotos, casos em que a máxima sutileza da imaginação não conseguiria revelar nenhum vestígio de interesse próprio nem encontrar nenhuma relação entre nossa felicidade e segurança presentes e eventos tão amplamente separados de nós.

8   Um feito generoso, nobre e corajoso realizado por um adversário granjeia nossa admiração, ainda que possa ser reconhecido, por suas consequências, como prejudicial a nossos interesses particulares.

---

2   O não cumprimento das obrigações para com os pais é desaprovado por todos os homens προορωμένους τὸ μέλλον, καὶ συλλογιζομένους ὅτι τὸ παραπλήσιον ἑκάστοις αὐτῶν συγκυρήσει [pois eles anteveem o futuro e reconhecem que estarão todos na mesma situação]. A ingratidão é desaprovada por uma razão semelhante (embora aqui ele pareça mesclar uma consideração mais generosa): συναγανακτοῦντας μὲν τῷ πέλας, ἀναφέροντας δ'ἐπ' αὐτοὺς τὸ παραπλήσιον, ἐξ ὧν ὑπογίγνεταί τις ἔννοια παρ' ἑκάστῳ τῆς τοῦ καθήκοντος δυνάμεως καὶ θεωρίας [de fato, eles não apenas se indignam à vista dos que sofrem, mas além disso veem-se eles mesmos expostos a um tratamento semelhante, e é daí que surge no espírito de cada um a ideia da força do dever e toda teoria da obrigação]. Livro vi, cap.4. Talvez o historiador apenas quisesse dizer que nossa simpatia e humanidade se avivavam mais ao considerarmos a similaridade de nosso caso com o da pessoa que sofre, o que é um sentimento correto.

9   Nos casos em que a vantagem privada se combina com a afeição geral pela virtude, percebemos e admitimos prontamente a mistura desses sentimentos distintos, cuja sensação e influência na mente são muito diferentes. Aplaudimos talvez com mais vivacidade quando a ação humanitária generosa favorece nossos interesses particulares, mas os tópicos de louvor sobre os quais insistimos vão muito além dessa circunstância. E é possível tentar fazer que outros compartilhem nossos sentimentos sem esforçarmo-nos para convencê-los de que colherão alguma vantagem das ações que recomendamos à sua aprovação e aplauso.

10 Construa-se o modelo de um caráter digno de todos os elogios, composto de todas as mais estimáveis virtudes morais; citem-se exemplos nos quais estas se manifestam do modo mais elevado e extraordinário — isso basta para conquistar imediatamente a estima e a aprovação de todos os ouvintes, que jamais indagarão em que época ou país viveu a pessoa que possuía todas essas nobres qualidades, apesar de essa informação ser, entre todas, a mais importante do ponto de vista do interesse próprio ou da preocupação com a própria felicidade individual.

11 Aconteceu uma vez que um estadista, no fragor da contenda partidária, conseguiu obter com sua eloquência o banimento de um hábil adversário, o qual secretamente procurou oferecendo-lhe dinheiro para seu sustento durante o exílio e o reconfortando com palavras de consolação em seu infortúnio. "Ai de mim!", exclama o estadista banido, "com que pesar devo afastar-me de meus amigos desta cidade, onde até os inimigos são tão generosos!" A virtude, embora em um inimigo, agradou-lhe neste caso. E também nós não deixamos de

lhe dedicar o justo tributo de louvor, nem suprimimos esses sentimentos ao ouvir que a ação se passou em Atenas há dois mil anos e que as pessoas envolvidas se chamavam Esquines e Demóstenes.

12   "Que tem isso a ver comigo?" Há poucas ocasiões em que essa pergunta não é pertinente; e se ela tivesse a influência universal e infalível que lhe é atribuída, tornaria ridículos todos os discursos e quase todas as conversas que contivessem algum louvor ou repreensão de pessoas ou costumes.

13   Não é mais que um débil subterfúgio dizer, quando pressionado pelos fatos e argumentos, que nos transportamos pela força da imaginação a épocas e países distantes, e consideramos a vantagem que teríamos colhido do caráter desses personagens, caso fôssemos seus contemporâneos e mantivéssemos com eles algum tipo de relacionamento. Mas não é concebível como um sentimento ou paixão *reais* podem jamais brotar de um interesse reconhecidamente *imaginário*, especialmente quando nosso interesse *real* continua sendo levado em conta e é frequentemente reconhecido como inteiramente distinto do interesse imaginário, e mesmo, algumas vezes, oposto a ele.

14   Um homem trazido à beira de um precipício não pode olhar para baixo sem tremer, e o sentimento de um perigo *imaginário* atua sobre ele em oposição à opinião e crença de uma segurança *real*. Mas a imaginação está aqui auxiliada pela ocorrência de uma visão impressionante, e mesmo assim não chega a prevalecer, exceto quando recebe também ajuda da novidade ou da aparência inusitada de seu objeto. O hábito logo nos reconcilia com alturas e precipícios, e dissolve esses terrores falsos e ilusórios. O contrário, porém, se observa nas avaliações que fazemos de caracteres e maneiras, e quanto

mais nos habituamos a um exame acurado das questões morais, mais refinado é o sentimento que adquirimos acerca das mais mínimas distinções entre vício e virtude. Tão frequentes, na verdade, são as ocasiões que temos na vida ordinária de nos pronunciarmos sobre todo tipo de decisões morais que nenhum tema dessa espécie pode ser novo ou incomum para nós, e tampouco as *falsas* opiniões e predisposições conseguem sustentar-se contra uma experiência tão ordinária e familiar. Dado que a experiência é o principal agente na formação das associações de ideias, é impossível que qualquer associação consiga estabelecer-se e persistir em direta oposição a esse princípio.

15   A utilidade é agradável e granjeia nossa aprovação. Esta é uma questão factual, confirmada pela observação diária. Mas *útil*? Para quê? Para os interesses de alguém, certamente. Mas interesses de quem? Não apenas os nossos, pois nossa aprovação frequentemente se estende para além dessa esfera. Devem, portanto, ser os interesses dos que são beneficiados pelo caráter ou ação que recebe aprovação, o que nos leva a concluir que esses interesses, por mais remotos que sejam, não nos são totalmente indiferentes. Ao trazer à luz esse princípio, teremos descoberto uma imensa fonte de distinções morais.

Parte 2

16   O amor de si mesmo é um princípio tão poderoso na natureza humana, e o interesse de cada indivíduo está em geral tão ligado ao da comunidade que se pode desculpar os filósofos que imaginaram que toda a nossa preocupação pelo bem público poderia reduzir-se a uma preocupação pela nossa própria felicidade e preservação. Esses filósofos viam em toda parte exemplos de aprovação, censura, satisfação e desgosto

dirigidos a pessoas e caracteres; denominaram *virtudes* ou *vícios* os objetos desses sentimentos; observaram que as primeiras tinham a tendência de aumentar a felicidade, e os últimos, a miséria da humanidade; perguntaram-se se seria possível termos alguma preocupação geral pela sociedade, ou algum sentimento desinteressado pelo bem-estar ou prejuízo alheios; julgaram mais simples considerar todos esses sentimentos como modificações do amor de si mesmo; e descobriram um pretexto, pelo menos, para essa unidade de princípio na estreita união que é tão visível entre o interesse do público e o de cada indivíduo.

17   Mas, não obstante essa frequente convergência de interesses, é fácil realizar o que os filósofos da natureza, seguindo Bacon, denominam um *experimentum crucis*, ou seja, um experimento que aponta o caminho correto em qualquer caso de dúvida ou ambiguidade. Já apresentamos exemplos em que o interesse privado estava dissociado do interesse público, e até mesmo lhe era contrário. Mas, apesar dessa dissociação de interesses, observamos que o sentimento moral persiste. E em todos os casos em que esses distintos interesses perceptivelmente confluem, sempre detectamos um perceptível aumento do sentimento e uma mais ardente afeição pela virtude e repulsa pelo vício; ou o que propriamente chamamos *gratidão* e *rancor*. Pressionados por esses exemplos, devemos renunciar à teoria de que todo sentimento moral é explicado pelo princípio do amor de si mesmo, e admitir uma afeição de natureza mais pública, concedendo que os interesses da sociedade, mesmo considerados apenas em si mesmos, não nos são totalmente indiferentes. A utilidade é apenas uma tendência para um certo fim, e seria contraditório supor que alguma coisa agrade enquanto meio para um certo fim se esse próprio

fim não nos nos afeta de modo algum. Assim, se a utilidade é uma fonte do sentimento moral, e se essa utilidade não é sempre considerada em referência ao próprio sujeito, segue-se que tudo o que contribui para a felicidade da sociedade recomenda-se diretamente à nossa aprovação e receptividade. Esse princípio explica em grande parte a origem da mortalidade; e qual é a necessidade de buscar sistemas remotos e abstratos quando já se tem à mão um que é tão óbvio e natural?[3]

18 Temos porventura alguma dificuldade para compreender o poder dos sentimentos humanitários e benevolentes, ou para conceber que a simples visão da felicidade, alegria e prosperidade nos traga prazer, e que da dor, sofrimetno e pesar transmita desconforto? A face humana, diz Horácio,[4] toma

---

3 É desnecessário estender tanto nossa investigação a ponto de perguntar por que temos sentimentos humanitários ou de companheirismo para com os demais. Basta que a experiência nos ensine que esse é um princípio da natureza humana. Em nosso exame da cadeia de causas, temos que nos deter em algum lugar; e qualquer ciência contém alguns princípios gerais para além dos quais não se pode esperar encontrar nenhum outro de maior generalidade. Ninguém é totalmente indiferente nem à felicidade nem à desgraça de outros. A primeira tem uma tendência natural a produzir prazer, a segunda, dor, e isso é algo que cada um pode verificar em si mesmo. Apesar de todas as tentativas realizadas, não é provável que esses princípios possam ser reduzidos a princípios mais simples e universais. Mas, ainda que isso fosse possível, não diria respeito ao nosso assunto presente, e podemos aqui considerar com segurança que esses princípios são originais, e felicitarmo-nos se pudermos tornar suficientemente claras e perspícuas todas as suas consequências.

4 *"Uti ridentibus arrident, ita flentibus adflent Humani vultus"* [Assim como as faces humanas riem com as que riem, também choram com as que choram]. Horácio [*Ars poetica*, linhas 101-102].

emprestados sorrisos ou lágrimas da face humana. Reduza-se uma pessoa à solidão e ela se verá desprovida de todos os gozos, exceto os do tipo sensual ou especulativo, pois os impulsos de seu coração não estarão secundados por impulsos correspondentes em criaturas que lhe são semelhantes. As expressões de pesar e lamentação, embora arbitrárias, inspiram-nos um sentimento de tristeza; mas os sintomas naturais, como lágrimas, gritos e gemidos, nunca falham em produzir compaixão e desconforto. Os efeitos da aflição nos tocam de uma forma tão vívida que não se pode supor que ficaríamos de todo insensíveis ou indiferentes a suas causas quando um caráter ou comportamento malicioso e traiçoeiro nos fosse apresentado.

19 Suponha-se que acabamos de entrar em um aposento confortável, cálido e bem-arrumado. É claro que sua mera contemplação nos dará prazer, porque ele nos comunica as agradáveis ideias de bem-estar, satisfação e prazer. Surge o dono da casa, hospitaleiro, bem-humorado e afável – um detalhe que seguramente embeleza o conjunto –, e é difícil deixarmos de refletir, com prazer, sobre a satisfação obtida por todos os que tratam com ele e recebem seus bons serviços.

20 Todos os membros de sua família, pela liberdade, tranquilidade, confiança e serena satisfação difundidas em suas fisionomias, dão suficiente testemunho de sua felicidade. Sinto uma agradável simpatia à vista de tanta alegria, e não posso considerar a fonte da qual ela brota sem experimentar as mais aprazíveis emoções.

21 Ele me diz que um vizinho tirânico e poderoso tentou despojá-lo de sua herança, e vinha havia tempos perturbando todos os seus sociáveis e inocentes prazeres. Sinto surgir em mim uma imediata indignação contra tal violência e insulto.

22 "Mas não é de admirar", ele acrescenta, "que uma ofensa pessoal provenha de um homem que escravizou províncias, despovoou cidades e fez correr o sangue humano pelo campo e o cadafalso." Sou tomado de horror com a visão de tantas desgraças, e sinto-me movido pela mais extrema antipatia contra seu autor.

23 Em geral, é certo que, para qualquer lugar que nos dirigimos, sobre qualquer coisa que refletimos ou conversamos, tudo nos aparece sob a perspectiva da felicidade ou miséria humanas, e excita em nosso coração um movimento simpático de prazer ou desconforto. Seja em nossas ocupações sérias, seja em nossos divertimentos descuidados, esse princípio não deixa de exercer sua vigorosa influência.

24 Um homem que adentra o teatro é imediatamente tocado pela presença de uma tão grande multidão participando de um entretenimento comum, e experimenta, por essa simples visão, uma mais alta sensibilidade ou disposição de ser afetado por todo tipo de sentimentos que compartilha com os demais espectadores.

25 Ele observa que os atores se sentem estimulados pela visão de uma grande audiência e elevam-se a um grau de entusiasmo que não conseguem atingir em uma ocasião solitária e tranquila.

26 Todas as emoções da peça – se o autor é habilidoso – comunicam-se como que por mágica aos espectadores, que choram, estremecem, ofendem-se, regozijam-se e inflamam-se com toda a variedade de paixões que movem os diversos personagens do drama.

27 Quando algum acontecimento contraria nossos desejos e interrompe a felicidade de nossos personagens favoritos, sen-

timos uma palpável ansiedade e preocupação. Mas quando seus sofrimentos provêm da traição, crueldade ou prepotência de um inimigo, nossos corações são afetados pelo mais vívido ressentimento contra o autor dessas calamidades.

28   Considera-se contrário às regras artísticas representar qualquer coisa fria ou indiferente. Um amigo distante ou um confidente que não tenha um interesse imediato no desfecho da tragédia deve, se possível, ser evitado pelo poeta, para não transmitir uma idêntica indiferença à plateia e refrear a sucessão das paixões.

29   Poucos gêneros poéticos trazem mais entretenimento do que o gênero *pastoral*, e todos percebem que a principal fonte de seu encanto provém das imagens de uma suave e meiga tranquilidade que envolve seus personagens e comunica ao leitor um sentimento similar. Sannazarius,* que transferiu o cenário para a beira-mar, embora tenha representado o objeto mais magnífico da natureza, errou, admite-se, em sua escolha. A ideia das fadigas, labutas e perigos sofridos pelos pescadores acaba por ser dolorosa, dada a inevitável simpatia que acompanha toda concepção da felicidade ou miséria humanas.

30   "Quando eu tinha vinte anos", diz um poeta francês, "Ovídio era meu favorito; agora, aos quarenta, prefiro Horácio." Mergulhamos com certeza mais rapidamente nos sentimentos que se assemelham aos que experimentamos todos os dias, mas nenhuma paixão, quando bem representada, pode ser-nos inteiramente indiferente, porque não há nenhuma da qual cada pessoa já não tenha dentro de si pelo menos as se-

---

* Jacopo Sannazaro (*c.* 1456-1536), importante representante, na Itália, do gênero arcádio. (N. T.)

mentes e os primeiros princípios. É tarefa da poesia trazer cada emoção para perto de nós por meio de uma vívida fantasia e representação, e fazê-la parecer real e verdadeira – uma prova certeira de que, onde quer que essa realidade se encontre, nossas mentes estão predispostas a ser fortemente afetadas por ela.

31 Qualquer acontecimento ou notícia recentes que afete o destino de Estados, províncias ou um grande número de indivíduos tem enorme interesse mesmo para aqueles cujo bem-estar não está diretamente envolvido. Tais informações propagam-se rapidamente, são ouvidas com avidez e examinadas com atenção e cuidado. Nessas ocasiões, o interesse da sociedade parece, em certa medida, ser o mesmo que o interesse de cada indivíduo. A imaginação é invariavelmente afetada, embora as paixões estimuladas nem sempre sejam tão fortes e constantes para ter grande influência na conduta e comportamento.

32 A leitura atenta da história parece ser um entretenimento tranquilo, mas não seria de nenhum modo um entretenimento se nossos corações não batessem em movimentos correspondentes aos que são descritos pelo historiador.

33 Tucídides e Guicciardini* mantêm com dificuldade nossa atenção quando o primeiro descreve os triviais confrontos das pequenas cidades da Grécia, e o segundo, as guerras inofensivas de Pisa. As poucas pessoas envolvidas e os pequenos interesses em jogo não preenchem nossa imaginação nem mobilizam nossos afetos. Mas a profunda aflição do numeroso exército ateniense diante de Siracusa e o perigo que tão de perto ameaçava Veneza, esses despertam compaixão, esses incitam o terror e a ansiedade.

---

* Francesco Guicciardini (1483-1540), historiador italiano. (N. T.)

34   Tanto o estilo apático e desinteressante de Suetônio como a pena magistral de Tácito podem convencer-nos da cruel perversidade de Nero ou Tibério; mas que diferença de sentimento quando o primeiro relata friamente os fatos e o segundo coloca diante de nossos olhos as veneráveis figuras de um Sorano e um Trasea, intrépidos em face de seus destinos e só perturbados pelas comoventes lamentações de seus amigos e parentes! Que simpatia toca então cada coração humano! Que indignação contra o tirano cujo receio infundado ou malícia gratuita deu origem a tão detestável barbaridade!

35   Quando consideramos de perto esses assuntos e removemos todas as suspeitas de ficção e engodo, quão poderosa é a inquietação produzida, e quão superior, em muitos casos, aos mesquinhos apegos do amor de si mesmo e do interesse privado! Revoltas populares, fanatismo partidário, obediência cega a líderes sediciosos: estes são alguns dos efeitos mais perceptíveis, ainda que menos louváveis, dessa simpatia social na natureza humana.

36   E mesmo a futilidade do motivo, pode-se observar, não é capaz de nos distanciar inteiramente de algo que traz consigo uma imagem de sentimento e emoção de seres humanos.

37   Mesmo a trivial dificuldade de um homem que gagueja e articula com esforço suas palavras recebe nossa simpatia e nos faz sofrer por ele. E é uma regra estética que toda combinação de sílabas ou letras que produz, quando pronunciada, desconforto aos órgãos da fala também soará, por uma espécie de simpatia, rude e desagradável aos ouvidos. Mesmo quando apenas percorremos um livro com os olhos, somos sensíveis a tais combinações desarmoniosas, porque imaginamos que alguém as está recitando e sofre para pronunciar es-

ses sons discordantes. A tal ponto chega a sensibilidade de nossa simpatia!

38 Posturas e movimentos leves e desenvoltos são sempre belos; um ar de vigor e saúde é agradável; roupas que aquecem sem sobrecarregar o corpo e que cobrem os membros sem tolhê-los são elegantes. Sempre que se julga a beleza, os sentimentos da pessoa afetada são levados em consideração e transmitem ao espectador estímulos semelhantes de prazer ou desconforto.[5] Por que nos admiramos, então, de não podermos emitir nenhum juízo relativo ao caráter e à conduta dos seres humanos sem levar em conta os prováveis resultados de suas ações e a felicidade ou miséria que delas decorrem para a sociedade? Que associação de ideias poderia jamais operar se esse princípio estivesse totalmente inativo?[6]

---

5 *"Decentior equus cujus astricta sunt ilia; sed idem velocior. Pulcher aspectu sit athleta, cujus lacertos exercitatio expressit; idem certamini paratior. Numquam enim species ab utilitate dividitur. Sed hoc quidem discernere modici judicii est"* [O cavalo de flancos estreitos é o mais belo, mas esse é também o mais veloz. É mais admirável o atleta de músculos ressaltados pelo exercício, e esse é, ao mesmo tempo, o mais preparado para o combate. A *beleza* não se separa jamais da *utilidade*, e basta um moderado juízo para discernir essa relação]. Quintiliano, *Institutio Oratoria*, livro 8, cap.3.

6 Sempre esperamos de um homem um maior ou menor bem, em proporção à posição que ocupa e aos relacionamentos de que dispõe; e, quando ele nos desaponta, censuramos sua inutilidade, e o censuramos muito mais quando algum mal ou prejuízo decorre de seus atos e comportamentos. Quando os interesses de um país chocam-se com os de outro, julgamos os méritos de um estadista pelo bem ou mal que resulta para seu próprio país de suas medidas e conselhos, sem atentar para o prejuízo que ele impõe a seus rivais e inimigos. Seus concidadãos são aquilo que mais temos em vista quando decidimos sobre seu caráter. E como a natureza implantou em cada pessoa uma

39   Se alguém, por uma fria insensibilidade ou um temperamento estreitamente egoísta, não for afetado pelas imagens da felicidade ou miséria humanas, deverá permanecer igualmente indiferente às imagens do vício e da virtude; assim como se observa, inversamente, que uma ardente preocupação pelos interesses de nossa espécie é sempre acompanhada de uma refinada sensibilidade para todas as distinções morais: uma forte indignação pelas ofensas feitas às pessoas, uma viva satisfação pelo seu bem-estar. A este respeito, embora se possa observar uma grande superioridade de uma pessoa em relação a outra, ninguém é tão completamente indiferente ao interesse de seus semelhantes a ponto de não reconhecer quaisquer distinções de bondade e maldade morais em consequência das diferentes tendências de ações e princípios. Como supor, de fato, que um ser dotado de um coração humano, se lhe fosse submetido à apreciação um caráter ou sistema de conduta benéfico e outro pernicioso à sua espécie ou comunidade, não viesse a manifestar pelo menos uma moderada preferência pelo primeiro, ou atribuir-lhe algum mérito e consideração, por menores que sejam? Por mais egoísta que suponhamos ser essa pessoa, por mais que sua atenção esteja absorvida em seus próprios interesses, é inevitável que ela

---

    afeição mais elevada por seu próprio país, jamais se espera qualquer consideração pelas nações distantes quando se instaura a competição. Sem mencionar que temos consciência de que o interesse geral da humanidade é mais bem servido quando cada pessoa leva em conta o bem de sua própria comunidade do que por observações vagas e indeterminadas sobre o bem de uma espécie, das quais nenhuma ação benéfica pode jamais resultar em razão da falta de um objeto convenientemente delimitado sobre o qual a atividade dos homens pudesse se exercer.

deva sentir, nos casos em que seus interesses não estão em jogo, *alguma* propensão ao bem da humanidade, e fazer dele o objeto de sua escolha sempre que isso não lhe trouxer maiores consequências. Um homem que vai caminhando iria porventura pisar propositalmente os pés inflamados de um outro com quem não tem nenhuma rixa com a mesma tranquilidade com que pisa sobre as pedras duras do calçamento? É claro que há, aqui, uma diferença entre esses casos. Levamos com certeza em consideração a felicidade e a desgraça de outros ao pesar os diversos motivos para uma ação, e inclinamo-nos para a primeira sempre que considerações de caráter privado não nos levam a procurar nossa própria promoção ou vantagem à custa do prejuízo de nossos semelhantes. E se os princípios humanitários são capazes, em muitas ocasiões, de influenciar nossas ações, eles devem ter em todos os momentos *alguma* autoridade sobre nossos sentimentos, fazendo-nos aprovar em geral o que é útil para a sociedade e censurar o que é perigoso ou nocivo. Os graus desses sentimentos podem ser assunto de controvérsia, mas a realidade de sua existência deve ser supostamente admitida em qualquer sistema ou teoria.

40 Se houvesse na natureza alguma criatura totalmente maligna e rancorosa, ela não poderia ser apenas indiferente às imagens da virtude e do vício: seus sentimentos teriam de estar todos invertidos e em direta oposição aos sentimentos dominantes na espécie humana. Tudo o que contribui para o bem da humanidade, já que vai contra a constante inclinação de seus desejos e vontades, deve produzir-lhe desconforto e desaprovação; e, ao contrário, tudo o que produza desordem e miséria na sociedade deve, pela mesma razão, ser contemplado com prazer e satisfação. Timão, que foi provavelmente chamado de misantropo mais por uma alteração dos humores

do que por uma inveterada malícia, abraçou Alcibíades com grande afeto: "Segue em frente, meu rapaz!", exclamou, "conquista a confiança do povo. Serás um dia, eu prevejo, a causa de grandes calamidades para ele".[7] Se pudéssemos aceitar os dois princípios dos maniqueístas, seria inevitável concluir que os sentimentos daquelas duas deidades ante as ações humanas, bem como tudo o mais, devem ser totalmente opostos, e que cada exemplo de justiça e atitude humanitária, em razão de sua tendência necessária, irá agradar uma delas e desagradar a outra. A humanidade como um todo assemelha-se tanto ao princípio do Bem que, quando nossas disposições não estão corrompidas pelo interesse, pelo ressentimento ou pela inveja, estamos sempre inclinados, pela nossa filantropia natural, a dar preferência à felicidade da sociedade e, consequentemente, à virtude, mais do que a seu oposto. A malícia absoluta, gratuita e desinteressada talvez não tenha jamais lugar em qualquer coração humano; se o tiver, deve perverter ali todas as percepções morais, bem como os sentimentos humanitários. Se admitíssemos que a crueldade de Nero era inteiramente voluntária, e não antes o efeito de um constante temor e ressentimento, é evidente que Tigelino, de preferência a Sêneca e Burro, deveria ter gozado de sua constante e invariável aprovação.

41   Dedicamos sempre uma consideração mais apaixonada a um estadista ou patriota que serve nosso próprio país em nossa própria época do que a um outro cuja influência benéfica operou em eras remotas ou em nações distantes, nas quais o bem resultante de sua generosa benevolência, estando menos relacionado conosco, parece-nos mais obscuro e afeta-

---

7   Plutarco, *Vida de Alcibíades* [cap.16].

-nos com uma simpatia menos vívida. Podemos reconhecer que seu mérito é igualmente grande, embora nossos sentimentos não se elevem à mesma altura em ambos os casos. Aqui, o juízo corrige a parcialidade de nossas emoções e percepções internas, do mesmo modo que nos protege do erro diante das muitas variações das imagens apresentadas aos nossos sentidos externos. O mesmo objeto colocado ao dobro da distância imprime aos olhos uma imagem, que tem apenas a metade da extensão; contudo, imaginamos que ele aparece com o mesmo tamanho em ambos os casos, pois sabemos que, ao nos aproximarmos dele, sua imagem vai expandir-se em nossos olhos, e que a diferença não reside no próprio objeto, mas em nossa posição em relação a ele. E, de fato, sem uma tal correção das aparências, tanto nos sentimentos internos como nos externos, os homens jamais poderiam pensar ou falar de modo uniforme sobre qualquer assunto, já que suas variáveis posições produzem uma contínua variação nos objetos e colocam-nos em perspectivas e situação distintas e contraditórias.[8]

---

[8] Por uma razão semelhante, são apenas as tendências das ações e caracteres, e não suas consequências concretas e acidentais, que são levadas em conta em nossas decisões morais e julgamentos de caráter geral, embora em nossas reais percepções e sentimentos não possamos evitar dedicar um maior respeito a alguém cuja posição, associada à virtude, o torna realmente útil à sociedade do que a outro que exerce as virtudes sociais apenas sob a forma de boas intenções e sentimentos benevolentes. Ao distinguir o caráter e a fortuna, por um esforço simples e necessário do pensamento, afirmamos que essas pessoas são iguais, e lhes damos a mesma aprovação geral. O julgamento corrige ou esforça-se para corrigir a aparência, mas não é inteiramente capaz de sobrepujar o sentimento.

42   Quanto mais convivemos com a humanidade, e quanto maior o intercâmbio social que mantemos, tanto mais nos familiarizamos com essas preferências e distinções gerais, sem as quais nossa conversação e discurso dificilmente se poderiam tornar inteligíveis para outros. O interesse de cada pessoa é próprio dela, e as aversões e desejos que dele resultam não podem ser considerados como capazes de afetar outras pessoas no mesmo grau. A linguagem geral, portanto, tendo sido formada para uso geral, deve amoldar-se a perspectivas mais gerais e afixar os epítetos de louvor ou censura em conformidade com os sentimentos que brotam dos interesses gerais da comunidade. E se esses sentimentos, na maioria das pessoas, não são tão fortes como aqueles que se referem ao bem privado, ainda assim devem produzir algumas distinções mesmo nas pessoas mais egoístas e depravadas, e devem associar a noção de bem a uma conduta benevolente, e a de mal à conduta contrária. Admite-se que a simpatia é muito mais tênue do que nossa preocupação por nós mesmos, e a simpatia para com pessoas distantes é muito mais tênue do que aquela por pessoas que nos são próximas e chegadas. Mas exatamente por essa razão é necessário que nós, em nossos serenos juízos e discursos concernentes ao caráter das pessoas, negligenciemos todas essas diferenças e tornemos nossos sentimentos mais públicos e sociais. Além do fato de que nós próprios muitas vezes sofremos mudanças quanto a esse aspecto, en-

---

Por que se diz que este pessegueiro é melhor que aquele senão porque produz mais ou melhores frutos? E não se faria esse mesmo elogio ainda que vermes e caracóis tivessem destruído os pêssegos antes que estivessem completamente maduros? Também na moral, não é *pelos frutos que se conhece a árvore*? E não nos é fácil distinguir entre a natureza e os acidentes tanto em um caso como no outro?

contramo-nos todos os dias com pessoas que estão em situação diferente da nossa e que não poderiam comunicar-se conosco se permanecêssemos constantemente naquela posição e perspectiva que nos é peculiar. Assim, o intercâmbio de sentimentos na vida e convivência sociais faz-nos estabelecer um certo padrão geral e inalterável com base no qual aprovamos e desaprovamos os caracteres e costumes. E embora o coração não tome inteiramente o partido dessas noções gerais, nem regule todo seu amor e ódio pelas diferenças universais abstratas entre o vício e a virtude sem consideração ao próprio sujeito ou às pessoas com quem está mais intimamente ligado, essas distinções morais têm ainda assim uma considerável influência; e ao serem suficientes ao menos para o discurso, servem a todos os nossos propósitos na convivência, no púlpito, no teatro e nas escolas.[9]

43 Desse modo, seja qual for a luz sob a qual examinemos este assunto, o mérito atribuído às virtudes sociais surge sempre como uniforme e provindo especialmente daquela atenção que o sentimento natural de benevolência nos leva a dedicar aos interesses da humanidade e da sociedade. Se considerarmos os princípios da constituição humana, tal como

---

[9] É sabiamente ordenado pela natureza que ligações privadas devam comumente prevalecer sobre perspectivas e considerações universais; de outro modo, nossos afetos e ações seriam dissipados e perdidos pela ausência de um objeto convenientemente delimitado. Assim, um pequeno benefício feito a nós mesmos ou a nossos amigos chegados inspira sentimentos mais vívidos de amor e aprovação do que um grande benefício feito a uma comunidade distante. Mas também aqui sabemos, como no caso de todos os sentidos, como corrigir essas parcialidades pela reflexão e preservar uma norma geral de vício e virtude fundada principalmente na utilidade geral.

aparecem à experiência e observação diárias, devemos concluir *a priori* que é impossível que uma criatura como o ser humano seja totalmente indiferente ao bem-estar ou mal-estar de seus semelhantes e não se disponha espontaneamente a declarar, sempre que nada o induza à parcialidade, que o que promove a felicidade deles é bom e o que tende a produzir seu sofrimento é mau, sem nenhum cuidado ou consideração adicional. Aqui estão, portanto, ao menos os primeiros rudimentos ou esboços de uma distinção *geral* entre as ações; e, à medida que se supõe aumentarem os dotes humanitários da pessoa, sua vinculação aos que são prejudicados ou beneficiados e sua viva concepção de seus sofrimentos e alegrias, a censura ou aprovação que daí decorrem adquirirão proporcionalmente um maior vigor. Não é necessário que uma ação generosa sumariamente mencionada em um velho livro de história ou um jornal de um país remoto deva transmitir fortes sentimentos de aplauso e admiração. A virtude, quando situada a uma tal distância, é como uma estrela fixa que, embora apareça aos olhos da razão tão luminosa como o sol a prumo, está tão infinitamente afastada que não afeta os sentidos com sua luz ou calor. Traga-se essa virtude para mais perto, pela nossa familiaridade ou conexão com as pessoas envolvidas, ou mesmo por um relato eloquente do episódio, e nossos corações serão imediatamente capturados, nossa simpatia avivada, e nossa apática aprovação convertida nos mais fervorosos sentimentos de amizade e consideração. Estas parecem ser as consequências necessárias e infalíveis dos princípios gerais da natureza humana, tal como se revelam na vida e na prática cotidianas.

44 Invertam-se, entretanto, essas perspectivas e raciocínios; considere-se o assunto *a posteriori* e, pesando as consequências,

investigue-se se o mérito da virtude social não se deriva, em grande medida, das emoções humanitárias com que afeta os espectadores. Parece ser um fato que o aspecto da *utilidade*, em todos os assuntos, é uma fonte de louvor e aprovação; que essa utilidade é constantemente citada em todas as decisões morais relativas ao mérito ou demérito de ações; que ela é a *única* origem da alta consideração dedicada à justiça, fidelidade, honra, lealdade e castidade; que ela é inseparável de todas as demais virtudes sociais da humanidade, generosidade, caridade, afabilidade, leniência, misericórdia e moderação. E, numa palavra, que ela é o fundamento da parte principal da moral, que se refere à humanidade e aos nossos semelhantes.

45   Parece igualmente que, em nossa aprovação geral de caracteres e costumes, a tendência útil das virtudes sociais não nos motiva em vista de quaisquer considerações de interesse próprio, mas tem uma influência muito mais ampla e universal. Parece que uma tendência ao bem público e à promoção da paz, harmonia e ordem na sociedade, ao afetar os princípios benevolentes de nossa constituição, sempre nos atrai para o lado das virtudes sociais. E parece, como uma confirmação adicional, que esses princípios de humanidade e simpatia enraízam-se tão profundamente em todos os nossos sentimentos e exercem sobre eles uma influência tão poderosa que os levam a provocar os mais enérgicos aplausos e censuras. A presente teoria é o simples resultado de todas essas inferências, cada uma das quais parece estar fundamentada em uma experiência e observação uniformes.

46   Se houver dúvidas sobre se existem realmente em nossa natureza esses princípios humanitários ou de consideração pelos outros, basta a observação, em inumeráveis casos, da

elevada aprovação recebida por tudo que tende a promover os interesses da sociedade para que reconheçamos a força do princípio benevolente, pois é impossível que alguma coisa agrade enquanto meio para um fim quando esse fim não desperta nenhum interesse. Porém, se houver dúvidas sobre se há, implantado em nossa natureza, qualquer princípio geral de recriminação e aprovação morais, basta a observação, em inumeráveis casos, da influência do princípio humanitário para que sejamos levados a concluir que não é possível que algo que promove os interesses da sociedade deixe de transmitir prazer e que algo que é pernicioso a esses interesses deixe de produzir desconforto. E quando distintas reflexões e observações como essas convergem em uma mesma conclusão, não devem elas conferir-lhe uma evidência indisputável?

47   Espera-se, porém, que o desenvolvimento deste argumento venha trazer uma confirmação adicional da presente teoria, ao mostrar o surgimento de outros sentimentos de estima e consideração a partir dos mesmos princípios, ou de princípios semelhantes.

Seção 6
Das qualidades úteis a nós mesmos

Parte I

1   Parece evidente que, se examinamos uma certa característica ou hábito e descobrimos que é, sob qualquer aspecto, prejudicial a seu possuidor ou tende a prejudicar o desempenho de suas tarefas e ações, ela é instantaneamente censurada e classificada entre seus defeitos e imperfeições. Indolência, negligência, falta de método e ordem, teimosia, volubilidade, precipitação, credulidade – essas características nunca foram consideradas indiferentes ao caráter, e muito menos louvadas como virtudes ou perfeições. O dano que delas resulta chama imediatamente nossa atenção e nos comunica um sentimento de pena e desaprovação.

2   Nenhum atributo, reconhece-se, é censurável ou louvável em termos absolutos. Tudo depende de seu grau. Os peripatéticos diziam que um justo meio-termo é a característica da virtude, mas esse meio-termo é determinado principalmente pela utilidade. Uma apropriada rapidez e presteza nos negócios é, por exemplo, recomendável. Quando ausente, jamais

se progride na realização de qualquer propósito; quando excessiva, somos arrastados a medidas e empreendimentos precipitados e mal planejados. Por meio de raciocínios desse tipo, fixamos o meio-termo apropriado e recomendável em todas as indagações morais e prudenciais, e nunca perdemos de vista as vantagens que resultam de qualquer tipo de hábito ou caráter.

3   Ora, como essas vantagens são desfrutadas pela pessoa que possui o caráter, não pode de modo algum ser o *amor de si mesmo* o que torna sua contemplação agradável para nós, os espectadores, e que inspira nossa estima e aprovação. Nenhum esforço da imaginação pode converter-nos em outra pessoa e fazer-nos imaginar que, por sermos ela, colhemos benefícios dessas valiosas qualidades que lhe pertencem. Ou, se isso fosse possível, nenhuma rapidez da imaginação poderia transportar-nos imediatamente de volta para nós mesmos e fazer-nos estimar e admirar essa pessoa enquanto distinta de nós. Pontos de vista e sentimentos tão opostos à verdade e uns aos outros não poderiam ter lugar ao mesmo tempo na mesma pessoa. Portanto, toda suspeita de considerações egoístas está aqui totalmente excluída. É um princípio muito distinto que age sobre nosso coração e faz que nos interessemos pela felicidade da pessoa que contemplamos. Quando seus talentos naturais e habilidades adquiridas nos apresentam o panorama da elevação, progresso, uma boa posição na vida, sucesso florescente, um firme controle das eventualidades e a realização de grandes ou vantajosos empreendimentos, somos tocados por essas imagens agradáveis e sentimos brotar imediatamente uma satisfação e consideração por essa pessoa. As ideias de felicidade, alegria, triunfo e prosperidade ligam-se a todos os aspectos de seu caráter e difundem por

nossos espíritos um agradável sentimento de simpatia e humanidade.[1]

4   Suponhamos uma criatura originariamente constituída de modo a não ter nenhuma espécie de consideração pelos seus semelhantes, mas que contempla a felicidade e miséria de todos os seres dotados de sentimentos ainda mais indiferentemente do que se se tratasse de duas tonalidades contíguas de uma mesma cor. Suponhamos que, se a prosperidade e a ruína das nações fossem colocadas uma ao lado da outra e lhe pedíssemos para escolher entre elas, ela permanecesse como o asno dos escolásticos, irresoluta e indecisa entre iguais motivações; ou melhor, como esse mesmo asno entre dois pedaços de madeira ou mármore, sem nenhuma preferência ou inclinação para qualquer um dos lados. É correto, acredito, concluir que uma tal criatura — estando absolutamente desinte-

---

[1] Poderíamos chegar a afirmar que não há criatura humana para quem a visão da felicidade (quando não estão envolvidos a inveja e o ressentimento) não traga prazer, e a da miséria, desconforto. Isso parece ser inseparável de nosso feitio e constituição. Mas são apenas os espíritos mais generosos que, a partir daí, são impelidos a buscar zelosamente o bem dos demais e a sentir uma real paixão pelo seu bem-estar. Em homens de espírito estreito e mesquinho, essa simpatia não vai além de um tênue sentimento da imaginação, que apenas serve para excitar sentimentos de satisfação ou censura e fazê-los aplicar aos seus objetos denominações honrosas ou desonrosas. Um avarento insaciável, por exemplo, elogia extremamente a *diligência* e a *frugalidade* mesmo em outros homens, e as coloca, em sua avaliação, acima de todas as outras virtudes. Ele conhece o bem que delas resulta e sente por essa espécie de felicidade uma simpatia mais vívida do que por qualquer outra que lhe pudéssemos representar, embora possivelmente não venha a abrir mão de um único centavo para contribuir para a fortuna do homem industrioso que tanto elogia.

ressada tanto do bem público de uma comunidade quanto da utilidade privada de outros homens – contemplaria cada atributo, por pernicioso ou benéfico que fosse para a sociedade ou para seu possuidor, com a mesma indiferença que dedicaria ao objeto mais trivial e desinteressante.

5   Mas se, em vez desse monstro imaginário, supusermos que é um *homem* que deve, no caso, formar um juízo ou uma decisão, há para ele – se tudo o mais for igual – uma clara base de preferência; e por mais fria que seja sua decisão, por mais egoísta que seja seu coração e por mais remotas que lhe sejam as pessoas envolvidas, haverá ainda assim necessariamente uma escolha ou distinção entre o que é útil e o que é nocivo. Ora, essa distinção coincide em todos os aspectos com aquela *distinção moral* cujo fundamento tem sido investigado tantas vezes e tão sem sucesso. Os mesmos dotes de espírito, em todas as circunstâncias, estão em conformidade com os sentimentos da moral e com os sentimentos humanitários; o mesmo temperamento é suscetível de elevados graus de um e de outro sentimento; e a mesma alteração nos objetos, pela sua maior aproximação ou envolvimento, aviva tanto um como outro. Devemos concluir, portanto, de acordo com todas as regras da filosofia, que esses sentimentos são originariamente os mesmos, dado que são governados, mesmo nas mais diminutas características, pelas mesmas leis, e sofrem a atuação dos mesmos objetos.

6   Por que os filósofos inferem com a máxima certeza que a Lua é mantida em sua órbita pela mesma força de gravidade que faz cair os corpos próximos à superfície da Terra, senão pelo fato de que esses efeitos, uma vez calculados, se mostram similares e equivalentes? Não deveria este argumento

trazer, nas investigações morais, uma convicção tão forte como a que se produz nas investigações acerca da natureza?

7   Seria supérfluo provar, por um longo e minucioso relato, que as qualidades úteis a seu possuidor recebem aprovação, e as contrárias, censura. A mínima reflexão sobre o que se experimenta cotidianamente na vida já será suficiente. Vamos mencionar apenas alguns poucos exemplos, a fim de remover, se possível, toda dúvida e hesitação.

8   A qualidade mais necessária para a realização de qualquer empreendimento útil é a *discrição*, pela qual mantemos um relacionamento seguro com os outros, damos a devida atenção a seu caráter e ao nosso, pesamos cada circunstância da atividade que estamos desempenhando e empregamos os meios mais adequados e confiáveis para alcançar qualquer fim ou propósito. Para um Cromwell, talvez, ou para um De Retz, a discrição pode parecer uma virtude típica de vereador, no dizer do Dr. Swift; e, sendo incompatível com aqueles vastos desígnios inspirados por sua coragem e ambição, poderia neles constituir realmente um defeito ou imperfeição. Mas, na conduta da vida ordinária, nenhuma virtude é mais requerida do que esta, não apenas para obter sucesso, como também para evitar os malogros e reveses mais fatais. Sem ela, os maiores dons podem ser funestos para quem os possui, como já observou um elegante escritor, do mesmo modo que a enorme força e a estatura de Polifemo apenas tornaram-no mais vulnerável quando foi privado de seu olho.

9   De fato, o melhor caráter — se não fosse demasiado perfeito para a natureza humana — é aquele que não se dobra em busca de qualquer tipo de equilíbrio, mas emprega alternadamente a iniciativa e a cautela, conforme cada uma delas seja

útil ao propósito específico que tem em mente. Tal é a excelência que St. Evremond atribui ao marechal Turenne, que exibia em cada campanha, à medida que ficava mais velho, mais temeridade em seus empreendimentos militares; e estando então, graças a uma longa experiência, perfeitamente familiarizado com cada detalhe da guerra, podia avançar com maior firmeza e confiança em um caminho que conhecia tão bem. Fábio, diz Maquiavel, era cauteloso, e Cipião, empreendedor; e ambos foram bem-sucedidos porque a conjuntura política em Roma durante o comando de cada um deles estava particularmente adaptada a seus gênios, mas ambos teriam falhado se as situações estivessem trocadas. Feliz é aquele que encontra circunstâncias adequadas à sua têmpera, mas é ainda mais excelente aquele que pode adaptar sua têmpera a qualquer circunstância.

10   Que necessidade há de enumerar os louvores à *diligência* e de enaltecer suas vantagens para a aquisição de poder e riquezas, ou para edificar aquilo que se chama uma *fortuna* no mundo? Segundo a fábula, a tartaruga venceu, por sua perseverança, a corrida contra a lebre, embora esta fosse muito mais rápida. O tempo de um homem, quando bem administrado, é como um campo cultivado no qual alguns poucos acres produzem mais coisas úteis à vida do que extensas províncias, mesmo de solo mais fértil, sufocadas por mato e espinheiros.

11   Mas todas perspectivas de sucesso na vida, ou mesmo de uma tolerável subsistência, falharão se faltar uma razoável *frugalidade*. O acervo, em vez de aumentar, diminui diariamente, e torna seu proprietário muito mais infeliz, já que, não tendo sabido limitar suas despesas quando contava com uma renda elevada, será ainda menos capaz de viver a contento com uma

renda menor. De acordo com Platão,² as almas dos homens, inflamadas por apetites impuros e tendo perdido o corpo que, somente ele, provia os meios de satisfação, vagueiam sobre a Terra e assombram os lugares em que seus corpos estão depositados, tomadas de um ardente desejo de recuperar os perdidos órgãos da sensação. E assim podemos encontrar indignos esbanjadores que, tendo consumido suas fortunas em selvagens libertinagens, insinuam-se em todas as mesas fartas e em todas as confraternizações sociais, odiados mesmo pelos depravados, desdenhados mesmo pelos imbecis.

12   Um dos extremos da frugalidade é a *avareza*, que, ao privar um homem de todo uso de suas riquezas e simultaneamente impedir a hospitalidade e qualquer prazer sociável, sofre com razão uma dupla censura. O outro extremo, a *prodigalidade*, é comumente mais prejudicial ao próprio homem; e cada um desses extremos recebe maior censura que o outro de acordo com o temperamento da pessoa que censura e sua maior ou menor sensibilidade ao prazer, social ou sensual.

13   As qualidades derivam muitas vezes seu mérito de fontes complexas. *Honestidade, fidelidade, veracidade* são louvadas pela tendência imediata que possuem de promover os interesses da sociedade, mas, após essas virtudes se estabelecerem inicialmente sobre essa base, passam também a ser consideradas vantajosas para a própria pessoa, como a fonte do crédito e confiança que são as únicas coisas que tornam alguém digno de consideração nesta vida. Torna-se desprezível, e não apenas detestável, aquele que se esquece da obrigação que, neste particular, deve tanto a si mesmo como à sociedade.

---

2   *Fédon* [80c-81e].

14   Talvez essa consideração seja a *principal* fonte da grande censura que se dirige contra qualquer falha, entre as mulheres, quanto ao tópico da *castidade*. O máximo respeito que pode ser alcançado por esse sexo deriva-se de sua fidelidade; e uma mulher deficiente nesse ponto torna-se vil e vulgar, perde sua posição e expõe-se a todo tipo de insulto. Aqui, a mínima falta é o bastante para aniquilar sua reputação. Uma mulher tem tantas oportunidades de ceder secretamente a esses apetites que nada pode nos dar segurança senão sua absoluta reserva e modéstia; e uma infração, quando é cometida, dificilmente poderá ser completamente reparada. Se um homem se comporta covardemente em uma ocasião, um comportamento contrário fá-lo recuperar sua reputação. Mas por qual ação poderia uma mulher que teve alguma vez um comportamento dissoluto assegurar-nos de que tomou melhores resoluções e tem suficiente autocontrole para pô-las em execução?

15   Supõe-se que todas as pessoas têm igual desejo de alcançar a felicidade, mas poucas têm sucesso nessa busca. Uma causa significativa é a falta da *força de vontade* que poderia capacitá-las a resistir à tentação do conforto e prazer imediatos e fazê-las avançar na busca de um benefício e satisfação mais distantes. Nossas afecções, perante uma visão geral de seus objetos, formam certas regras de conduta e certas medidas de preferência de uns em relação a outros; e essas decisões, embora sejam realmente o resultado de nossas calmas paixões e disposições (pois que outra coisa poderia decidir se algum objeto é ou não preferível a outro?), são tomadas, por um natural abuso de linguagem, como decisões da pura *razão* e reflexão. Mas quando um desses objetos se aproxima de nós ou adquire as vantagens de uma perspectiva ou situação favorá-

veis capazes de capturar o coração ou a imaginação, nossas resoluções gerais frequentemente se abalam, um curto prazer recebe a preferência e uma duradoura mágoa e ignomínia se abatem, em consequência, sobre nós. E por mais que os poetas empreguem seu talento e eloquência para celebrar o prazer presente e rejeitar todas as distantes noções de fama, saúde ou fortuna, é óbvio que essa prática é a fonte de toda dissolução e desordem, arrependimento e miséria. Um homem de temperamento forte e determinado adere firmemente a suas resoluções gerais, e não é nem seduzido pelos atrativos do prazer nem atemorizado pelas ameaças do sofrimento, mas mantém calmamente em vista os distantes objetivos pelos quais assegura sua felicidade e, ao mesmo tempo, sua honra.

16 A satisfação consigo mesmo é, ao menos em certa medida, uma prerrogativa que acompanha igualmente o *tolo* e o *sábio*. Mas é a única, e não há nenhum outro aspecto na conduta da vida em que estejam em pé de igualdade. Negócios, livros, conversação: para todas essas coisas o tolo está totalmente incapacitado e, a menos que condenado pela sua condição às fainas mais rudes, permanece neste mundo como uma carga *inútil*. Por essa razão, verifica-se que as pessoas são extremamente ciosas de sua reputação quanto a este particular, e embora se vejam muitos exemplos de devassidão e traição confessados de maneira mais aberta, não se vê nenhum em que a reputação de ignorância e estupidez seja suportada pacientemente. Dicearco, o general macedônio que, como nos diz Políbio,[3] erigiu publicamente um altar à impiedade e outro à injustiça, como um desafio à humanidade, mesmo ele, estou seguro, teria estremecido ante o epíteto de imbecil e cogitado

---

3 [*História*] Livro 17, cap.35.

vingar-se contra uma denominação tão insultuosa. Com exceção do afeto dos pais, que é o mais forte e indissolúvel elo na natureza, nenhum outro laço tem força suficiente para suportar o desgosto proveniente de um caráter desse tipo. O próprio amor, que pode subsistir diante da traição, ingratidão, malícia e infidelidade, extingue-se imediatamente diante dessa característica, quando percebida e reconhecida; e nem a fealdade e a velhice são tão fatais a essa paixão. A tal ponto chega o terror associado às ideias de total incapacidade para qualquer propósito ou empreendimento, e de constante desacerto e má condução dos assuntos da vida!

17   Quando se pergunta se é mais valiosa uma compreensão rápida ou outra mais demorada; se alguém que pode avançar muito em um assunto já à primeira vista, mas nada consegue realizar por meio do estudo, ou uma personalidade oposta, que progride em tudo apenas à custa de muito esforço e aplicação; se um cérebro claro ou uma invenção copiosa; se um gênio profundo ou um julgamento infalível; quando se pergunta, em suma, qual caráter ou traço peculiar do entendimento é superior a outro, é evidente que não podemos responder a nenhuma dessas questões sem considerar qual dessas qualidades capacita melhor uma pessoa para viver no mundo e a leva mais longe em qualquer empreendimento.

18   Se um senso refinado e elevado não é tão *útil* como o senso comum, sua raridade, novidade e nobreza trazem alguma compensação e granjeiam-lhe a admiração da humanidade. Do mesmo modo o ouro, embora menos utilizável que o ferro, adquire, por sua escassez, um valor que lhe é muito superior.

19   Os defeitos da capacidade de julgamento não podem ser supridos por nenhum artifício ou invenção, mas os da *memó-*

ria podem muitas vezes, tanto nos negócios como no estudo, ser corrigidos pelo método e aplicação, e pelo cuidado de lançar tudo por escrito; e dificilmente ouve-se uma alegação de memória fraca oferecida como razão do fracasso de uma pessoa em algum empreendimento. Mas, em épocas antigas, quando ninguém podia sobressair sem o dom da oratória e a audiência era demasiado refinada para suportar as arengas cruas e mal digeridas com que nossos improvisados oradores se dirigem às assembleias públicas, a faculdade da memória tinha então a mais alta importância e era, em consequência, muito mais valorizada do que no presente. Quase não se menciona nenhum gênio da Antiguidade que não se tenha destacado por esse talento, e Cícero o enumera entre as outras sublimes qualidades do próprio César.[4]

20 Costumes e práticas particulares alteram a utilidade das qualidades e também seu mérito. Situações e incidentes particulares têm, em certo grau, a mesma influência. Aquele que possui os talentos e as habilidades que convêm a seu *status* e profissão será sempre digno de maior estima do que outro a quem a fortuna prejudicou ao atribuir-lhe seu quinhão. As virtudes privadas ou voltadas para o interesse próprio são, nesse aspecto, mais arbitrárias do que as de natureza mais pública e social. Em outros aspectos, elas são, talvez, menos expostas à dúvida ou controvérsia.

21 Tem estado em voga neste reino, nos últimos anos, uma contínua ostentação de *espírito público* entre os que se dedicam à vida *ativa*, e de *benevolência*, entre os da vida *contemplativa*; e

---

4 "*Fuit in illo ingenium, ratio, memoria, literæ, cura, cogitatio, diligentia, &c.*" [Nele havia engenhosidade, raciocínio, memória, pendor para as letras, cautela, reflexão, aplicação etc.]. *Segunda Filípica* [cap.45].

tantas falsas pretensões a essas qualidades foram inequivocamente desmascaradas que as pessoas comuns são levadas, sem nenhuma intenção maldosa, a manifestar uma amarga incredulidade a respeito desses dotes morais, e até mesmo, algumas vezes, a negar-lhes absolutamente a existência e realidade. Do mesmo modo, vemos que, nos tempos antigos, a interminável ladainha dos estoicos e cínicos acerca da *virtude*, seus magníficos pronunciamentos e escassas realizações, geraram desgosto entre as pessoas; e Luciano – que, embora licencioso relativamente ao prazer, é, todavia, em outros aspectos um escritor de grande estatura moral – não pode em certas ocasiões falar da virtude, tão elogiada, sem deixar entrever sinais de enfado e ironia.[5] Mas certamente essa enfastiada suscetibilidade, quaisquer que sejam suas origens, não pode ser levada tão longe a ponto de nos fazer negar a existência de qualquer tipo de merecimento e de toda diferenciação entre hábitos e condutas. Além da *discrição*, *cautela*, *iniciativa*, *diligência*, *assiduidade*, *frugalidade*, *economia*, *bom senso*, *prudência*, *discernimento*, além desses dons, eu dizia, cujos próprios nomes

---

5 Άρετήν τινα, καὶ ἀσώματα, καὶ λήρους μεγάλῃ τῇ φωνῇ ξυνειρόντων [Associando em altos brados não sei que virtude a ninharias e entes incorporais]. Luciano, *Timão*, 9. E ainda: Καὶ συναγόντες (οἱ φιλόσοφοι) εὐεξαπάτητα μειράκια τήν τε πολυθρύλλητον ἀρετὴν τραγῳδοῦσι [E semelhantes a adolescentes sempre fáceis de enganar, (os filósofos) falam enfaticamente da celebrada virtude] *Ícaro-Menipo*, 30. Em outra passagem: "Ἡ ποῦ γάρ ἐστιν ἡ πολυθρύλητος ἀρετή, καὶ φύσις, καὶ εἱμαρμένη, καὶ τύχη, ἀνυπόστατα καὶ κεν πραγμάτων ὀνόματα [Onde está, com efeito, essa célebre virtude, assim como a natureza, o destino e a formatura? Estas são palavras inconsistentes e destituídas de realidade]. *Assembleia dos deuses*, 13.

já nos forçam a reconhecer seus méritos, há muitos outros aos quais o mais ferrenho ceticismo não pode, por um momento sequer, recusar o tributo de louvor e aprovação. *Temperança, sobriedade, paciência, constância, perseverança, providência, cortesia, reserva, método, persuasão, decoro, presença de espírito, rapidez de compreensão, facilidade de expressão*, ninguém jamais negará que estes, e mil outros do mesmo tipo, sejam excelências e perfeições. Como seus méritos consistem em sua tendência a beneficiar a pessoa que os possui, sem nenhuma pomposa reivindicação de merecimento público e social, encaramos com menos suspeita suas pretensões e aceitamos prontamente incluí-los no rol das qualidades dignas de louvor. Não nos damos conta de que, com essa concessão, teremos aberto o caminho para todas as outras perfeições morais, e não mais podemos coerentemente hesitar diante da benevolência desinteressada, do patriotismo e dos sentimentos humanitários.

22 Parece certo, na verdade, que as primeiras impressões são aqui extremamente enganosas, como é usual, e que é ainda mais difícil reduzir especulativamente ao amor de si mesmo o mérito atribuído às virtudes egoístas aqui mencionadas do que o que se atribui às virtudes sociais da justiça e benevolência. Para este último propósito, basta apenas dizer que toda conduta que promove o bem da comunidade é benquista, elogiada e estimada por essa mesma comunidade em vista de uma utilidade e um interesse do qual todos participam; e embora essa afeição e respeito sejam, na verdade, gratidão, e não amor de si mesmo, essa diferença, mesmo sendo tão óbvia, pode escapar a um raciocínio superficial e há a possibilidade de se sustentar o sofisma e a discussão pelo menos por algum tempo. Mas, dado que qualidades que tendem apenas ao be-

nefício de seu possuidor e não fazem nenhuma referência a nós ou à comunidade são ainda assim estimadas e valorizadas, qual será a teoria ou sistema capaz de explicar esse sentimento pelo amor de si próprio, ou deduzi-lo dessa origem preferencial? Parece ser necessário, aqui, admitir que a felicidade e a infelicidade dos outros não são espetáculos que nos deixam completamente indiferentes, mas que a contemplação da primeira, quer em suas causas quer em seus efeitos, assim como a luz do sol, ou o panorama de um campo bem cultivado (para não levar mais longe nossas pretensões), transmite uma secreta alegria e satisfação; e o aparecimento da segunda, assim como uma nuvem ameaçadora ou uma paisagem desértica, lança a imaginação em uma opressiva melancolia. E uma vez que se tenha feito essa concessão, a dificuldade estará superada, e uma interpretação natural e desimpedida dos fenômenos da vida humana irá em seguida prevalecer, pode-se esperar, em todas as investigações especulativas.

Parte 2

23 Pode não ser impróprio, a esta altura, examinar a influência dos dotes corporais e dos bens da fortuna sobre nossos sentimentos de consideração e estima, e considerar se esses fenômenos reforçam ou enfraquecem a presente teoria. É natural esperar que a beleza do corpo, como supõem todos os moralistas da Antiguidade, será similar em alguns aspectos à do espírito, e que os tipos de estima que se dedicam a uma pessoa terão algo de similar em sua origem, quer provenha de seus dotes espirituais, quer da situação de suas circunstâncias exteriores.

24   É evidente que uma fonte considerável de *beleza* em todos os animais é o proveito que eles obtêm da particular estrutura de seus membros e extremidades, de forma adequada ao particular modo de vida a que estão por natureza destinados. As justas proporções de um cavalo descritas por Xenofonte e Virgílio são as mesmas hoje aceitas pelos que lidam com esses animais, porque seu fundamento é o mesmo, a saber, a experiência do que é prejudicial ou útil nesses animais.

25   Ombros largos, ventre esbelto, articulações firmes, pernas afiladas, todos esses traços são belos em nossa espécie porque dão indicações de força e vigor. As ideias de utilidade e de seu oposto, embora não determinem inteiramente o que é formoso ou disforme, constituem evidentemente a fonte de uma parte significativa dos sentimentos de aprovação ou desagrado.

26   Em tempos antigos, a força e a destreza corporais, sendo de grande *uso* e importância na guerra, eram correspondentemente muito mais estimadas e valorizadas do que no presente. Sem insistir em Homero e nos poetas, podemos observar que os historiadores não hesitam em mencionar a *força corporal* entre os atributos mesmo de um Epaminondas, que eles reconhecem como o maior herói, estadista e general de todos os gregos.[6] Um elogio semelhante é dedicado a Pompeu, um dos

---

6   Diodoro da Sicília, livro 15. Talvez não seja impróprio apresentar o caráter de Epaminondas tal como traçado pelo historiador para indicar as noções de mérito perfeito que prevaleciam naquela época. Em outros homens ilustres, ele diz, observa-se que cada um possuía alguma brilhante qualidade que fundava sua reputação; mas em Epaminondas todas as *virtudes* se encontravam reunidas: força corporal, eloquência da expressão, vigor intelectual, desprezo pelas riquezas, brandura de temperamento e *aquilo que se deve principalmente levar em consideração*, coragem e liderança na guerra.

maiores entre os romanos.⁷ Este caso é similar ao que anteriormente observamos com respeito à memória.

27   Quanto escárnio e desdém, por parte de ambos os sexos, acompanham a *impotência*! O infeliz indivíduo é visto como privado de um prazer essencial na vida e, ao mesmo tempo, incapaz de proporcioná-lo a outros. A *esterilidade* nas mulheres, sendo igualmente uma espécie de *inutilidade*, também é censurada, embora não no mesmo grau, e a razão disso é bastante óbvia de acordo com a presente teoria.

28   Não há, na pintura e estatuária, uma regra mais indispensável que a de equilibrar as figuras e dispô-las com a maior exatidão em seu apropriado centro de gravidade. Uma figura incorretamente balanceada é ofensiva, pois transmite as ideias desagradáveis de queda, ferimento e dor.⁸

---

7   *"Cum alacribus, saltu; cum velocibus, cursu; cum validis recte certabat"* [Ele se equiparava aos mais lépidos pelo seu salto, aos mais velozes pela sua corrida, e aos mais fortes pela luta]. Salústio apud Vegetius [Livro I, cap.9].

8   Todos os homens estão igualmente sujeitos a dor, mal-estar e doenças, e podem recuperar novamente a saúde e o bem-estar. Esses fatos, por não fazerem distinção entre uma pessoa e outra, não geram orgulho ou humilhação, respeito ou desprezo. Mas, quando se compara nossa própria espécie com outras superiores, o fato de que sejamos todos tão suscetíveis a doenças e enfermidades torna-se uma consideração muito aflitiva, e os teólogos em consequência fazem uso desse tópico para abater a soberba e a vaidade. Seriam mais bem-sucedidos se a inclinação habitual de nossos pensamentos não estivesse permanentemente voltada para a comparação de nós mesmos com outros. As enfermidades da velhice são aflitivas porque podem dar lugar a uma comparação com os jovens. A escrófula é cuidadosamente ocultada porque afeta outros e muitas vezes se transmite para posteridade. A situação é quase a mesma com certas doenças que produzem imagens nauseantes e assustadoras, como a epilepsia, as úlceras, chagas, feridas etc.

29 Uma disposição ou inclinação de espírito que permite a um homem ascender socialmente e aumentar sua fortuna dá-lhe direito a estima e consideração, como já explicado. Em consequência, pode-se naturalmente supor que a efetiva posse de riquezas e de autoridade terá uma influência considerável sobre esses sentimentos.

30 Examinemos quaisquer hipóteses que busquem explicar o respeito dedicado aos ricos e poderosos: a única satisfatória é a que o deriva do contentamento transmitido ao espectador pelas imagens de prosperidade, felicidade, bem-estar, abundância, autoridade e gratificação de todos os apetites. O amor de si mesmo, por exemplo, que alguns gostam tanto de apresentar como a origem de todos os sentimentos, é simplesmente insuficiente para esse propósito. Na ausência de toda boa vontade ou amizade, fica difícil imaginar em que se basearia nossa esperança de obter vantagem da riqueza de outros, embora respeitemos naturalmente os ricos, antes mesmo que demonstrem qualquer disposição favorável para conosco.

31 Os mesmos sentimentos nos afetam quando estamos tão fora da esfera de atividade dessas pessoas que nem sequer é concebível que possam servir-nos de alguma forma. Em todas as nações civilizadas, prisioneiros de guerra recebem um tratamento proporcional à sua condição, e é evidente que as riquezas são muito importantes para determinar a condição de qualquer pessoa. Se a linhagem e a nobreza também estão presentes, temos ainda mais um argumento em favor de nossa proposta. Pois o que chamamos um homem de linhagem senão aquele que descende de uma longa sucessão de ancestrais ricos e poderosos, e que adquire nossa estima por sua conexão com pessoas que estimamos? Seus ancestrais, portanto,

embora mortos, são respeitados em alguma medida por causa de suas riquezas e, obviamente, sem nenhum tipo de expectativa de nossa parte.

32 Mas, para não ter de recorrer a prisioneiros de guerra ou mesmo aos mortos em nossa busca de exemplos desse respeito desinteressado pelas riquezas, basta observar com um pouco de atenção os fenômenos que têm lugar na vida e na convivência cotidianas. É natural que um homem dotado de razoável fortuna e desobrigado do trabalho, ao ser apresentado a um grupo de desconhecidos, trate-os com diferentes graus de respeito, ao ser informado de suas diferentes fortunas e condições sociais, embora seja impossível que ele esteja tão rapidamente pretendendo, ou nem que aceitasse, obter deles alguma vantagem pecuniária. Um viajante é sempre admitido à companhia de outros, e é recebido com maior ou menor cortesia conforme sua comitiva e equipagem indiquem que é um homem de grande ou moderada fortuna. Em suma, as diferentes classificações de pessoas são em boa medida determinadas pelas riquezas, e isso vale tanto para superiores como para subordinados, para estranhos como para conhecidos.

33 Só nos resta, portanto, concluir que, como desejamos as riquezas apenas enquanto meios para gratificar nossos apetites no presente ou em alguma imaginária época futura, a estima que elas despertam em outras pessoas só pode decorrer do fato de que têm essa influência. Na realidade, esta é exatamente sua natureza ou essência: o fato de que se relacionam diretamente com as comodidades, conveniências e prazeres da vida. Se não fosse assim, as letras de câmbio de um banqueiro falido ou ouro em uma ilha deserta continuariam igualmente valiosos. Quando nos aproximamos de um homem que goza, como se diz, de uma posição confortável, apresentam-se a nós as agradáveis ideias de abundância, satisfação, asseio, calor, uma casa alegre, móveis elegantes, servos prestativos e tudo o que é desejável em termos de comida, bebida e vestuário. Quando, ao contrário, deparamos com um homem pobre, as desagradáveis imagens de necessidade, penúria, trabalho árduo, mobiliário sórdido, comida e bebidas repugnantes surgem imediatamente à nossa imaginação. Que mais, de fato, damos a entender quando dizemos que um é rico e outro pobre? E como a consideração ou o deprezo são as consequências naturais dessas diferentes situações na vida, é fácil perceber quanta luz e evidência adicionais isso traz para nossa precedente teoria em relação a todas as distinções morais.[9]

34 Um homem que tenha se curado de todos os tolos preconceitos e ache-se, tanto pela experiência como pela filosofia,

---

9 Há algo de extraordinário e aparentemente inexplicável na operação de nossas paixões quando consideramos a fortuna e a situação de outras pessoas. Muitas vezes, o progresso e a prosperidade de um outro produzem inveja, que contém uma boa dose de ódio e surge principalmente da comparação de nós mesmos com essa pessoa. Ao mesmo tempo, ou pelo menos em curtos intervalos, podemos sentir a paixão do respeito, que é uma espécie de afeição ou benevolência, com uma dose de humildade. Por sua vez, os infortúnios de nossos companheiros causam muitas vezes pena, que tem em si uma boa mistura de benevolência. Mas esse sentimento de pena é bastante aparentado ao do desprezo, que é uma espécie de desagrado com uma dose de orgulho. Apenas aponto esses fenômenos como um tema de especulação para aqueles que têm curiosidade pelas investigações morais. Para nossos objetivos presentes, basta observar em caráter geral que o poder e as riquezas produzem comumente respeito, e a pobreza e inferioridade, desprezo; embora situações e incidentes particulares possam inspirar algumas vezes as paixões da inveja e da piedade.

convencido de maneira completa, sincera e firme de que as diferenças de fortuna têm menos importância do que vulgarmente se imagina para as diferenças de felicidade, um homem desse tipo não pauta seus graus de estima de acordo com os rendimentos de seus conhecidos. Ele pode, é verdade, demonstrar exteriormente uma maior deferência para com o nobre do que para com vassalo, pois a riqueza, por ser mais estável e determinada, é a mais conveniente fonte de distinção; mas seus sentimentos interiores são mais controlados pelos caracteres pessoais dos indivíduos do que pelos favores acidentais e caprichosos da fortuna.

35 Na maioria dos países da Europa, a família — isto é, riquezas hereditárias marcadas com os títulos e símbolos do soberano — é a mais importante fonte de distinção. Na Inglaterra, dá-se mais atenção à efetiva opulência e abundância. Cada prática tem suas vantagens e desvantagens. Onde o berço é respeitado, espíritos frouxos e inertes mantêm-se em arrogante indolência, e não sonham com nada a não ser linhagens e genealogias, enquanto os generosos e ambiciosos buscam honras e autoridade, reputação e favor. Onde a riqueza é o principal ídolo, a corrupção, venalidade e rapina predominam, e florescem as técnicas, a manufatura, o comércio e a agricultura. O primeiro preconceito, sendo favorável à virtude militar, é mais adequado às monarquias. O segundo, sendo o principal estímulo para o trabalho, concorda melhor com um governo republicano. E vemos, em conformidade com isso, que cada uma dessas formas de governo, pela variação da *utilidade* daqueles costumes, possui comumente um efeito proporcional sobre os sentimentos da humanidade.

Seção 7
Das qualidades imediatamente agradáveis a nós mesmos

1   Quem quer que tenha passado uma noite com pessoas graves e melancólicas, e notado quão subitamente a conversação se anima e quanta vivacidade se difunde sobre os rostos, as falas e os comportamentos de todos quando chega um amigo alegre e bem-humorado, facilmente admitirá que a *alegria* tem grandes méritos e atrai naturalmente a estima das pessoas. Nenhuma qualidade, de fato, transmite-se mais rapidamente aos que estão ao redor, porque nenhuma tem maior propensão a exibir-se em conversas joviais e agradáveis entretenimentos. A chama se propaga a todo o círculo, e mesmo os mais rabugentos e taciturnos são contagiados por ela. Embora Horácio o tenha afirmado, tenho certa dificuldade em admitir que as pessoas tristes detestam as pessoas alegres, porque sempre observei que, quando a jovialidade é moderada e decente, as pessoas sérias são as que mais se deliciam, já que ela dissipa as trevas que comumente as oprimem e proporciona-lhes uma rara diversão.

2   Dessa capacidade que tem a alegria de comunicar-se e de conquistar aprovação, podemos perceber que há uma outra

classe de qualidades espirituais que, sem apresentar nenhuma utilidade ou tendência a um benefício adicional para a comunidade ou para seu possuidor, transmitem uma satisfação aos que as contemplam e granjeiam amizade e consideração. A sensação imediata que proporcionam à pessoa que as possui é agradável, e os outros se põem no mesmo humor e captam o sentimento por um contágio ou simpatia natural; e como não podemos evitar gostar de tudo o que agrada, surge uma cordial emoção dirigida para a pessoa que transmite tanta satisfação. Ela constitui um espetáculo mais tonificante, sua presença difunde sobre nós uma satisfação e um contentamento mais serenos; nossa imaginação, penetrando em seus sentimentos e disposições, é afetada de uma maneira mais agradável do que se nos tivesse sido apresentado um temperamento triste, abatido, sombrio e angustiado. Daí o afeto e a aprovação que acompanham a primeira, a aversão e o desgosto com que contemplamos a segunda.[1]

3   Poucos invejariam o caráter que César atribui a Cássio:

> *He loves no play,*
> *As thou do'st, Anthony: he hears no music:*
> *Seldom he smiles; and smiles in such a sort,*

---

[1] Não há ninguém que não seja afetado, em certas ocasiões, pelas desagradáveis paixões do medo, cólera, abatimento, aflição, tristeza, ansiedade etc. Mas essas paixões, por serem naturais e universais, não fazem nenhuma diferença entre uma pessoa e outra, e não podem jamais constituir motivo de censura. É apenas quando a disposição produz uma *propensão* a uma dessas desagradáveis paixões que desfiguram o caráter e, ao produzir desconforto, transmitem o sentimento de desaprovação ao espectador.

> As if he mock'd himself, and scorn'd his spirit
> That could be mov'd to smile at any thing.*

Homens deste tipo, como César acrescenta, não apenas são em geral *perigosos*, como também – por terem tão poucas satisfações interiores – são incapazes de ser agradáveis a outros ou de contribuir para o entretenimento social. Em todas as nações e épocas educadas, um gosto pelo prazer, se acompanhado de moderação e sobriedade, é considerado um mérito importante mesmo entre os homens de alta posição, e torna-se ainda mais necessário nos de posto e caráter inferiores. Um autor francês assim descreve sua própria posição quanto ao assunto: "Eu amo a virtude", diz ele, "sem austeridade; o prazer, sem efeminação; e a vida, sem temer seu fim".[2]

4 Quem não é tocado por algum exemplo notável de *grandeza de espírito* ou dignidade de caráter, pela elevação do sentimento, desdém pelo servilismo, e por aquele nobre orgulho e coragem que nascem da virtude consciente? O sublime, diz Longino, muitas vezes não é nada mais que o eco ou a imagem da grandeza espiritual, e quando essa qualidade é visível em alguém, mesmo que nenhuma sílaba seja enunciada, ela excita nosso aplauso e admiração, como se pode notar no famoso silêncio de Ajax na *Odisseia*, que expressa um desdém mais no-

---

* Shakespeare, *Júlio César*, ato I, cena II, 203-207. "Ele não ama os espetáculos como tu, Antônio; ele não ouve música; raramente sorri, e sorri de um modo tal como se zombasse de si mesmo e desprezasse seu espírito por ser levado a sorrir de alguma coisa." (N. T.)

2 "*J'aime la vertu, sans rudesse;
 J'aime le plaisir, sans mollesse;
 J'aime la vie, & n'en crains point la fin.*" St. Evremond [*Sonnet à Mlle. de Lenclos*].

bre e uma indignação mais resoluta do que qualquer linguagem poderia transmitir.³

5 "Se eu fosse Alexandre", disse Parmênio, "aceitaria esta oferta de Dario." "Também eu a aceitaria", replicou Alexandre, "se eu fosse Parmênio." Esse dito é admirável, diz Longino, pela mesma razão.⁴

6 "Ide!", exclamou o mesmo herói a seus soldados quando estes se recusaram a segui-lo até as Índias, "ide e dizei a vossos compatriotas que deixastes Alexandre completando a conquista do mundo." E o Príncipe de Condé, grande admirador dessa passagem, complementa: "Alexandre, abandonado por seus soldados entre bárbaros ainda não totalmente subjugados, sentia em si uma tamanha dignidade e direito de comando que não podia acreditar ser possível que alguém se recusasse a obedecer-lhe. Na Europa ou na Ásia, entre gregos ou persas, pouco lhe importava: onde quer que encontrasse homens, imaginava que haveria de encontrar súditos".

7 A confidente de Medeia, na tragédia, recomenda cautela e submissão; e, enumerando todos os infortúnios da desventurada heroína, pergunta-lhe de que ela dispõe para defendê-la de seus numerosos e implacáveis inimigos. "Tenho a mim mesma", ela responde, "a mim mesma, eu digo, e isso é o bastante." Boileau com justiça recomenda essa passagem como um exemplo do verdadeiramente sublime.⁵

8 Quando Fócio, o honrado, o gentil Fócio foi levado para sua execução, voltou-se para um de seus companheiros de in-

---

3 [*De sublimitate*] Cap.9.
4 Ibidem.
5 *Réflexion 10 sur Longin*.

fortúnio, que se lamentava pela sua triste sina: "Não é glorioso o bastante para ti", disse-lhe, "que morras com Fócio?".[6]

9   Tome-se agora, em oposição, a imagem que Tácito traça de Vitélio, deposto do Império, sua ignomínia prolongada por um miserável apego à vida, entregue à turba impiedosa, agredido, coberto de socos e pontapés, forçado — por um punhal seguro sob seu queixo — a erguer a cabeça e expor-se a todo tipo de ofensas. Que torpe vergonha! Que baixeza humilhante! E contudo, diz o historiador, mesmo aqui ele deu alguns sinais de um espírito não totalmente degenerado. A um tribuno que o insultara respondeu: "Sou ainda teu Imperador".[7]

10 Algo que jamais se desculpa é a completa falta de personalidade e de dignidade de caráter, ou de uma percepção adequada do que é devido a si mesmo em sociedade e na vida cotidiana. Esse vício constitui o que propriamente se denomina *baixeza*, quando um homem se submete à mais abjeta servidão para alcançar seus objetivos, bajula os que o maltratam e degrada-se em intimidades e familiaridades com subalternos indignos. Uma certa medida de amor-próprio e de um nobre

---

6   Plutarco, *Vida de Fócio* [cap.36].

7   Tácito, *Histórias*, livro 3. O autor, dando início à narrativa, diz: "*Laniata veste, fœdum spetaculum ducebatur, multis increpantibus, nullo inlacrimante: deformitas exitus misericordiam abstulerat*" [Ao ser conduzido, com as vestes dilaceradas, oferecia um triste espetáculo. Muitos imprecavam contra ele, ninguém chorava, pois o caráter repulsivo de sua saída afastava toda piedade]. Para penetrar completamente nessa maneira de pensar, devemos levar em conta as antigas máximas de que um homem não deve prolongar sua vida depois que ela se tornou desonrosa, mas — como sempre teve o direito de dispor dela — torna-se então um dever dela se separar.

sentimento de seu próprio valor é tão necessária que sua ausência no espírito desagrada tanto quanto a falta de um nariz, de um olho, ou de qualquer um dos traços mais importantes do rosto ou dos membros do corpo.[8]

11 A utilidade da *coragem*, tanto para o público como para quem a possui, é um claro fundamento de seu mérito. Mas quem quer que considere devidamente o assunto perceberá que essa qualidade tem um brilho especial, que extrai totalmente de si mesma e da nobre elevação que lhe é inseparável. Sua imagem, traçada por poetas e pintores, revela em cada traço uma grandeza e ousada confiança que captura o olhar, granjeia o afeto e infunde, por simpatia, uma semelhante elevação de sentimentos em todos os espectadores.

12 Com que luminosas cores Demóstenes[9] representa Filipe, na passagem em que o orador se desculpa por sua própria administração e justifica o tenaz amor pela liberdade com o qual inspirara os atenienses. Diz ele: "Contemplei Filipe, contra quem lutastes, expondo-se resolutamente, em sua busca de poder e domínio, a todos os ferimentos; o olho co-

---

8 A ausência de uma virtude pode ser muitas vezes um vício da maior gravidade, como no caso da ingratidão, tanto quanto no da baixeza. Quando esperamos alguma coisa bela, o desapontamento traz uma desconfortável sensação e produz uma deformidade real. Do mesmo modo, um caráter servil é repugnante e desprezível aos olhos dos outros. Quando um homem não sente um valor em si próprio, não é provável que venhamos a tê-lo em grande estima. E se, como frequentemente acontece, a mesma pessoa que rasteja diante de seus superiores é insolente com seus subordinados, essa contradição em seu comportamento, longe de corrigir o vício anterior, agrava-o extraordinariamente pelo acréscimo de um vício ainda mais odioso. Ver Seção 8.

9 *Pro corona* [§§ 67-68].

berto de uma crosta de sangue, o pescoço contorcido, braço e coxa trespassados, pronto a abandonar de bom grado qualquer parte de seu corpo que a fortuna agarrasse desde que pudesse, com o restante, viver com honra e renome. Quem diria que, nascido em Pela, lugar até então vil e ignóbil, ele tenha sido inspirado por tão grande ambição e sede de celebridade, ao passo que vós, atenienses etc.". Louvores como esse excitam nossa mais vívida admiração, embora a perspectiva apresentada pelo autor não nos leve para além do próprio herói nem nos faça esperar consequências vantajosas de seu valor.

13 O temperamento bélico dos romanos, inflamado por guerras contínuas, alçou tão alto sua admiração pela coragem que, em sua linguagem, ela era chamada *virtude*, como para conferir-lhe excelência e distinção entre todas as outras qualidades morais. "Os suevos", nas palavras de Tácito,[10] "arranjavam seus cabelos com um louvável intento; não para amar ou serem amados: eles se adornavam apenas para seus inimigos, e para parecerem mais terríveis." Uma opinião do historiador que soaria um pouco estranha em outras nações e outras épocas.

14 Os citas, de acordo com Heródoto,[11] após escalpelarem seus inimigos, tratavam a pele como um couro e usavam-na como uma toalha, e quem possuísse o maior número dessas toalhas era o mais merecedor de apreço entre eles. Nessa como em muitas outras nações, a bravura marcial destruiu em boa parte os sentimentos humanitários, uma virtude certamente muito mais útil e atrativa.

---

10 *De moribus Germania* [cap.38].
11 Livro 4 [cap.46].

15 Pode-se de fato observar que, entre todas as nações incultas que ainda não experimentaram plenamente as vantagens que acompanham a beneficência, a justiça e as virtudes sociais, a coragem é a virtude predominante, a mais celebrada pelos poetas, recomendada pelos pais e instrutores, e admirada pelo público em geral. Nesse aspecto, a ética de Homero é bem diferente da de Fénelon,* seu elegante imitador, e bem apropriada a uma época em que, como observou Tucídides,[12] um herói podia perguntar a outro, sem ofendê-lo, se ele era ou não um assaltante. E esse também, até muito recentemente, foi o sistema ético predominante em muitas das regiões bárbaras da Irlanda, se podemos dar crédito a Spenser em seu judicioso relato do estado daquele reino.[13]

16 Na mesma classe de virtudes que a coragem, está aquela imperturbável *tranquilidade* filosófica, superior à dor, à tristeza, à ansiedade e a todos os golpes adversos da fortuna. Consciente de sua própria virtude, dizem os filósofos, o homem sábio se eleva acima de todos os acidentes da vida e, firmemente instalado no templo da sabedoria, contempla de cima os mortais inferiores empenhados na busca de honra, riquezas, reputação e todo o tipo de entretenimento fútil. Sem dú-

---

* Escritor e teólogo francês (1651-1715). Sua obra *Télémaque* é a razão da referência à imitação de Homero. (N. T.)
12 [*História da guerra do Peloponeso*] Livro I [cap.5].
13 "É comum", diz ele, "que os filhos das boas famílias, tão logo sejam capazes de usar suas armas, reúnam-se imediatamente a três ou quatro vagabundos ou mercenários com os quais vagueiam à toa durante algum tempo pelo país, apoderando-se apenas de comida, até que afinal se lhe ofereça alguma má aventura, a qual, logo que se torna conhecida, faz que ele seja considerado daí em diante como um homem de valor, em quem há coragem."

vida, tais pretensões, quando levadas ao extremo, são demasiado elevadas para a natureza humana, mas carregam consigo uma majestade que arrebata o espectador e o enche de admiração. E quanto mais pudermos nos aproximar, na prática, dessa sublime tranquilidade e indiferença (pois é preciso distingui-la de uma insensibilidade estúpida), mais segura será a satisfação interior que alcançaremos, e maior a grandeza de espírito que revelaremos ao mundo. A tranquilidade filosófica pode, na verdade, ser considerada simplesmente como um ramo da grandeza de espírito.

17 Quem não admira Sócrates, sua constante serenidade e contentamento em meio a extrema pobreza e rixas domésticas, seu firme desprezo pelas riquezas e grande cuidado com a preservação da própria liberdade, recusando todo auxílio de seus amigos e discípulos e evitando mesmo a dependência de uma obrigação? Epiteto não tinha sequer uma porta no casebre em que morava, e por isso logo perdeu seu lampião de ferro, o único de seus objetos que valia a pena ser furtado. E tendo decidido frustrar todos os futuros ladrões, substituiu-o por um lampião de barro, que manteve pacificamente desde então em sua posse.

18 Entre os homens da Antiguidade, tanto os heróis da filosofia como os da guerra e da vida pública demonstram uma tal grandeza e força de sentimentos que espanta nossas almas exíguas e é apressadamente rejeitada como extravagante e sobrenatural. Admito que eles, por sua vez, teriam tido igual razão para considerar romântico e fantasioso o grau de humanidade, clemência, ordem, tranquilidade e outras virtudes sociais que atingimos na moderna administração do governo, se na época alguém tivesse sido capaz de descrevê-las acura-

damente. Essa é a compensação que a natureza, ou antes a educação, estabeleceu na distribuição das virtudes e perfeições nessas diversas épocas.

19 O mérito da *benevolência* decorrente de sua utilidade e de sua tendência a promover o bem da humanidade já foi explicado, e está, sem dúvida, na origem de uma parte *considerável* da estima universal que lhe é dedicada. Mas deve-se reconhecer também que a própria brandura e delicadeza desse sentimento, sua cativante afabilidade, suas afetuosas expressões, seus atenciosos cuidados e todo o fluxo de mútua confiança e respeito que faz parte dos ternos vínculos do amor e da amizade; deve-se reconhecer, eu dizia, que tais sentimentos, por serem em si mesmos prazerosos, transmitem-se necessariamente aos espectadores e os envolvem na mesma ternura e delicadeza. As lágrimas naturalmente brotam de nossos olhos quando experimentamos um cálido sentimento dessa espécie, nosso peito arfa, nosso coração se agita e todos os meigos princípios humanitários de nossa constituição põem-se em movimento, proporcionando-nos o mais puro e mais satisfatório dos gozos.

20 Quando os poetas descrevem os Campos Elísios, cujos bem-aventurados habitantes não têm nenhuma necessidade da ajuda uns dos outros, eles não obstante os representam como mantendo entre si um constante intercâmbio de amor e amizade, e confortam nossa imaginação com a agradável imagem dessas paixões suaves e gentis; e é por um princípio semelhante que a ideia da delicada tranquilidade de uma Arcádia pastoral é capaz de nos agradar, como já se observou aqui.[14]

---

14 Seção 5, parte 2.

21 Quem desejaria viver em meio a incessantes contendas, recriminações e censuras mútuas? A aspereza e o azedume dessas emoções nos perturbam e desagradam; sofremos por contágio e simpatia, e não podemos manter-nos como espectadores indiferentes, mesmo estando certos de que nenhuma consequência danosa nos advirá dessas ameaçadoras paixões.

22 Como uma prova segura de que nem todo o mérito da benevolência é derivado de sua utilidade, podemos observar que – à maneira de uma delicada censura – dizemos que uma pessoa é "boa demais" quando faz mais do que sua parte devida na sociedade, e leva sua atenção pelos outros além dos limites apropriados. De forma análoga, dizemos que um homem é "bem-humorado demais", "corajoso demais", "indiferente demais quanto à sua fortuna"; reprovações que, no fundo, contêm um maior elogio do que muitos discursos laudatórios. Estando acostumados a avaliar o mérito e o demérito dos caracteres principalmente por suas tendências úteis ou perniciosas, não podemos deixar de aplicar um termo de censura diante de um sentimento que se eleva a um grau prejudicial; mas pode ocorrer, ao mesmo tempo, que sua nobre elevação ou sedutora gentileza capturem de tal modo o coração a ponto de, antes, aumentarem nossa estima e interesse por essa pessoa.[15]

23 As ligações e casos amorosos de Henrique IV da França durante as guerras civis da Liga* prejudicaram frequente-

---

15 Dificilmente se imaginaria que um excesso de contentamento pudesse ser objeto de censura, se não fosse o fato de que a alegria desregrada, sem uma causa ou motivo apropriados, é um sintoma certo e uma característica da loucura, e, por isso, provoca aversão.

* "La ligue" foi uma associação fundada na França em 1576 para defesa do catolicismo romano contra o protestantismo de Henrique IV. Ela extinguiu-se em 1594, após a conversão do próprio soberano. (N. T.)

mente seus interesses e sua causa, mas pelo menos os jovens e apaixonados, capazes de simpatizar com essas ternas paixões, admitirão que essa própria fraqueza (pois não deixarão de considerá-la como tal) é a principal razão de seu apreço por esse herói e o que os torna interessados em suas vicissitudes.

24 A coragem excessiva e a resoluta inflexibilidade de Carlos XII arruinaram seu país e assolaram todos os vizinhos, mas exibem um tal esplendor e grandeza que nos enchem de admiração, e poderiam ser até mesmo aprovadas em certa medida, se não traíssem ocasionalmente sintomas demasiado evidentes de loucura e desordem mental.

25 Os atenienses pretendiam ter sido os inventores da agricultura e da legislação, e sempre se tiveram na mais alta conta pelo benefício que assim prestaram à totalidade da raça humana. Também se orgulhavam, e com razão, de suas campanhas bélicas, particularmente contra as inumeráveis frotas e exércitos persas que invadiram a Grécia durante os reinados de Dario e Xerxes. Mas, embora não possa haver comparação, quanto à utilidade, entre as honras pacíficas e as militares, vemos que os oradores que compuseram tão elaborados elogios àquela famosa cidade triunfaram especialmente quando cantavam seus sucessos guerreiros. Lísias, Tucídides, Platão e Isócrates revelam todos a mesma parcialidade que, embora condenada pela serena razão e reflexão, parece tão natural à mente humana.

26 Sabe-se que o grande encanto da poesia consiste em vívidas imagens das paixões mais elevadas – magnanimidade, coragem, desdém pela fortuna –, ou então, das ternas afeições – amor e amizade – que inflamam o coração e infundem-lhe sentimentos e emoções semelhantes. E embora se observe

que, por um mecanismo natural difícil de ser explicado, todos os tipos de paixões, mesmo as mais desagradáveis, como a aflição e a cólera, transmitem satisfação quando estimuladas pela poesia, nota-se que as afecções mais elevadas ou mais ternas têm uma influência peculiar e agradam por mais de uma causa ou princípio. E isso para não mencionar que só elas fazem que nos interessemos pelas vicissitudes das pessoas representadas, ou comunicam-nos alguma estima e afeição por seus caracteres.

27 E seria possível pôr em dúvida que esse próprio talento poético de mobilizar as paixões, esse *patético* e *sublime* do sentimento, constitui um mérito muito significativo, e que, reforçado por sua extrema raridade, pode elevar seu possuidor acima de todas as personalidades da época em que vive? A prudência, o decoro, a firmeza e o benevolente governo de Augusto, adornado por todos os esplendores de seu nobre nascimento e sua coroa imperial, dão-lhe parcas condições de competir com a fama de um Virgílio, que conta, de seu lado, apenas com as belezas celestiais de seu gênio poético.

28 A própria sensibilidade a essas belezas, ou um *refinamento* do gosto, já constitui por si só um belo traço em qualquer caráter, ao proporcionar o mais puro, o mais durável e o mais inocente de todos os prazeres.

29 Esses são alguns exemplos das várias espécies de mérito valorizadas pelo prazer imediato que proporcionam à pessoa que as possui. Nenhuma perspectiva de utilidade ou de futuras consequências benéficas toma parte nesse sentimento de aprovação; e, no entanto, ele é semelhante ao sentimento que surge de uma percepção da utilidade pública ou privada. Observamos que a mesma simpatia social, ou sentimento de

solidariedade pela felicidade ou miséria humanas, está na origem de ambos; e essa analogia, em todas as partes da presente teoria, pode justificadamente ser tomada como uma confirmação desta.

Seção 8
Das qualidades imediatamente agradáveis aos outros[1]

1   Do mesmo modo que na *sociedade* os mútuos conflitos e antagonismos de interesse e autoestima forçaram a humanidade a estabelecer as leis da *justiça* para preservar as vantagens da mútua assistência e proteção, também as eternas contrariedades devidas ao orgulho e à presunção dos seres humanos levaram à introdução, na *convivência social*, das regras de *boas maneiras* ou *polidez*, para facilitar o trato dos espíritos e um tranquilo relacionamento e comunicação. Entre pessoas bem-educadas, simula-se um respeito mútuo, disfarça-se o desprezo pelos outros, oculta-se a autoridade, dá-se atenção a todos, um de cada vez, e mantém-se um fluxo natural de conversação sem veemência, sem interrupção, sem avidez pelo triunfo e sem quaisquer ares de superioridade. Essas atenções e cuidados

---

1   É a natureza da virtude, e, na verdade, sua definição, que ela é *uma qualidade do espírito estimada ou aprovada por todos os que a consideram ou contemplam.* Mas algumas qualidades produzem prazer porque são úteis à sociedade, ou úteis ou agradáveis para a própria pessoa; outras o produzem de maneira mais imediata, e este é o caso do tipo de virtudes aqui consideradas.

são imediatamente *agradáveis* aos outros, mesmo sem levar em conta nenhuma consideração de utilidade ou tendência benéfica. Elas conciliam as afecções, promovem a estima e realçam grandemente o mérito da pessoa que por elas pauta seu comportamento.

2   Muitas das formalidades de boa educação são arbitrárias e casuais, mas o que expressam é sempre o mesmo. Um espanhol sai de sua casa à frente de seu hóspede, significando com isso que o deixa como senhor dela. Em outros países, o dono da casa sai em último lugar, como um sinal usual de respeito e consideração.

3   Mas, para que um homem se torne uma companhia social perfeita, ele precisa possuir *espírito* e *inventividade*, além de boas maneiras. O que é esse espírito pode não ser fácil de definir, mas certamente é fácil determinar que se trata de uma qualidade imediatamente *agradável* aos outros, que comunica, desde o primeiro momento em que se manifesta, uma vívida alegria e satisfação a todos que são capazes de compreendê-lo. A mais profunda metafísica, na verdade, poderia ser empregada para explicar os vários tipos e modalidades desse espírito, e talvez pudessem se reduzir a princípios mais gerais as suas múltiplas classificações, que são ora admitidas sob o único testemunho do gosto e do sentimento. Mas é suficiente para nossos propósitos considerar que ele afeta o gosto e o sentimento, e que, proporcionando um contentamento imediato, é uma fonte certa de estima e aprovação.

4   Em países em que as pessoas passam a maior parte de seu tempo em conversas, visitas e reuniões, essas qualidades *sociáveis*, por assim dizer, gozam de alta estima e formam a principal parte do mérito pessoal. Mas, em países nos quais as pes-

soas levam uma vida mais doméstica e ocupam-se com seus negócios ou divertem-se em um círculo mais estreito de amizades, as qualidades mais sólidas são as mais bem consideradas. Assim, observei muitas vezes que, entre os franceses, a primeira coisa que se quer saber sobre um recém-chegado é se ele é *polido*, e se tem o *espírito* anteriormente referido. Em nosso país, o principal elogio que se pode oferecer é dizer que se trata de alguém *sensato* e de *bom caráter*.

5   Na conversação, a animada espirituosidade de um diálogo é *agradável* mesmo para aqueles que não desejam tomar parte na discussão; por isso é que pouca aprovação é obtida pelo contador de longas histórias ou pelo declamador empertigado. Pois a maioria das pessoas deseja também sua vez de participar da conversa, e veem com muito maus olhos a *loquacidade* que as priva de um direito do qual são naturalmente muito ciosas.

6   Há um tipo inofensivo de *mentirosos*, comumente encontrados nas reuniões, que se comprazem muitíssimo com relatos fantásticos. Em geral sua intenção é agradar e entreter, mas, como as pessoas se encantam mais com aquilo que supõem ser verdadeiro, esses indivíduos se equivocam redondamente sobre as formas de agradar e incorrem em uma censura universal. Tolera-se, porém, alguma mentira ou fantasia em relatos humorísticos, porque ali elas são realmente agradáveis e divertidas, e a verdade não tem nenhuma importância.

7   Eloquência, habilidades de todas as espécies e mesmo bom senso e sólido raciocínio, quando se elevam a um grau superior e são empregados em assuntos que envolvem grande dignidade e refinado discernimento, todos esses dons parecem agradar de imediato e têm um mérito que se distingue de sua uti-

lidade. Também o fato de serem raros — um aspecto que tanto eleva o preço de qualquer coisa — deve contribuir para dar um valor adicional a esses nobres talentos do espírito humano.

8   A modéstia pode ser entendida em diversos sentidos, mesmo separada da castidade, de que já tratamos. Às vezes, significa a sensibilidade e o refinamento em questões de honra, a preocupação com a censura, o temor de intrometer-se e ofender outras pessoas, o *pudor*, enfim, que é o genuíno guardião de todos os tipos de virtudes e uma segura prevenção contra o vício e a corrupção. Mas seu significado mais usual é aquele que a opõe à *impudência* e à *arrogância*, e expressa uma incerteza quanto ao nosso próprio julgamento e uma apropriada atenção e consideração pelos outros. Essa qualidade, especialmente em pessoas jovens, é um sinal seguro de bom senso e também o meio correto para ampliar esse dom, por manter seus ouvidos abertos aos ensinamentos e fazer que se esforcem por novas realizações. Mas ela ainda apresenta um encanto adicional para cada espectador, ao agradar a vaidade de todos os homens e apresentar a imagem de um dócil discípulo que recebe, com a devida atenção e respeito, todas as palavras que eles pronunciam.

9   As pessoas têm, em geral, uma propensão muito maior para se sobrevalorizarem do que para se menosprezarem, não obstante a opinião de Aristóteles sobre o assunto.[2] Isso nos torna mais intolerantes para com os excessos do primeiro tipo e faz que sejamos particularmente indulgentes na apreciação de qualquer tendência à modéstia e à timidez, como se avaliássemos que há aqui menos perigo de tombar em algum

---

2   *Ética a Nicômaco* [Livro IV, cap.3].

extremo desequilibrado dessa natureza. É assim que, em países onde as pessoas tendem a exceder-se em corpulência, a beleza pessoal se associa a um grau de esbeltez muito mais pronunciado do que em países onde esse é o defeito mais comum. Ao depararem frequentemente com exemplos de uma espécie de deformidade, as pessoas julgam que quanto mais distantes estiverem dela, melhor, e sempre querem dirigir-se para o lado oposto. De forma análoga, se se abrisse a porta ao louvor de si mesmo, e fosse observada a máxima de Montaigne, segundo a qual cada um deveria dizer francamente "Sou sensato, sou instruído, sou corajoso, belo e talentoso", pois é certo que muitas vezes assim o julgam; se esse fosse o caso, eu dizia, todos reconhecerão que se abateria sobre nós um tal dilúvio de presunção que tornaria a vida social completamente intolerável. Por essa razão, o costume estabeleceu, nos contatos públicos, a regra de que não devemos nos entregar a autoelogios, nem mesmo falar muito de nós próprios; e é apenas entre amigos íntimos ou pessoas de comportamento muito valoroso que se permite que alguém faça justiça a si mesmo. Ninguém poderá censurar Maurício, príncipe de Orange, por sua resposta quando lhe perguntaram quem ele considerava o maior general de sua época: "O marquês de Spinola", disse ele, "é o segundo". Observe-se, entretanto, que o autoelogio insinuado por essa resposta é mais efetivo do que se tivesse sido expresso diretamente, sem nenhum véu ou disfarce.

10   Só um pensador muito superficial poderia imaginar que todos os exemplos de mútua deferência devem ser levados a sério, e que alguém se tornaria mais estimável por ser ignorante de seus próprios méritos e realizações. Uma pequena inclinação em direção à modéstia, mesmo nos sentimentos íntimos, é bem recebida, especialmente nos jovens, e uma in-

clinação ainda mais forte é exigida quanto ao comportamento exterior; mas nada disso exclui um nobre orgulho e temperamento que podem mostrar-se às claras e em toda sua extensão quando alguém se encontra sob o peso de uma calúnia ou opressão de qualquer tipo. A magnífica obstinação de Sócrates, como Cícero a denominava, tem sido grandemente celebrada em todas as épocas, e, quando conjugada à usual modéstia de seu comportamento, compõe um caráter luminoso. Ifícrates, o ateniense, tendo sido acusado de trair os interesses de seu país, perguntou a seu acusador: "Terias tu, em circunstâncias semelhantes, sido culpado de tal crime?". "De modo algum", replicou o outro. "E mesmo assim és capaz de imaginar que *Ifícrates* teria sido culpado?[3] Em suma, um generoso temperamento e amor-próprio, quando bem fundamentados, disfarçados com decoro e corajosamente defendidos contra as calúnias e vicissitudes, é uma grande virtude e parece derivar seu mérito da nobre elevação de seu sentimento, ou do fato de ser imediatamente agradável a seu possuidor. Em personalidades mais ordinárias, aprovamos uma inclinação para a modéstia, que constitui uma qualidade imediatamente agradável aos outros. O exagero corrompido da qualidade anterior, a saber, a insolência ou arrogância, é imediatamente desagradável aos outros, ao passo que o exagero desta última o é para seu possuidor; e assim se ajustam as fronteiras desses deveres.

11 O desejo de obter fama, reputação e reconhecimento dos demais, longe de ser merecedor de censura, parece inseparável da virtude, do talento, da capacidade e de uma nobreza e elevação de caráter. Uma atenção especial mesmo a assuntos de

---

3 Quintiliano, livro V, cap.12.

menor importância, com vista a agradar os demais, também é esperada e exigida pela sociedade; e ninguém se surpreende ao descobrir que um homem exibe mais elegância em suas vestimentas e mais brilho em sua conversação quando se acha em reuniões sociais do que quando passa o tempo em sua casa com a própria família. Em que consiste, então, essa *vaidade* que com tanta justiça se considera uma falta ou imperfeição? Ela parece consistir principalmente em uma exibição tão destemperada de nossas vantagens, honras e realizações, em uma busca tão afoita e inconveniente de elogio e admiração, que se torna ofensiva às outras pessoas e invade os limites de *suas* vaidades e ambições secretas. Ela é, além disso, um sintoma infalível de ausência da genuína dignidade e elevação espiritual que é um ornamento tão grande em qualquer caráter. Por que, de fato, esse impaciente desejo de aplauso, como se não fôssemos realmente dignos dele e não pudéssemos razoavelmente esperar que nos fosse alguma vez concedido? Por que essa ansiedade em relatar que estivemos em companhia de pessoas ilustres e que recebemos referências elogiosas, como se essas não fossem coisas corriqueiras que todos poderiam imaginar sem que lhes fossem contadas?

12 A *decência*, ou a apropriada consideração por idade, sexo, caráter e posição social, pode ser classificada entre as qualidades que são imediatamente agradáveis aos outros e que, por isso, recebem louvor e aprovação. Um comportamento efeminado em um homem, maneiras ríspidas em uma mulher — essas são coisas repulsivas porque não convêm às respectivas personalidades e diferem das qualidades que esperamos encontrar em cada um dos sexos. É como se uma tragédia estivesse repleta de passagens cômicas, ou uma comédia de cenas trágicas. As desproporções ofendem a vista e transmitem aos

espectadores um sentimento desagradável que é a origem da censura e da desaprovação. É esse o *indecorum* que Cícero explica tão extensamente em seus *Ofícios*.

13   Podemos também dar um lugar entre as outras virtudes ao *asseio*, dado que ele naturalmente nos torna agradáveis aos outros e é uma fonte nada desprezível de amor e afeição. Ninguém negará que a negligência nesse aspecto é uma falta; e como as faltas não são senão vícios menores, e essa falta não pode ter outra origem a não ser a sensação desconfortável que produz em outras pessoas, é possível — mesmo neste caso aparentemente tão banal — revelar claramente a origem das distinções morais sobre as quais os sábios têm se embrenhado em tantos labirintos de enganos e perplexidades.

14   Mas, além de todas as qualidades *agradáveis* de cuja beleza podemos em certa medida explicar as origens, resta ainda algo misterioso e inexplicável que transmite uma satisfação imediata ao espectador embora este não possa pretender determinar como e por que razão. Há um *modo*, um encanto, um desembaraço, uma distinção, um não-sei-o-quê que algumas pessoas possuem em maior grau que outras, que é muito distinto da graça ou beleza exterior e que, contudo, captura nossa afeição de maneira igualmente rápida e poderosa. E embora esse *modo* seja comentado principalmente quando se trata da paixão entre os sexos, caso em que sua secreta magia é facilmente explicável, ele desempenha certamente um papel importante em todas as nossas avaliações de caracteres e forma uma parte substancial do mérito pessoal. Essa classe de aptidões, portanto, deve ser confiada inteiramente ao testemunho cego mas infalível do gosto e do sentimento, e deve ser considerada como uma parte da ética, deixada assim pela na-

tureza para frustrar o orgulho da filosofia e torná-la consciente de seus estreitos limites e escassas realizações.

15   Aprovamos alguém por causa de seu espírito, polidez, modéstia, decência ou qualquer qualidade agradável que possua, ainda que não seja nosso conhecido nem nos tenha jamais proporcionado nenhum agrado por meio dessas aptidões. A ideia que fazemos do efeito que elas têm sobre os que o conhecem exerce uma agradável influência sobre nossa imaginação e produz em nós o sentimento de aprovação. Esse princípio figura em todos os juízos que fazemos acerca de condutas e caracteres.

Seção 9
Conclusão

Parte I

1   Pode com razão parecer surpreendente que alguém, nesta época tão tardia, julgue necessário provar por meio de elaborados raciocínios que o *mérito pessoal* consiste inteiramente na posse de qualidades mentais *úteis* ou *agradáveis* para *a própria pessoa* ou para *outros*. Seria de esperar que esse princípio já tivesse ocorrido até mesmo aos primeiros rudes e despreparados investigadores da moral, e sido aceito por sua própria evidência, sem nenhum argumento ou disputa. Tudo o que tem alguma espécie de valor acomoda-se tão naturalmente à classificação de *útil* ou *agradável* – o *utile* ou o *dulce* – que não é fácil imaginar por que deveríamos levar a busca mais adiante, ou considerar a questão como tema de refinados estudos e investigações. E como tudo que é útil ou agradável deve possuir essas qualidades ou em relação à *própria pessoa* ou a *outros*, o completo delineamento ou descrição do mérito parece realizar-se tão naturalmente como a projeção de uma sombra pelo sol, ou o reflexo de uma imagem na água. Se o solo sobre o

qual se lança a sombra não é irregular ou acidentado, nem a superfície na qual se reflete a imagem é trêmula ou agitada, uma figura correta apresenta-se imediatamente, sem nenhum artifício ou intervenção. E parece razoável supor que sistemas e hipóteses perverteram nossa faculdade natural de entendimento, ao vermos que uma teoria tão simples e óbvia conseguiu escapar por tanto tempo aos exames mais cuidadosos.

2   Seja o que for que tenha ocorrido na filosofia, na vida cotidiana esses princípios continuam sendo tacitamente mantidos, e nunca se recorre a nenhum outro aspecto louvável ou condenável quando se oferece qualquer elogio ou sátira, qualquer aplauso ou censura da conduta e das ações humanas. Se observarmos os homens nas situações de negócios ou entretenimento, nos discursos e conversações, veremos que em parte alguma, exceto nos recintos acadêmicos, eles demonstram incerteza sobre este assunto. Quão natural, por exemplo, é o seguinte diálogo: "És muito feliz", suponhamos que alguém diga, dirigindo-se a outro, "por teres dado tua filha em casamento a Cleantes. Ele é um homem honrado e humanitário, e todos os que se relacionam com ele podem estar seguros de receber um tratamento *honesto* e *dedicado*".[1] "Eu também te felicito", diz outro, "pelas promissoras expectativas desse genro, cuja assídua aplicação ao estudo das leis, viva perspicácia e precoce conhecimento tanto das pessoas como dos negócios permitem prever as maiores honras e promoções."[2] "Tu me surpreendes", replica um terceiro, "quando falas de Cleantes como um aplicado homem de negócios. Encontrei-o há pouco em uma reunião das mais alegres, e ele

---

1   Qualidades úteis aos outros.
2   Qualidades úteis para a própria pessoa.

era a própria vida e alma da conversação. Jamais observei em ninguém tanta graça unida a tão boas maneiras, tanto cavalheirismo sem afetação, tão versáteis conhecimentos exibidos de forma tão elegante.[3] "Tu o admirarias ainda mais", diz um quarto, "se o conhecesses mais intimamente. Aquela alegria que nele notaste não é um lampejo repentino despertado pela companhia, mas perpassa todos os aspectos de sua vida e preserva uma perpétua serenidade em sua face e uma constante tranquilidade em seu espírito. Ele já enfrentou severas provações, infortúnios e perigos, e sua grandeza de espírito foi sempre superior a todos eles."[4] "A imagem, cavalheiros, que aqui delineastes de Cleantes", exclamei, "é a do mérito mais consumado. Cada qual contribuiu com um traço de sua figura e, sem o perceber, excedestes todos os retratos desenhados por Graciano ou Castiglione. Um filósofo poderia escolher esse caráter como um modelo da virtude perfeita."

3   E assim como toda qualidade que é útil ou agradável a nós mesmos ou a outros é considerada, na vida cotidiana, como parte do mérito pessoal, também não se acrescentará jamais nenhuma outra a elas enquanto as pessoas julgarem as coisas por sua razão natural livre de preconceitos, e não se deixarem levar pelo lustro ilusório da superstição e da falsa religião. Celibato, jejum, penitência, mortificação, negação de si próprio, submissão, silêncio, solidão e todo o séquito das virtudes monásticas – por que razão são elas em toda parte rejeitadas pelas pessoas sensatas a não ser porque não servem a nenhum propósito; não aumentam a fortuna de um homem no mundo nem o tornam um membro mais valioso da socie-

---

3   Qualidades imediatamente agradáveis aos outros.
4   Qualidades imediatamente agradáveis à própria pessoa.

dade, não o qualificam para as alegrias da convivência social nem o tornam mais capaz de satisfazer-se consigo mesmo? Observamos, ao contrário, que elas frustram todos esses desejáveis fins; entorpecem o entendimento e endurecem o coração, toldam a imaginação e amargam o temperamento. É com razão, portanto, que as transferimos para a coluna oposta e colocamo-las no inventário dos vícios; e nenhuma superstição tem poder suficiente sobre os homens do mundo para corromper inteiramente esses sentimentos naturais. Um fanático sombrio e ignorante pode, após sua morte, ganhar uma data no calendário, mas dificilmente seria admitido, enquanto vivo, à intimidade e ao convívio social, exceto por aqueles tão transtornados e lúgubres quanto ele.

4   Parece ser uma vantagem da presente teoria o fato de não se comprometer com a popular disputa acerca dos *graus* em que a benevolência ou de amor de si mesmo participam na natureza humana; uma disputa que, com toda probabilidade, jamais terá nenhum resultado porque homens que tomaram partido não se convencem facilmente e, além disso, porque os fenômenos que ambas as partes apresentam como exemplos são tão vagos, incertos e passíveis de tantas interpretações que é difícil compará-los precisamente ou extrair deles uma determinada inferência ou conclusão. Para nossos propósitos, basta admitir – o que com certeza seria absurdo pôr em dúvida – que há alguma benevolência, ainda que pequena, infundida em nosso coração, alguma centelha de afeição pelo gênero humano, alguma parcela de pomba entrelaçada, em nossa constituição, a elementos de lobo e de serpente. Mesmo supondo que esses generosos sentimentos são muito frágeis, que são insuficientes para mover a mão ou um dedo de nosso corpo, ainda assim devem ser capazes de comandar as

decisões de nossa mente e, onde todo o resto for indiferente, de produzir uma moderada preferência pelo que é útil e proveitoso à humanidade, sobre o que lhe é prejudicial e perigoso. Surge de imediato, portanto, uma *distinção moral*, um sentimento geral de censura e aprovação, uma inclinação, ainda que tênue, pelos objetos da segunda e uma aversão proporcional aos da primeira. E aqueles pensadores que sinceramente sustentam o predominante egoísmo do ser humano não se escandalizarão em absoluto ao ouvir falar desses tênues sentimentos de virtude implantados em nossa natureza. Ao contrário, nota-se que estão tão dispostos a defender uma doutrina como outra, e seu espírito de sátira (pois é disso que parece tratar-se, não de desonestidade) dá origem naturalmente a ambas opiniões, que apresentam, de fato, uma conexão forte e quase indissolúvel entre si.

5   A avareza, a ambição, a vaidade e todas as paixões usualmente (porém impropriamente) subsumidas à denominação "amor de si mesmo" estão aqui excluídas de nossa teoria sobre a origem da moral, não porque sejam demasiado fracas, mas porque não se prestam convenientemente a esse propósito. A noção de moral implica algum sentimento comum a toda a humanidade, que recomenda o mesmo objeto à aprovação generalizada e faz que todos os homens, ou a maioria deles, concordem em suas opiniões ou decisões relativas a esse objeto. Ela também pressupõe um sentimento universal e abrangente o bastante para estender-se a toda a humanidade e tornar até mesmo as ações e os comportamentos das pessoas mais distantes em objetos de aplauso ou censura, conforme estejam ou não de acordo com a regra de correção estabelecida. Apenas o sentimento humanitário anteriormente examinado consegue satisfazer esses dois requisitos. As outras pai-

xões produzem em todos os corações muitos sentimentos fortes de desejo e aversão, afeição e ódio, que não são, porém, experimentados de forma suficientemente comum nem tão abrangentes para servir de base a algum sistema geral e a uma teoria consolidada sobre a censura ou a aprovação.

6   Quando um homem chama outro de seu *inimigo*, seu *rival*, seu *antagonista*, seu *adversário*, entende-se que ele está falando a linguagem do amor de si mesmo e expressando sentimentos que lhe são próprios e que decorrem das situações e circunstâncias particulares em que está envolvido. Mas, quando atribui a alguém os epítetos de *corrupto*, *odioso* ou *depravado*, já está falando outra linguagem e expressando sentimentos que ele espera que serão compartilhados por toda sua audiência. Ele deve, portanto, distanciar-se de sua situação privada e particular e adotar um ponto de vista comum a si e aos outros; ele precisa mobilizar algum princípio universal da constituição humana e ferir uma tecla com a qual toda a humanidade possa ressoar em acordo e harmonia. Assim, se pretende expressar que um certo homem possui atributos cuja tendência é nociva à sociedade, terá escolhido esse ponto de vista comum e tocado um princípio de humanidade com o qual toda pessoa, em certa medida, concorda. Enquanto o coração humano for composto dos mesmos elementos que hoje contém, jamais será totalmente insensível ao bem público nem inteiramente indiferente às tendências dos caracteres e condutas. E ainda que essa afecção humanitária não seja em geral considerada tão forte como a vaidade ou a ambição, somente ela, por ser comum a todos os homens, pode prover uma fundação para a moral ou para qualquer sistema geral de censura ou louvor. A ambição de uma pessoa não coincide com a ambição de outra, e um mesmo objeto ou acontecimento não pode satisfazer

ambas. Mas a humanidade de um homem coincide com a humanidade de todos os outros, e o mesmo objeto excita essa paixão em todas as criaturas humanas.

7   Não apenas os sentimentos decorrentes do caráter humanitário são os mesmos em todas as criaturas humanas e produzem a mesma aprovação ou censura, como também abrangem todas essas criaturas, de modo que não há nenhuma cujo comportamento ou caráter não seja, em virtude deles, um objeto de censura ou aprovação para todos. Por sua vez, as paixões comumente denominadas egoístas não apenas produzem sentimentos diversos em cada indivíduo, de acordo com sua particular situação, como também contemplam a maior parte da humanidade com a máxima indiferença e descaso. Quem quer que tenha por mim uma alta estima e consideração lisonjeia minha vaidade, quem quer que manifeste desprezo humilha e desagrada-me. Mas, como meu nome é conhecido apenas de uma pequena parte da humanidade, há poucos que se incluem no âmbito dessa paixão ou que provocam, por meio dela, meu afeto ou desgosto. Mas quando se descreve um comportamento tirânico, bárbaro ou insolente, em qualquer país ou época do mundo, logo nos apercebemos da perniciosa tendência dessa conduta e sentimos por ela um sentimento de desgosto e repugnância. Nenhum caráter pode ser tão remoto a ponto de ser-me totalmente indiferente, sob esta perspectiva. O que é benéfico à sociedade ou à própria pessoa sempre será preferido. E toda qualidade ou ação de qualquer ser humano deve, por esses meios, ser subsumida a alguma classe ou denominação indicativa de censura ou aplauso gerais.

8   Que mais poderíamos exigir, então, para distinguir os sentimentos humanitários dos ligados a qualquer outra paixão,

ou para convencer-nos de que são os primeiros, e não os outros, que dão origem à moral? Qualquer conduta que ganhe minha aprovação ao tocar minha humanidade também obterá o aplauso de todos os seres humanos, ao excitar neles o mesmo princípio. Mas o que serve à minha avareza ou ambição só satisfaz essas paixões em mim mesmo, e não afeta a avareza ou ambição do resto da humanidade. Não há nenhum aspecto na conduta de qualquer pessoa – por mais remota que seja essa pessoa – que não agrade meu caráter humanitário se tiver uma tendência benéfica; mas as pessoas que estão suficientemente distantes de mim a ponto de nem favorecerem nem prejudicarem minha avareza ou ambição são consideradas como totalmente indiferentes da perspectiva dessas paixões. Portanto, sendo a distinção entre essas espécies de sentimentos tão grande e evidente, a linguagem deve prontamente modelar-se por ela, e inventar uma classe especial de termos para expressar os sentimentos universais de censura ou aprovação que surgem dos afetos humanitários ou de uma percepção da utilidade geral, e os sentimentos contrários. A *virtude* e o *vício* tornam-se então conhecidos, a moral é identificada, formam-se certas ideias gerais acerca das ações e dos comportamentos humanos, passa-se a esperar tais e tais condutas de pessoas em tais e tais situações. Uma dada ação é classificada como estando de acordo com nossa regra abstrata, outra ação, como lhe sendo contrária. E, por meio desses princípios universais, controlam-se e restringem-se os sentimentos particulares do amor de si mesmo.[5]

---

5 Parece certo, tanto pela razão como pela experiência, que um selvagem rude e ignorante orienta seu amor e ódio principalmente pelas ideias de benefício ou dano privados, e tem apenas uma tênue concep-

9   Exemplos de arruaças populares, rebeliões, sublevações, pânico e todas as paixões compartilhadas por uma multidão ensinam-nos o poder que tem a sociedade para despertar e alimentar todo tipo de emoção, mostrando-nos como, por esse meio, os motivos mais fúteis e insignificantes bastam para desencadear as mais incontroláveis desordens. Como legislador, Sólon não foi muito cruel, embora talvez tenha sido injusto ao punir os que permaneceram neutros nas guerras civis, e acredito que poucos, nesses casos, receberiam punição se suas emoções e discursos fossem considerados suficientes para absolvê-los. Nenhum egoísmo e dificilmente alguma fi-

---

ção de um sistema ou regra geral de comportamentos. Ele odeia profundamente o homem que está postado à sua frente na batalha, não apenas no momento presente – o que é praticamente inevitável – mas para sempre, e não se satisfaz senão com a punição e vingança mais extremas. Mas nós, acostumados à vida em sociedade e a reflexões mais abrangentes, consideramos que esse homem está servindo a seu próprio país e comunidade, que qualquer um na mesma situação faria o mesmo, que nós próprios, em idênticas circunstâncias, adotamos uma conduta semelhante, e que, em geral, a sociedade humana se sustenta melhor com base em tais princípios. E assim, mediante tais perspectivas e considerações, corrigimos em certa medida nossas paixões mais brutas e mesquinhas. E embora nossas amizades e inimizades continuem sendo regidas por cálculos privados de benefícios e prejuízos, prestamos ao menos uma homenagem às regras gerais que estamos acostumados a respeitar, quando em geral denegrimos a conduta de nosso adversário ao imputar-lhe maldade e injustiça com o fim de dar vazão às paixões que provêm do amor de si mesmo e do interesse privado. Quando o coração está cheio de ira, nunca lhe faltam pretextos dessa natureza, embora sejam às vezes tão ridículos como os de Horácio que, ao ser quase esmagado pela queda de uma árvore, pretendeu acusar de parricídio quem a havia plantado [*Odes*, livro 2, ode 13].

losofia têm aí força suficiente para sustentar uma completa frieza e indiferença, e quem não se inflama nessa labareda comum deve ser superior, ou inferior, a um homem. Por que se admirar, então, de que os sentimentos morais tenham tanta influência na vida, embora brotem de princípios que à primeira vista podem parecer frágeis e delicados? Mas é preciso notar que esses princípios são sociais e universais, e formam, de certo modo, o *partido* da humanidade contra seus inimigos comuns, o vício e a desordem. E como uma preocupação benevolente pelos demais está difundida em maior ou menor grau entre todos os seres humanos, e é a mesma em todos, ela surge mais frequentemente no discurso, é incentivada no convívio social, e a censura e aprovação que dela derivam são por isso despertadas da letargia em que provavelmente estão mergulhadas nas naturezas solitárias e incultas. Outras paixões, talvez originalmente mais fortes, são não obstante – pelo fato de serem egoístas e privadas – frequentemente sobrepujadas pelo poder da primeira e cedem o domínio de nosso coração aos princípios públicos e sociais.

10   Outra tendência de nossa constituição que reforça muito o sentimento moral é o amor pela fama, que tem uma autoridade incondicional sobre todos os espíritos elevados e muitas vezes é o grande objetivo de todos os seus planos e realizações. Em nossa busca contínua e sincera de um caráter, um nome, uma reputação na sociedade, passamos frequentemente em revista nosso procedimento e conduta, e consideramos como eles aparecem aos olhos dos que nos estão próximos e nos observam. Esse constante hábito de nos inspecionarmos pela reflexão mantém vivos todos os sentimentos do certo e do errado, e engendra, nas naturezas mais nobres, uma certa reverência por si mesmo e pelos outros que é a mais segura

guardiã de toda virtude. Os confortos e prazeres animais perdem gradualmente seu valor, enquanto todas as belezas interiores e graças morais são diligentemente adquiridas, e o espírito se preenche de todas as perfeições que podem adornar ou embelezar uma criatura racional.

11 Eis aqui a mais perfeita moralidade que conhecemos, na qual se manifesta a força de muitas simpatias. Nosso sentimento moral é ele próprio um sentimento dessa natureza, e nosso cuidado em manter uma reputação perante outros parece provir apenas de uma preocupação em preservar a reputação perante nós mesmos; e, para esse fim, julgamos necessário ancorar nosso titubeante julgamento na correspondente aprovação da humanidade.

12 Mas, para que possamos reconciliar as questões e afastar, se possível, todas as dificuldades, suponhamos que todos esses raciocínios sejam falsos e que erramos ao adotar a hipótese de que o prazer proveniente da perspectiva de utilidade reduz-se aos sentimentos de humanidade e simpatia. Vamos admitir que é necessário encontrar alguma outra explicação para o aplauso oferecido aos objetos, animados ou inanimados ou racionais, quando tendem a promover o bem-estar e o benefício da humanidade. Por mais difícil que seja imaginar que um objeto receba aprovação graças à sua tendência a um certo fim enquanto esse próprio fim é considerado totalmente indiferente, vamos tolerar esse absurdo e averiguar quais são suas consequências. O precedente esboço ou definição do *mérito pessoal* deve ainda preservar toda sua evidência e autoridade; devemos ainda admitir que toda qualidade da mente que seja *útil* ou *agradável* à *própria pessoa* ou a *outros* transmite um prazer ao espectador, granjeia sua estima e recebe a honrosa

denominação de virtude ou mérito. Não são a justiça, a fidelidade, a honra, a veracidade, a lealdade e a castidade valorizadas unicamente por sua tendência a promover o bem da sociedade? Não é essa tendência inseparável da benevolência, da clemência, da generosidade, da moderação, da brandura, da amizade e de todas as outras virtudes sociais? Poder-se-ia duvidar de que a diligência, a discrição, a frugalidade, a circunspecção, o método, a perseverança, a prudência, o discernimento e toda essa classe de dotes e virtudes cujo catálogo preencheria muitas páginas; poder-se-ia duvidar, eu dizia, de que a tendência dessas qualidades a promover o interesse e a felicidade de seu possuidor é o único fundamento de seu mérito? Quem poderia pôr em dúvida que um espírito capaz de manter uma permanente serenidade e alegria, uma nobre dignidade e um ânimo destemido, uma terna afeição e boa vontade para com todos ao redor, visto que obtém mais prazer consigo mesmo, é também um espetáculo mais animador e estimulante do que se estivesse abatido pela tristeza, atormentado pela angústia, perturbado pela cólera ou mergulhado na mais abjeta torpeza e degeneração? Quanto às qualidades imediatamente *agradáveis aos outros*, elas já falam suficientemente por si mesmas, e deve ser na verdade muito infeliz, quer em seu temperamento quer em sua convivência social, quem nunca se apercebeu dos encantos de um espírito exuberante ou de uma efusiva amabilidade, de uma delicada modéstia ou de uma decorosa polidez nas maneiras e na conversação.

13 Sei que nada é mais contrário à filosofia do que ser taxativo e dogmático em qualquer assunto, e que mesmo um ceticismo *excessivo*, se pudesse ser mantido, não seria mais destrutivo para o correto raciocínio e investigação. Estou convencido de que os homens enganam-se em geral exatamente nos

casos em que se sentem mais seguros e arrogantes, e nos quais dão rédea solta às paixões sem uma apropriada deliberação e cautela capazes de garanti-los contra os absurdos mais grosseiros. E, contudo, devo confessar que essa enumeração lança uma tal luz sobre o assunto que não estou, *no momento*, mais seguro de qualquer verdade alcançada pelo raciocínio e pela argumentação do que o estou sobre o fato de que o mérito pessoal consiste inteiramente no caráter útil ou agradável das qualidades, seja para a pessoa que as possui, seja para os outros que têm algum relacionamento com ela. Mas, quando reflito que, embora se tenha medido e delineado o tamanho e a forma da Terra, explicado os movimentos das marés, submetido a ordem e organização dos corpos celestiais a leis apropriadas, e reduzido o próprio infinito a um cálculo, ainda persistem as disputas relativas ao fundamento de seus deveres morais; quando considero tudo isso, eu dizia, recaio na desconfiança e no ceticismo, e suspeito que, se fosse verdadeira esta hipótese tão óbvia, ela teria já há muito tempo recebido o sufrágio e a aceitação unânimes da humanidade.

Parte 2

14   Tendo explicado a *aprovação* moral que acompanha o mérito ou virtude, nada mais nos resta senão considerar brevemente nossa *obrigação* interessada para com eles e investigar se um homem preocupado com seu próprio bem-estar e felicidade não atenderá melhor a seus interesses pela prática de todos os deveres morais. Se pudermos estabelecer isso claramente a partir da teoria precedente, teremos a satisfação de constatar que os princípios que apresentamos são capazes

não apenas de resistir ao teste do raciocínio e da investigação, mas também de contribuir para a reforma da vida das pessoas e seu aperfeiçoamento na moralidade e nas virtudes sociais. E ainda que a verdade filosófica de qualquer proposição não dependa absolutamente de sua tendência a promover os interesses da sociedade, seria muito desagradável apresentar uma teoria, por mais verdadeira que seja, que se admitisse conduzir a práticas nocivas e perigosas. Por que vasculhar aqueles recantos da natureza que espalham transtornos por todo seu redor? Por que exumar a pestilência da cova em que está sepultada? A engenhosidade de tais investigações pode produzir admiração, mas os sistemas decorrentes serão detestados e a humanidade concordará, se não puder refutá-los, ao menos em lançá-los ao eterno silêncio e olvido. Verdades que são *perniciosas* à sociedade, se as houver, cederão lugar a enganos que são saudáveis e *vantajosos*.

15 Mas quais verdades filosóficas poderiam ser mais vantajosas à sociedade do que as que aqui apresentamos, que representam a virtude com todos os seus mais genuínos e atraentes encantos e fazem-nos aproximar dela com desembaraço, familiaridade e afeto? Caem por terra as lúgubres roupagens com as quais muitos teólogos e alguns filósofos a cobriam, e o que surge à vista é apenas gentileza, humanidade, bondade, e até mesmo, a intervalos apropriados, divertimento, júbilo e alegria. Ela não fala de inúteis rigores e austeridades, sofrimentos e abnegações. Ela declara que seu único propósito é fazer que seus adeptos e toda a humanidade se tornem alegres e felizes em todos os momentos de sua existência; e não descarta voluntariamente nenhum prazer a não ser com a perspectiva de uma ampla compensação em algum outro período de sua vida. O único esforço que ela demanda é o de um cál-

culo correto e uma firme preferência por um máximo de felicidade. E se dela se aproximam austeros pretendentes, inimigos da alegria e do prazer, ela ou os rejeita como hipócritas e impostores ou, se chega a admiti-los em seu séquito, atribui-lhes um lugar entre os menos favorecidos de seus devotos.

16 E, de fato, deixando de lado as metáforas, que esperança poderíamos ter de atrair a humanidade para uma prática que confessássemos estar cheia de austeridade e rigor? Que teoria da moral poderia servir a algum propósito útil se não mostrasse, de forma detalhada, que os deveres que recomenda coincidem com os verdadeiros interesses de cada indivíduo? A vantagem característica do sistema precedente parece ser que ele fornece meios adequados para esse propósito.

17 Seria com certeza supérfluo provar que as virtudes que são imediatamente *úteis* ou *agradáveis* à pessoa que as possui são desejáveis em vista do interesse próprio; e os moralistas bem poderiam poupar-se dos esforços que muitas vezes fazem para recomendar esses deveres. De que serve reunir argumentos para demonstrar que a temperança é vantajosa e que os excessos no prazer são prejudiciais, quando é claro que esses excessos só recebem essa denominação exatamente porque são prejudiciais? Se o uso ilimitado de bebidas alcoólicas, por exemplo, fosse tão pouco nocivo à saúde e às faculdades do corpo e da mente quanto o uso da água ou do ar, não seria considerado minimamente mais vicioso ou censurável que estes.

18 Parece igualmente supérfluo provar que as virtudes *sociáveis* das boas maneiras e da espirituosidade, do decoro e do cavalheirismo, são mais desejáveis que os atributos contrários. A mera vaidade, sem nenhuma outra consideração, já é um motivo suficiente para fazer-nos desejar a posse desses dons.

Esses são aspectos em que ninguém é voluntariamente deficiente, e nos quais todas as nossas falhas procedem da má educação, falta de habilidade, ou uma disposição de ânimo caprichosa e obstinada. Quem não preferiria ter sua companhia desejada, admirada e requerida, em vez de odiada, desprezada e evitada? Seria possível deliberar seriamente sobre isso? Assim como nenhum prazer é genuíno sem alguma referência à convivência e à sociedade, tampouco pode ser agradável ou mesmo tolerável um grupo em que uma pessoa sinta que sua presença não é bem-vinda e observe a toda sua volta sinais de desagrado e aversão.

19   Mas por que, na grande associação ou confederação da humanidade, a situação seria diferente da dos clubes e associações particulares? Por que duvidar de que as virtudes mais amplas da generosidade, humanidade e beneficência são desejáveis em vista da felicidade e do interesse próprio, tanto quanto os dotes mais limitados da vivacidade e cortesia? Há porventura o temor de que essas afecções sociais venham a interferir com a utilidade privada num grau maior e mais imediato do que outras ocupações, e não possam ser satisfeitas sem algum importante sacrifício da honra e vantagem pessoais? Se assim é, estamos mal informados sobre a natureza das paixões humanas e mais influenciados pelas distinções verbais do que pelas autênticas diferenças.

20   Seja qual for a contradição que vulgarmente se supõe existir entre os sentimentos ou disposições *egoístas* e *sociais*, a oposição aqui não é maior que entre "egoísta" e "ambicioso", "egoísta" e "vingativo", "egoísta" e "fútil". O amor de si mesmo precisa ter como base uma propensão original de algum tipo que torne atraentes os objetos de sua busca, e nada é mais adequado a esse propósito do que a benevolência ou hu-

manidade. Os bens da fortuna são sempre empregados para obter alguma satisfação: o avarento que poupa sua renda anual e a empresta a juros, na verdade gastou-a para satisfazer sua própria avareza. E seria difícil mostrar por que alguém estaria sendo mais prejudicado por uma ação generosa do que por qualquer outro modo de despender seus bens, dado que o máximo que se pode obter pelo egoísmo mais refinado é sempre a gratificação de alguma paixão.

21 Ora, se uma vida sem paixões é insípida e aborrecida, suponhamos que um homem tivesse o poder de moldar suas próprias disposições, e esteja decidindo qual apetite ou desejo irá escolher como base de sua felicidade e prazer. Ele observará que toda paixão, quando satisfeita com sucesso, provê um prazer proporcional à sua força e intensidade; mas, para além dessa vantagem comum a todas elas, a sensação imediata de benevolência e amizade, de humanidade e afabilidade, é doce, suave, terna e agradável, independentemente de toda circunstância fortuita ou acidental. Essas virtudes são, além disso, acompanhadas de uma aprazível consciência ou recordação, e mantêm-nos bem-humorados conosco e com os demais enquanto retemos a agradável reflexão de termos cumprido nossa parte em relação à humanidade e à sociedade. E embora todas as pessoas se mostrem enciumadas de nossos êxitos relacionados à avareza e à ambição, podemos quase seguramente contar com sua boa vontade e votos de sucesso enquanto perseverarmos nos caminhos da virtude e nos dedicarmos à realização de planos e propósitos generosos. Que outra paixão existe na qual poderemos encontrar reunidas tantas vantagens: um sentimento recomendável, um agradável estado de consciência, uma boa reputação? Mas note-se que as pessoas já estão, por si mesmas, bastante convencidas dessas verdades; e se faltam a seus deveres para com a sociedade não é porque não desejem ser generosas, amigáveis e humanas, mas porque elas mesmas não se sentem assim.

22   Considerando o vício de maneira absolutamente franca e fazendo-lhe todas as possíveis concessões, deveremos reconhecer que não há, em caso algum, o menor pretexto para lhe dar qualquer preferência sobre a virtude do ponto de vista do interesse próprio, exceto talvez no caso da justiça, em que, considerando-se as coisas sob um certo ângulo, pode muitas vezes parecer que alguém sai perdendo como resultado de sua integridade. E embora se admita que nenhuma sociedade pode subsistir sem um respeito pela propriedade, ocorre que, em razão da maneira imperfeita pela qual são conduzidos os assuntos humanos, um espertalhão ardiloso poderá julgar, em certas circunstâncias, que um ato de injustiça ou deslealdade trará um importante acréscimo à sua fortuna sem causar nenhuma ruptura considerável na confederação ou união social. "A honestidade é a melhor política" pode ser uma boa regra geral, mas é suscetível de muitas exceções, e pode-se pensar que o homem que se conduz com a máxima sabedoria é aquele que observa a regra geral e tira proveito de todas as exceções.

23   Confesso que, se alguém julga que esse raciocínio exige uma resposta, será um pouco difícil encontrar alguma que lhe pareça satisfatória e convincente. Se seu coração não se revolta contra essas máximas perniciosas, se ele não reluta em entregar-se a pensamentos indignos e baixos, é que já perdeu, de fato, uma importante motivação para a virtude, e podemos antecipar que sua prática estará de acordo com suas especulações. Mas, em todas as naturezas puras, a aversão pela traição e deslealdade é demasiado forte para ser compensada por quaisquer perspectivas de lucro ou vantagem pecuniária. Paz interior de espírito, consciência da integridade, um exame satisfatório de nossa própria conduta: essas são condições muito necessárias para a felicidade, e serão valorizadas e cultivadas por toda pessoa honesta que se apercebe de sua importância.

24   Uma tal pessoa tem, além disso, a frequente satisfação de ver aqueles espertalhões, com toda a sua pretensa astúcia e habilidade, traídos por suas próprias máximas. Pois, embora sua intenção seja trapacear com moderação e sigilo, uma ocasião tentadora se apresenta, e como a natureza é frágil, eles caem em uma cilada da qual não conseguem se desvencilhar sem a perda total de sua reputação e de toda futura confiança e crédito diante da humanidade.

25   Mas, ainda que fossem completamente secretos e bem-sucedidos, o homem honesto, se tem algumas noções de filosofia, ou mesmo de observação e reflexão ordinárias, descobrirá que esses espertalhões são, no fim das contas, os maiores simplórios, pois trocaram a inestimável satisfação associada a um caráter, pelo menos perante si mesmos, pela aquisição de bagatelas e quinquilharias sem valor. Quão pouco se requer para suprir as *necessidades* da natureza! E, relativamente ao *prazer*, que comparação poderia haver entre a satisfação gratuita que obtemos da conversação, do convívio social, do estudo, e até mesmo da saúde e das belezas comuns da natureza, mas, acima de tudo, da tranquila reflexão sobre a própria conduta; que comparação poderia haver, eu dizia, entre estas satisfações e as diversões febris e vazias nascidas do luxo e da dissipação? Esses prazeres naturais, na verdade, não têm preço, pois qualquer preço é superior ao que custa obtê-los e, ao mesmo tempo, inferior ao prazer que proporcionam.

Apêndice I
Sobre o sentimento moral

1   Se a hipótese precedente for aceita, será fácil agora decidir a questão de que partimos,[1] relativa aos princípios gerais da moral. E embora tenhamos adiado a decisão sobre essa questão temendo que ela nos enredasse em especulações complexas e inadequadas ao discurso moral, podemos retomá-la agora e examinar em que medida a *razão* ou o *sentimento* participam das decisões que envolvem louvor ou censura.

2   Como se supõe que um dos principais fundamentos do louvor moral consiste na utilidade de alguma qualidade ou ação, é evidente que a *razão* deve ter uma considerável participação em todas as decisões desse tipo, dado que só essa faculdade pode nos informar sobre a tendência das qualidades e ações e apontar suas consequências benéficas para a sociedade ou para seu possuidor. Em muitos casos, essa questão dá margem a grandes controvérsias: dúvidas podem aflorar, interesses conflitantes podem se manifestar, e pode ser preciso dar a preferência a um dos lados com base em percepções muito

---

[1] Seção I.

sutis e uma preponderância mínima de utilidade. Isso se nota especialmente nas questões que dizem respeito à justiça como de fato é natural supor, em vista do tipo de utilidade que acompanha essa virtude.[2] Se cada caso individual de justiça fosse útil à sociedade, como ocorre com a benevolência, a questão seria mais simples e raramente daria ensejo a grande controvérsia. Mas, como casos particulares de justiça são muitas vezes perniciosos do ponto de vista de suas primeiras e mais imediatas consequências, e como a vantagem para a sociedade resulta apenas da observância da regra geral e da cooperação e acordo de muitas pessoas na mesma conduta imparcial, o caso se torna, aqui, mais complexo e emaranhado. As várias circunstâncias da vida social, as diversas consequências de cada prática, os diversos interesses que podem ser manifestados, todas essas coisas muitas vezes geram dúvidas e tornam-se objetos de longas disputas e averiguações. O objetivo das leis civis é decidir todas as questões relativas à justiça; os debates dos juristas, as reflexões dos políticos, os precedentes da história e dos registros públicos estão todos dirigidos para esse propósito. E muitas vezes se requer uma *razão* ou *julgamento* muito acurados para chegar à decisão correta, em meio a tão intrincadas dúvidas provenientes de utilidades opostas ou pouco definidas.

3 Mas, embora a razão, quando plenamente assistida e desenvolvida, seja suficiente para nos fazer reconhecer a tendência útil ou nociva de qualidades e ações, ela sozinha não basta para produzir qualquer censura ou aprovação moral. A utilidade é apenas a tendência a atingir um certo fim, e, se esse fim nos fosse de todo indiferente, deveríamos sentir a

---

2 Ver Apêndice 3.

mesma indiferença em relação aos meios. É preciso que um *sentimento* venha a manifestar-se aqui, para estabelecer a preferência pelas tendências úteis sobre as nocivas. Esse sentimento só pode ser uma apreciação da felicidade dos seres humanos e uma indignação perante sua desgraça, já que esses são os diferentes fins que a virtude e o vício têm tendência a promover. Aqui, portanto, a *razão* nos informa sobre as diversas tendências das ações, e a *benevolência* faz uma distinção em favor das que são úteis e benéficas.

4 Essa repartição entre as faculdades do entendimento e do sentimento em todas as decisões morais parece clara pela hipótese precedente. Vou supor, porém, que essa hipótese é falsa; nesse caso, será preciso buscar alguma outra teoria satisfatória, e eu me aventuro a afirmar que não se encontrará nenhuma enquanto supusermos que a razão é a única fonte da moral. Para prová-lo, será conveniente ponderar as cinco considerações que se seguem.

5 I. É fácil para uma hipótese falsa preservar alguma aparência de veracidade quando se atém exclusivamente a tópicos gerais, faz uso de termos indefinidos e emprega analogias em vez de exemplos concretos. Isso é particularmente notável no tipo de filosofia que atribui o reconhecimento de todas as distinções morais apenas à razão, sem o concurso do sentimento. É impossível que essa hipótese venha a tornar-se minimamente inteligível em qualquer caso particular, por mais plausível que pareça em discursos e palavreados genéricos. Examine-se, por exemplo, o ato condenável da *ingratidão*, que ocorre sempre que observamos, de um lado, uma boa vontade expressa e reconhecida, acompanhada da prestação de bons serviços, e, de outro, a retribuição com hostilidade ou indiferença, acompanhada de desserviço ou omissão. Dissequem-se

todas essas circunstâncias, e examine-se apenas pela razão em que consiste o demérito ou a culpa: jamais se chegará a qualquer resultado ou conclusão.

6   A razão julga ou sobre *questões de fato* ou sobre *relações*. Perguntemo-nos então, *em primeiro lugar*, onde está o fato que aqui consideramos condenável; procuremos apontá-lo, determinar o momento de sua ocorrência, descrever sua natureza ou essência, explicar o sentido ou faculdade que o apreende. Ele reside na mente da pessoa que é ingrata; esta, portanto, deve senti-lo, deve ter consciência dele. Mas nada existe em sua mente exceto a paixão da hostilidade ou uma absoluta indiferença, e não se pode dizer destas que sejam atos condenáveis sempre e em qualquer circunstância. Só o são quando dirigidas contra pessoas que anteriormente expressaram e demonstraram boa vontade para conosco. Em consequência, podemos inferir que o ato moralmente condenável da ingratidão não consiste em nenhum *fato* particular e individual, mas decorre de um complexo de circunstâncias que, ao se apresentarem ao espectador, provocam o *sentimento* de censura, em razão da peculiar estrutura e organização de sua mente.

7   Alguém poderia considerar falaciosa essa explicação. O que é moralmente condenável não constitui, na verdade, um *fato* particular, cuja realidade nos seria assegurada pela razão, mas um conjunto de *relações morais* descobertas pela razão, do mesmo modo que descobrimos pela razão as verdades da geometria ou da álgebra. Mas quais são essas relações das quais se fala? No exemplo apresentado, vejo inicialmente a boa vontade e os préstimos de uma pessoa, e vejo em seguida a hostilidade e os desserviços de outra. Há, pois, entre estes, uma relação de *contrariedade*. Será que é essa relação que torna o ato condenável? Suponha-se, entretanto, que alguém demons-

trou hostilidade contra mim, ou realizou atos que me prejudicaram, e que eu, em contrapartida, fiquei indiferente a essa pessoa ou prestei-lhe um bom serviço. Há aqui a mesma relação de *contrariedade*, e, contudo, esse meu comportamento é frequentemente muito elogiável. Por mais que se torça e retorça o exemplo, jamais se conseguirá estabelecer a moralidade sobre uma relação, mas será sempre necessário recorrer às decisões do sentimento.

8   Quando se afirma que dois mais três é igual à metade de dez, compreendo perfeitamente essa relação de igualdade. Concebo que, se dez for dividido em duas partes, uma com o mesmo número de unidades que a outra, e se qualquer uma dessas partes for comparada com dois adicionado a três, ela conterá tantas unidades quanto esse número composto. Mas quando se extrai disso uma comparação com as relações morais, confesso que sou completamente incapaz de compreendê-la. Um ato moralmente condenável, como a ingratidão, é um objeto complicado. Consistiria a moralidade em uma relação entre suas partes? Como? De que maneira? Se tentarmos especificar a relação e ser mais explícitos e detalhados em nossas proposições, chegaremos facilmente a constatar sua falsidade.

9   Não, diz alguém: a moralidade consiste nas relações entre as ações e a regra do direito, e essas ações são denominadas boas ou más conforme concordem ou discordem dessa regra. Mas o que é a regra do direito? Em que ela consiste? Como é estabelecida? Pela razão, dir-se-á: a razão examina as relações morais das ações. De sorte que as relações morais são determinadas pela comparação da ação com uma regra, e essa regra, por sua vez, é determinada considerando-se as relações morais dos objetos. Não é este um belo espécime de raciocínio?

10   Tudo isso é metafísica, pode-se exclamar. E isso já basta; nada mais é necessário para levantar uma forte presunção de falsidade. É verdade, eu respondo, aqui há certamente metafísica, mas ela está toda do lado de quem propõe uma hipótese obscura que jamais pode ser tornada inteligível nem se conciliar com qualquer caso ou exemplo particulares. Em contrapartida, a hipótese que adotamos é clara. Ela afirma que a moralidade é determinada pelo sentimento, e define a virtude como *qualquer ação ou qualidade mental que comunica ao espectador um sentimento agradável de aprovação*; e o vício como o seu contrário. Passamos então a examinar uma simples questão de fato, a saber, quais ações têm essa influência. Consideramos todas as circunstâncias em que essas ações concordam e esforçamo-nos para extrair daí algumas observações gerais relativas a esses sentimentos. Quem quiser chamar isso de metafísica, e encontrar aqui algo de obscuro, deve concluir que suas inclinações intelectuais não são adequadas às ciências morais.

11   2. Quando um homem, em qualquer ocasião, delibera sobre sua própria conduta (por exemplo, se deveria auxiliar um irmão ou um benfeitor em uma emergência particular), ele deve considerar essas distintas relações, juntamente com todas as circunstâncias e situações particulares das pessoas envolvidas, a fim de determinar qual é o mais elevado dever ou obrigação; do mesmo modo que, para determinar as proporções entre as linhas de um triângulo qualquer, é necessário examinar a natureza daquela figura e as relações que suas diversas partes mantêm umas com as outras. Mas, não obstante essa aparente similaridade entre os dois casos, há entre eles, no fundo, uma extrema diferença. Alguém que raciocina teoricamente sobre triângulos e círculos considera as várias relações dadas e conhecidas entre as partes dessa figura e

infere daí alguma relação desconhecida que é dependente das primeiras. No caso das deliberações morais, entretanto, devemos estar familiarizados de antemão com todos os objetos e todas as relações que mantêm uns com os outros, e determinar, a partir de uma consideração do todo, nossa escolha ou aprovação. Não há nenhum fato novo a ser averiguado, nenhuma nova relação a descobrir. Supõe-se que todos os aspectos do caso estão diante de nossos olhos antes de podermos emitir qualquer juízo de censura ou aprovação. Se alguma circunstância relevante for ainda desconhecida ou duvidosa, temos inicialmente de empregar nossas faculdades intelectuais ou investigativas para determiná-la e suspender por esse período toda decisão ou sentimento morais. Enquanto ignorarmos se um homem foi ou não um agressor, como poderemos determinar se quem o matou é culpado ou inocente? Tão logo, porém, se conheçam todas as circunstâncias e todas as relações, o entendimento não tem mais lugar para agir, nem qualquer objeto sobre o qual pudesse se aplicar. A aprovação ou censura que se segue não pode ser obra do entendimento, mas do coração, e não é uma proposição ou afirmação especulativa, mas um ativo sentimento ou sensação. Nas investigações do entendimento inferimos, a partir de relações e circunstâncias conhecidas, algo novo e até então desconhecido. Nas decisões morais, todas as circunstâncias e relações devem ser previamente conhecidas, e a mente, a partir da contemplação do todo, sente alguma nova impressão de afeto ou desagrado, estima ou repúdio, aprovação ou recriminação.

12   Disto provém a grande diferença entre um erro de *fato* e um de *direito*, e também a razão pela qual um deles é costumeiramente criminoso, e não o outro. Quando matou Laio, Édipo ignorava sua relação de parentesco com a vítima e, com base

nas circunstâncias, formou de maneira inocente e involuntária uma opinião errônea sobre a ação que cometera. Nero, no entanto, ao matar Agripina, tinha conhecimento prévio de todas as relações entre ele e aquela pessoa, e de todas as circunstâncias ligadas ao caso, mas a motivação de vingança, ou temor, ou interesse, prevaleceu em seu bárbaro coração sobre os sentimentos de dever e humanidade. E quando expressamos contra ele um repúdio ao qual ele mesmo, em pouco tempo, tornou-se insensível, não é porque percebemos alguma relação que ele ignorava, mas porque a retidão de nossas disposições nos faz experimentar sentimentos que não podiam afetá-lo, embrutecido como estava pela adulação e por uma longa perseverança na prática dos crimes mais gigantescos. É nesses sentimentos, portanto, e não na descoberta de qualquer espécie de relações, que consistem todas as determinações morais. Antes de pretendermos tomar qualquer decisão desse tipo, tudo que se relaciona ao objeto ou à ação deve ser conhecido e verificado. E nada mais resta de nossa parte senão experimentar um sentimento de censura ou aprovação, com base no qual declaramos a ação ofensiva ou virtuosa.

13 3. Essa doutrina ficará ainda mais evidente se compararmos a beleza moral com a beleza natural, à qual ela em muitos aspectos se assemelha estreitamente. É da proporção, arranjo e posição das partes que toda beleza natural depende, mas seria absurdo inferir disso que a percepção da beleza, como a da verdade em problemas geométricos, consiste inteiramente na percepção de relações e se realiza integralmente pelo entendimento ou pelas faculdades intelectuais. Em todas as ciências, nosso intelecto parte de relações conhecidas para investigar as desconhecidas. Mas, em todas as decisões relativas ao gosto ou à beleza exterior, as relações estão todas de antemão pa-

tentes ao olhar, e a partir daí passamos a experimentar um sentimento de satisfação ou desagrado, conforme a natureza do objeto e a disposição de nossos órgãos dos sentidos.

14 Euclides explicou completamente todas as propriedades do círculo, mas em nenhuma proposição disse sequer uma palavra sobre sua beleza. A razão é evidente: a beleza não é uma propriedade do círculo, não reside em nenhuma parte da linha cujas partes são equidistantes de um centro comum, mas é apenas o efeito que essa figura produz sobre a mente, cuja peculiar estrutura ou organização a torna suscetível de tais sentimentos. Em vão a procuraríamos no círculo, ou a buscaríamos, por meio dos sentidos ou do raciocínio matemático, em qualquer das propriedades dessa figura.

15 Ouçamos Palladio e Perrault,* quando explicam todas as partes e proporções de uma coluna. Eles falam da cornija e do friso, da base e da cimalha, do fuste e da arquitrave, e fornecem a descrição e a posição de cada um desses elementos. No entanto, se lhes pedíssemos a descrição e a posição de sua beleza, eles prontamente replicariam que a beleza não é nenhuma das partes ou elementos da coluna, mas algo que resulta do todo, quando essa figura complexa se apresenta a um espírito inteligente, suscetível dessas sensações mais refinadas. Até que apareça um tal espectador, há somente uma forma com tais e tais proporções e dimensões; sua beleza e elegância surgem apenas dos sentimentos desse espectador.

16 Ouçamos ainda Cícero, quando retrata os crimes de um Verres ou um Catilina. É forçoso reconhecer que também a

---

* Andrea Palladio, arquiteto italiano (1518-1580); Claude Perrault, arquiteto francês (1613-1688). (N. T.)

torpeza moral resulta de uma contemplação do todo, quando este se apresenta a um ser cujos órgãos têm uma particular estrutura e conformação. O orador pode retratar, de um lado, a cólera, a insolência e a selvageria; de outro, a mansidão, o sofrimento, a mágoa e a inocência. Mas, se não sentimos crescer em nós a indignação ou compaixão a partir desse complexo de circunstâncias, seria vão perguntar-lhe em que consiste a ofensa ou torpeza contra a qual tão veementemente declama. Em que momento, ou em qual objeto, ela começou primeiramente a existir? E o que foi feito dela alguns meses depois, quando os estados de espírito e os pensamentos de todos os atores envolvidos estavam extintos ou totalmente modificados? Nenhuma resposta satisfatória a essas questões pode ser dada a partir da hipótese abstrata da moral, e devemos por fim reconhecer que a ofensa ou imoralidade não é um fato ou relação particular que pudesse ser objeto do entendimento, mas surge inteiramente do sentimento de desaprovação que, pela estrutura da natureza humana, inevitavelmente experimentamos quando contemplamos a crueldade e a perfídia.

17 4. Coisas inanimadas podem manter entre si todas as mesmas relações que observamos entre agentes morais, mas não podem jamais ser objetos de amor ou ódio; e, consequentemente, não são suscetíveis de mérito ou iniquidade. Uma árvore nova que sobrepuja e destrói aquela que lhe deu origem está exatamente na mesma situação de Nero ao matar Agripina; e se a moralidade consistisse simplesmente em relações, seria sem dúvida tão criminosa quanto ele.

18 5. Parece evidente que os fins últimos das ações humanas não podem em nenhum caso ser explicados pela *razão*, mas recomendam-se inteiramente aos sentimentos e às afecções da humanidade, sem nenhuma dependência das faculdades inte-

lectuais. Pergunte-se a um homem por que ele se exercita; ele responderá que deseja manter sua saúde. Se lhe for perguntado, então, por que deseja a saúde, ele prontamente dirá que é porque a doença é dolorosa. Mas se a indagação é levada adiante e pede-se uma razão pela qual ele tem aversão à dor, ser-lhe-á impossível fornecer alguma. Este é um fim último, e jamais se refere a qualquer outro objetivo.

19   Talvez à segunda questão – por que deseja a saúde – ele pudesse dar também a resposta que ela é necessária para exercer suas ocupações. Se perguntarmos por que se preocupa com isso, ele dirá que é porque deseja obter dinheiro. E se quisermos saber por quê, a resposta será que se trata de um meio para o prazer; e será absurdo exigir alguma razão para além dessa. É impossível que haja uma progressão *in infinitum*, e que sempre haja alguma coisa em vista da qual uma outra é desejada. Algo deve ser desejado por si mesmo, por causa de sua imediata conformidade ou concordância com os sentimentos e afecções humanos.

20   Ora, como a virtude é um fim, e é desejável por si mesma, sem retribuição ou recompensa, meramente pela satisfação imediata que proporciona, é preciso que haja algum sentimento que ela toque, algum gosto ou sensação interior, ou como se quiser chamá-lo, que distinga entre o bem e o mal morais, e que abrace o primeiro e rejeite o segundo.

21   Assim, os distintos limites e atribuições da *razão* e do *gosto* são facilmente determinados. A razão transmite o conhecimento sobre o que é verdadeiro ou falso; o gosto fornece o sentimento de beleza e deformidade, de virtude e vício. A primeira exibe os objetos tal como realmente existem na natureza, sem acréscimo ou diminuição; o segundo tem uma capacidade produtiva e, ao ornar ou macular todos os objetos natu-

rais com as cores que toma emprestadas do sentimento interno, erige, de certo modo, uma nova criação. A razão, sendo fria e desinteressada, não é um motivo para a ação, e apenas direciona o impulso recebido dos apetites e inclinações, mostrando-nos os meios de atingir a felicidade ou evitar o sofrimento. O gosto, como produz prazer ou dor e com isso constitui felicidade ou sofrimento, torna-se um motivo para a ação e é o princípio ou impulso original do desejo e da volição. A partir de circunstâncias e relações conhecidas ou supostas, a primeira nos conduz à descoberta das que são ocultas ou desconhecidas. O segundo, quando todas as circunstâncias e relações estão dispostas à nossa frente, faz-nos experimentar diante desse todo um novo sentimento de censura ou aprovação. A norma da razão, fundada na natureza das coisas, é eterna e inflexível, até mesmo pela vontade do Ser Supremo. A norma do gosto, originária da estrutura e constituição internas dos animais, deriva-se em última instância daquela Vontade Suprema, que outorgou a cada ser sua peculiar natureza e arranjou as diversas classes e ordens de existência.

Apêndice 2
Do amor de si mesmo

1   Há um princípio que se supõe prevalecer entre muitos e que é totalmente incompatível com qualquer virtude ou sentimento moral; e como só pode proceder do mais pervertido temperamento, tende, por sua vez, a encorajar ainda mais essa perversão. Esse princípio afirma que toda *benevolência* é mera hipocrisia, a amizade um engodo, o espírito público uma farsa, a fidelidade um ardil para angariar crédito e confiança; e que todos nós, ao perseguir no fundo apenas nosso próprio interesse privado, vestimos esses belos disfarces para apanhar os outros desprevenidos e submetê-los a nossas imposturas e maquinações. É fácil imaginar como é o coração de quem professa tais princípios e não experimenta nenhum sentimento interior que desminta essa teoria tão perniciosa; e também qual o afeto e benevolência que pode sentir por uma espécie que pinta em cores tão odiosas e supõe tão incapaz de gratidão e de retribuição. Ou, se não quisermos atribuir esses princípios a um coração degenerado, temos ao menos de explicá-los como resultado de um exame extremamente desatento e precipitado. De fato, pensadores superficiais, ao ob-

servarem tanta hipocrisia entre os homens e talvez por não sentirem uma coerção bastante forte por parte de suas próprias inclinações, podem chegar a concluir, de forma geral e apressada, que todos são igualmente degenerados e que o ser humano, diferentemente de todos os animais e mesmo de todas as outras formas de existência, não admite graus de bondade e maldade, mas é, em cada caso, sempre a mesma criatura sob distintos disfarces e aparências.

2   Há um outro princípio, semelhante ao anterior, que tem sido muito enfatizado pelos filósofos e servido de fundação para muitos sistemas, a saber: que seja qual for o afeto que alguém possa sentir ou imaginar que sente pelos outros, nenhuma paixão é, nem pode ser, desinteressada; que a mais generosa amizade, mesmo quando sincera, é somente uma modificação do amor de si mesmo; e que, ainda que não o saibamos, sempre estamos buscando nossa própria satisfação, mesmo quando parecemos profundamente envolvidos em planos para a liberdade e felicidade do gênero humano. Por um viés da imaginação, por uma sutileza da reflexão, por um entusiasmo da paixão, parecemos compartilhar dos interesses dos demais e imaginamo-nos isentos de qualquer consideração egoísta; mas, na realidade, o patriota mais desprendido e o mais mesquinho usurário, o herói mais corajoso e o mais abjeto covarde têm, em todas suas ações, exatamente o mesmo interesse pela própria felicidade e bem-estar.

3   Os que concluem, a partir da tendência aparente dessa opinião, que os que a professam não podem experimentar os verdadeiros sentimentos de benevolência, nem ter alguma consideração pela genuína virtude, frequentemente descobrirão que, na prática, estão muito equivocados. A probidade e a

honra não eram estranhas a Epicuro e sua seita. Ático e Horácio parecem ter recebido da natureza e cultivado pela reflexão inclinações tão generosas e amigáveis quanto qualquer discípulo das escolas mais ascéticas. E, entre os modernos, Hobbes e Locke, que defenderam o sistema egoísta da moral, levaram vidas irrepreensíveis, embora o primeiro não tenha se submetido a nenhuma coerção religiosa que pudesse suprir os defeitos de sua filosofia.

4 Um epicurista ou hobbesiano admite prontamente que existe no mundo a amizade, sem hipocrisia ou disfarce, embora possa tentar, por uma química filosófica, como que reduzir os elementos dessa paixão aos da outra, e explicar todas as afecções como se fossem no fundo o amor de si mesmo distorcido e moldado em uma variedade de aparências por um viés particular da imaginação. Mas, como esse mesmo viés de imaginação não prevalece em todas as pessoas nem dá o mesmo direcionamento à paixão original, isso é suficiente, mesmo de acordo com o sistema egoísta, para produzir as mais vastas diferenças entre os caracteres humanos, permitindo denominar alguns homens virtuosos e humanitários, e outros, malévolos e guiados por interesses torpes. Estimamos o homem cujo amor de si mesmo está, por alguma razão que seja, dirigido no sentido de fazê-lo interessar-se pelos demais e torná-lo proveitoso para a sociedade, assim como odiamos ou desprezamos aquele que não leva nada em conta além de suas próprias satisfações e deleites. Em vão se dirá que esses caracteres, embora aparentemente opostos, são no fundo o mesmo, e que é apenas um insignificante direcionamento do pensamento que forma toda a diferença entre eles. Na prática, cada um desses caracteres, não obstante essas diferenças insignificantes, aparece-nos como algo muito constante e ca-

racterístico. E nesse assunto, não mais que em outros, não se observa que os sentimentos naturais que surgem das aparências gerais das coisas sejam facilmente abalados por reflexões sutis sobre as diminutas origens dessas aparências. Porventura não me inspira contentamento e satisfação a coloração viva e alegre de um rosto, mesmo quando a filosofia me ensina que todas as diferenças de tez provêm de minúsculas diferenças de espessura entre as partes mais diminutas da pele, em virtude das quais uma superfície se torna apta a refletir uma das cores originais da luz e absorver as demais?

5   Mas, embora a questão relativa ao egoísmo universal ou parcial do homem não seja tão importante como se costuma supor para a moralidade ou para a prática, ela é certamente relevante na ciência especulativa da natureza humana, e um apropriado objeto de curiosidade e investigação. Talvez não seja inadequado, portanto, que lhe dediquemos aqui algumas reflexões.[1]

---

1 A benevolência está naturalmente dividida em dois tipos, a *geral* e a *particular*. A primeira tem lugar quando não temos amizade nem relacionamento nem apreço especial pela pessoa, mas sentimos por ela apenas uma simpatia geral, ou compaixão por seus sofrimentos e satisfação por suas alegrias. A outra espécie de benevolência se funda em uma opinião sobre a virtude, em favores que nos foram prestados, ou em ligações particulares. Esses dois sentimentos devem ser considerados reais na natureza humana, mas se eles se reduzem ou não a algumas refinadas considerações do amor de si mesmo é uma questão mais curiosa do que importante. Teremos frequentemente oportunidade de tratar, no curso desta investigação, do primeiro sentimento, a saber, o de uma benevolência, ou humanidade, ou estima gerais; e vou assumi-lo como real a partir da experiência comum, sem nenhuma outra prova.

6   A objeção mais evidente contra a hipótese egoísta é que, como ela é contrária à percepção comum e às noções não distorcidas, requer-se um extremo contorcionismo filosófico para estabelecer um paradoxo tão extraordinário. Mesmo o observador mais descuidado perceberá que existem disposições como a benevolência e a generosidade, afecções como o amor, amizade, compaixão e gratidão. Esses sentimentos têm suas causas, efeitos, objetos e modos de operação demarcados pela linguagem e pela observação ordinárias, e claramente distinguidos dos das paixões egoístas. E como essa é a aparência óbvia das coisas, é algo que deve ser admitido até que se descubra alguma hipótese que, ao penetrar mais profundamente na natureza humana, consiga provar que as primeiras afecções são apenas modificações das últimas. Até agora se mostraram infrutíferas todas as tentativas dessa espécie, que parecem dever-se inteiramente a um amor pela *simplicidade* que tem sido a fonte de muitos raciocínios falaciosos em filosofia. Não vou detalhar aqui o assunto, e muitos filósofos capazes já mostraram a insuficiência desses sistemas. Tomarei como garantido o que, segundo creio, um mínimo de reflexão torna evidente para todo investigador imparcial.

7   Mas a própria natureza do assunto autoriza uma forte suposição de que nenhum sistema melhor será inventado, no futuro, para explicar a origem das afecções benevolentes a partir das egoístas e reduzir a uma perfeita simplicidade todas as diversas emoções da mente humana. A situação, nesta área da filosofia, é diferente da que vigora em física. No estudo da natureza, muitas hipóteses contrárias às primeiras aparências revelaram-se sólidas e satisfatórias após um exame mais acurado. Casos desse tipo são tão frequentes que um fi-

lósofo ponderado mas também espirituoso[2] aventurou-se a afirmar que, se houver mais de um modo pelo qual se pode produzir um fenômeno, há uma presunção geral de que ele decorre das causas menos óbvias e familiares. Mas é a suposição contrária que vale no caso das investigações sobre a origem de nossas paixões e das operações internas da mente humana. A causa mais simples e mais óbvia que se pode atribuir a algum fenômeno é provavelmente sua verdadeira causa. Quando um filósofo se vê obrigado, na exposição de seu sistema, a recorrer a reflexões muito complexas e refinadas, e a supô-las essenciais para produção de alguma paixão ou emoção, temos razão para resguardarmo-nos ao máximo contra essa hipótese tão falaciosa. As afecções não são suscetíveis a nenhuma impressão proveniente dos refinamentos da razão ou da imaginação, e sempre se observa que, dada a exígua capacidade da mente humana, um vigoroso exercício destas últimas faculdades destrói, necessariamente, toda a atividade das primeiras. É verdade que muitas vezes nosso motivo ou intenção dominante está oculto de nós mesmos, ao mesclar-se e confundir-se com outros motivos que a mente, por vaidade ou presunção, pretende tomar como preponderantes; mas não há nenhum exemplo em que uma ocultação desse tipo tenha-se originado do caráter abstrato ou intrincado da motivação. Um homem que perdeu um amigo e benfeitor pode congratular-se supondo que toda sua tristeza provém de sentimentos generosos aos quais não se mescla nenhuma consideração mesquinha e interesseira; mas como supor, no caso de um homem que se lamenta pela perda de um amigo

---

2 *Monsieur* Fontenelle.

valioso que necessitava de seu apoio e proteção, que sua inflamada sensibilidade provém de considerações metafísicas por um interesse próprio, que não tem fundamento ou realidade? Explicar a origem da paixão a partir de tais reflexões abstratas seria o equivalente a imaginar que diminutas molas e engrenagens, como as de um relógio, pudessem pôr em movimento um vagão carregado.

8   Observa-se que os animais são capazes de amabilidade, tanto para com os de sua espécie como para conosco, e não há, neste caso, a mínima suspeita de dissimulação ou artifício. Devemos explicar também os sentimentos *deles* a partir de refinadas deduções baseadas no interesse próprio? Ora, se admitirmos uma benevolência desinteressada nas espécies inferiores, por qual regra de analogia podemos recusá-la nas superiores?

9   O amor entre os sexos gera um contentamento e afeto muito distintos da satisfação de um apetite. A ternura pela sua prole, em todos os seres sensíveis, é usualmente capaz por si só de contrabalançar as mais fortes motivações do amor de si mesmo, e em nada depende dessa afecção. Que interesse pode ter em vista uma mãe amorosa que põe sua saúde a perder pelos cuidados infatigáveis com seu filho doente, e em seguida definha e morre de tristeza quando libertada, pela morte da criança, da escravidão imposta por esses cuidados?

10   Não é a gratidão uma afecção do coração humano; ou será apenas uma palavra sem significado nem realidade? Não temos mais satisfação com a companhia de uma pessoa do que com a de outras, e não desejamos o bem-estar de um amigo ainda que a ausência ou a morte nos impeçam de compartilhá-lo com ele? E o que usualmente nos permite essa participação, mesmo quando vivos e presentes, senão o afeto e a consideração que temos por ele?

11   Esses e mil outros exemplos são marcas de uma benevolência geral na natureza humana, sem que nenhum interesse *real* nos vincule ao objetivo. E parece difícil explicar como um interesse *imaginário*, tomado e reconhecido como tal, pode estar na origem de alguma paixão ou emoção. Nenhuma hipótese satisfatória desse tipo foi ainda descoberta, nem há a menor probabilidade de que os futuros esforços dos homens sejam acompanhados de resultados mais favoráveis.

12   Além disso, se considerarmos corretamente o assunto, descobriremos que a hipótese que admite uma benevolência desinteressada, distinta do amor de si mesmo, tem realmente mais *simplicidade* e conforma-se melhor à analogia da natureza do que a hipótese que pretende reduzir toda amizade e sentimentos humanitários a este último princípio. Existem necessidades ou apetites corporais reconhecidos por todos que necessariamente precedem todo gozo sensual e levam-nos diretamente a buscar a posse do objeto. Assim, a fome e a sede têm a comida e a bebida como seu fim, e da satisfação desses apetites primários decorre um prazer que pode tornar-se o objeto de um outro tipo de desejo ou inclinação que é secundário e interessado. Da mesma forma, existem paixões mentais pelas quais somos imediatamente impelidos a buscar objetos particulares, como a fama, ou o poder, ou a vingança, sem nenhuma consideração por nosso interesse; e quando esses objetos são conquistados, um gozo aprazível se segue como consequência de nossas afecções terem sido atendidas. A natureza deve, pela estrutura e organização internas de nossa mente, dar-nos uma propensão original para a fama, antes que possamos colher qualquer prazer dessa aquisição ou buscá-la motivados pelo amor de nós mesmos e por um desejo de felicidade. Se não tenho nenhuma vaidade, não te-

rei prazer em ouvir elogios; se estou desprovido de ambição, o poder não me traz contentamento; se não estou encolerizado, a punição de um adversário ser-me-á totalmente indiferente. Em todos esses casos, há uma paixão que aponta imediatamente para o objeto e o torna para nós um bem ou motivo de felicidade; assim como há outras paixões secundárias que surgem a seguir e buscam esse objeto como parte de nossa felicidade, tão logo nossas afecções originais o tenham constituído como tal. Se não houvesse um apetite de nenhum tipo antecedente ao amor de si mesmo, essa propensão dificilmente poderia exercer-se, porque, nesse caso, os sofrimentos e prazeres que experimentamos teriam sido tênues e escassos, e teríamos poucas aflições e alegrias a evitar ou procurar.

13   Mas onde está a dificuldade em conceber que isso pode igualmente ocorrer no caso da benevolência e da amizade, e que, pela estrutura original de nosso temperamento, podemos sentir um desejo pela felicidade ou bem de outra pessoa, o qual, mediante essa afecção, torna-se nosso próprio bem e é a seguir perseguido pelos motivos combinados da benevolência e autossatisfação? Quem não reconhece que a vingança, pela simples força da paixão, pode ser tão avidamente perseguida a ponto de nos fazer negligenciar conscientemente todas as considerações relativas a tranquilidade, interesse e segurança e, à maneira de certos animais vingativos, infundir nossa própria alma nas feridas que produzimos em um inimigo?[3] Quão perversa deve ser uma filosofia que não concede

---

3   *"Animasque in vulnere ponunt"* [E deixam a própria alma na ferida], Virgílio [*Geórgicas*, 4, lin. 238]. *"Dum alteri noceat, sui negligens"* [Despreocupado consigo mesmo, contanto que faça mal a outrem], diz Sêneca da cólera, *De ira*, livro I, cap.I.

à amizade e aos sentimentos humanitários os mesmos privilégios que, de modo inconteste, atribuem-se às sombrias paixões da inimizade e do ressentimento. Uma filosofia como essa é antes uma sátira que uma genuína representação ou descrição da natureza humana, e pode ser um bom fundamento para tiradas espirituosas e galhofeiras, mas é muito inconveniente para quaisquer argumentos ou raciocínios sérios.

Apêndice 3
Algumas considerações adicionais com relação à justiça

1   O objetivo deste Apêndice é fornecer uma explicação mais particularizada da origem e da natureza da justiça, e precisar algumas diferenças entre ela e as outras virtudes.

2   As virtudes sociais de caráter benevolente e humanitário exercem sua influência de forma imediata, por um instinto ou tendência direta que tem em vista principalmente o simples objeto que mobiliza as afecções, e não abarca nenhum plano ou sistema, nem as consequências resultantes da cooperação, imitação e exemplo de outras pessoas. Um pai que corre em socorro de seu filho é impelido por uma simpatia natural que atua sobre ele e não lhe dá ensejo de refletir sobre os sentimentos ou a conduta do resto da humanidade em circunstâncias semelhantes. Um homem generoso de bom grado abraça a oportunidade de prestar um serviço a seu amigo porque se sente, na ocasião, sob o domínio das afecções beneficentes, e não se pergunta se outras pessoas no universo já foram antes movidas por esses nobres motivos ou se virão, no futuro, a experimentar essa influência. Em todos esses casos, as paixões sociais têm em vista um objeto individual isolado e

perseguem apenas a segurança ou a felicidade da pessoa que se ama e estima. Isso as satisfaz e obtém sua aquiescência. E como o bem que resulta de sua influência benigna é em si mesmo completo e integral, ele também excita o sentimento moral de aprovação sem nenhuma reflexão sobre consequências posteriores, e sem uma perspectiva mais ampla sobre a adesão e imitação de outros membros da sociedade. Ao contrário, se um amigo ou patriota generoso e desinteressado perseverasse sozinho na prática da benevolência, isso serviria antes para aumentar seu valor a nossos olhos e ajuntaria os elogios de raridade e novidade a seus outros méritos mais aclamados.

3   Mas a situação não é a mesma com as virtudes sociais da justiça e da fidelidade. Elas são úteis ao extremo e, na verdade, absolutamente necessárias ao bem-estar da humanidade; contudo, o benefício que delas resulta não é uma consequência de cada ato individual isolado, mas decorre do plano ou sistema integral no qual cooperam todos ou a maior parte dos membros da sociedade. A paz e a ordem gerais são os frutos da justiça, isto é, de uma abstenção generalizada de apoderar-se das posses de outros, mas o acatamento específico de um direito particular de um cidadão individual pode com frequência, tomado isoladamente, trazer consequências perniciosas. O resultado dos atos individuais é aqui, em muitos casos, diretamente oposto ao resultado do sistema integral de ações, e pode ocorrer que o primeiro seja extremamente prejudicial embora o último seja vantajoso no mais alto grau. As riquezas herdadas de um progenitor são, nas mãos de um mau homem, um instrumento de malefício; o direito de herança pode, em um certo caso, ser pernicioso. Seu benefício provém apenas da observância de uma regra geral, e é suficien-

te se por meio dele se produzir uma compensação por todos os males e inconveniências que decorrem de situações e caracteres particulares.

4   Ciro, jovem e inexperiente, considerou apenas o caso individual que tinha diante de si, e levou em conta apenas uma limitada adequação e conveniência quando concedeu a túnica longa ao rapaz alto e a túnica curta ao de menor estatura. Seu preceptor instruiu-o melhor ao apontar perspectivas e considerações mais amplas e ao informar seu discípulo sobre as regras gerais e inflexíveis necessárias para manter a paz e a ordem na sociedade.*

5   A felicidade e a prosperidade dos seres humanos, quando resultam da virtude social da benevolência e de suas subdivisões, podem ser comparadas a um muro construído por muitas mãos que vai se elevando com cada pedra que sobre ele é empilhada, e cujo crescimento é proporcional à diligência e ao empenho de cada um dos trabalhadores. Mas essa mesma felicidade, quando produzida pela virtude social da justiça e suas subdivisões, pode ser comparada à construção de uma abóbada, na qual cada pedra individual, deixada a si mesma, só poderia cair ao solo, e a estrutura integral só se sustenta pelo arranjo e apoio mútuos de suas partes correspondentes.

6   Todas as leis de natureza que regulam a propriedade, assim como todas as leis civis, são sempre gerais e só consideram alguns aspectos essenciais do caso em questão, sem levar em conta os caracteres, as situações e os relacionamentos da

---

* A referência é a Xenofonte: *Cyropaedia*, I. 3. 17. O preceptor repreendeu-o por decidir em termos da melhor serventia das túnicas uma questão que era, antes, sobre a quem legitimamente pertencia cada uma delas. (N. T.)

pessoa envolvida, nem quaisquer consequências particulares que possam resultar da aplicação dessas leis a qualquer caso particular que se apresente. Elas privam sem hesitação um homem beneficente de todas as suas propriedades, se essas foram adquiridas de forma equivocada e sem registros apropriados, para entregá-las a um sovina egoísta que já amontoou imensas reservas de riquezas supérfluas. A utilidade pública requer que a propriedade se regule por regras gerais inflexíveis; e embora essas regras tenham sido adotadas para servir da melhor forma possível esse objetivo de utilidade pública, é impossível que elas evitem todas as dificuldades particulares ou façam que consequências benéficas resultem de todos os casos individuais. É suficiente que o plano ou esquema integral seja necessário para a manutenção da sociedade civil e que, por meio dele, a proporção dos benefícios sobrepuje significativamente, no todo, a dos malefícios. Mesmo as leis gerais do universo, embora planejadas por uma sabedoria infinita, não podem excluir todos os males ou inconveniências em cada uma das operações particulares.

7   Alguns afirmam que a justiça nasce das *convenções humanas* e provêm da escolha, consentimento ou acordo voluntários da humanidade. Mas, se "convenção" significa aqui uma *promessa* (que é o sentido mais usual da palavra), nada pode ser mais absurdo do que essa posição. O cumprimento das promessas é, ele mesmo, um dos mais importantes elementos da justiça, e certamente não estamos obrigados a cumprir nossa palavra porque demos nossa palavra de que iríamos cumpri-la. Mas, se "convenção" quer dizer uma *percepção de interesse comum*, percepção que cada qual experimenta em seu próprio peito, que observa em seus companheiros e que o conduz, em colaboração com outros, a um plano ou sistema geral de ações que

tende à utilidade pública, deve-se admitir que, nesse sentido, a justiça surge de convenções humanas. Pois, se se admitir (o que é, na verdade, evidente) que as consequências particulares de um ato particular de justiça podem ser prejudiciais tanto ao público quanto a indivíduos, segue-se que cada um, ao abraçar essa virtude, deve manter os olhos sobre o plano ou sistema integral e esperar a adesão de seus companheiros à mesma conduta e comportamento. Se todas as suas perspectivas não fossem além das consequências de cada um de seus próprios atos, sua benevolência e sentimentos humanitários, assim como sua autoestima, poderiam muitas vezes prescrever-lhe linhas de conduta muito diversas das que estão de acordo com as regras estritas do direito e da justiça.

8   É assim que dois homens manejam os remos de um bote por uma convenção comum, ditada por um interesse comum, sem nenhuma promessa ou contrato; é assim que o ouro e a prata são feitos medidas de troca; é assim que a fala, as palavras e a linguagem são fixadas por um acordo e convenção dos seres humanos. Tudo que é vantajoso para duas ou mais pessoas se todas cumprem sua parte, mas perde toda a vantagem se apenas uma o faz, não pode provir de nenhum outro princípio. De outro modo, não haveria nenhum motivo para qualquer uma delas aderir àquele esquema de conduta.[1]

---

[1] Essa teoria relativa à origem da propriedade, e consequentemente da justiça, é, na maior parte, a mesma sugerida e adotada por Grotius: *"Hinc discimus, quæ fuerit causa, ob quam a primæva communione rerum primo mobilium, deinde & immobilium discessum est: nimirum quod cum non contenti homines vesci sponte natis, antra habitare, corpore aut nudo agere, aut corticibus arborum ferarumve pellibus vestito, vitæ genus exquisitus delegissent, industria opus fuit, quam singuli rebus singulis adhiberent: Quo minus autem fructus in commune conferrentur, primum obstit locorum, in quæ homines discesserunt,*

9   A palavra "natural" é tomada comumente em tantos sentidos, e tem uma significação tão vaga, que parece ocioso discutir se a justiça é ou não natural. Se o amor de si mesmo, se a benevolência, são naturais ao ser humano; se também lhe são naturais a razão e a prudência, então o mesmo epíteto pode ser aplicado à justiça, ordem, fidelidade, propriedade, sociedade. As inclinações dos homens, suas necessidades, levam-nos a se unir; seu entendimento e experiência dizem-lhes

---

distantia, deinde justitiæ & amoris defectus, per quem fiebat, ut nec in labore, nec in consumtione fructuum, quæ debebat, æqualitas servaretur. Simul discimus, quomodo res in proprietatem iverint, non animi actu solo, neque enim scire alii poterant, quid alii suum esse vellent, ut eo abstinerent, & idem velle plures poterant; sed pacto quodam aut expresso, ut per divisionem, aut tacito, ut per occupationem" [Vemos, portanto, que a causa pela qual se renunciou à primitiva comunidade dos bens – em primeiro lugar, à dos bens mobiliários, e, em seguida, à dos bens imobiliários – foi certamente o fato de que os homens, não mais se contentando para seu sustento com aquilo que a terra por si mesma produzia, nem com o fato de morarem em cavernas, de andarem nus ou cobertos apenas de cascas de árvores ou peles de animais, quiseram viver de uma maneira mais confortável; e para isso foi preciso que um dedicasse sua perícia a uma coisa, outro à outra. Mas não havia então nenhuma forma de compartilhar os ganhos, em primeiro lugar por causa da distância entre os locais em que cada qual se havia estabelecido, e, em seguida, pela falta de equidade e amizade, o que fez que não se tenha respeitado uma justa igualdade nem no trabalho nem no consumo de seus frutos e rendimentos. Do mesmo modo, vemos que as coisas não começaram a transformar-se em propriedade apenas por um ato interior do espírito – já que os demais não poderiam adivinhar de que coisa se pretendia apropriar, para que dela se abstivessem, e, além disso, pelo fato de que muitos poderiam desejar ao mesmo tempo uma mesma coisa –, mas que isso se deu por meio de uma convenção, tenha ela sido explícita, como quando se repartem coisas que até então eram comuns, ou tácita, como quando alguém delas se apodera]. *De jure belli et pacis.* Livro 2, cap.2, § 2, art. 4 e 5.

que essa união é impossível quando cada qual governa a si mesmo sem nenhuma regra e não tem respeito pelas posses de outros. E da conjunção dessas paixões e reflexões, tão logo observamos idênticas paixões e reflexões nos demais, o sentimento de justiça, através de todas as épocas, manifestou-se de maneira certa e infalível, em maior ou menor grau, em todo indivíduo da espécie humana. Em um animal tão sagaz, o que surge necessariamente do exercício de suas faculdades intelectuais pode com justiça ser considerado natural.[2]

10   Em todas as nações civilizadas, tem havido um esforço constante para remover tudo o que é arbitrário e faccioso da decisão acerca da propriedade, e para fixar a sentença dos juízes por meio de doutrinas e considerações suficientemente gerais para aplicarem-se igualmente a cada membro da sociedade. Pois, além do fato de que nada pode ser mais perigoso do que habituar os tribunais a levar em conta, mesmo nos casos mais insignificantes, a amizade ou inimizade privada, é certo que os homens, quando imaginam que a única razão para a vitória de seus adversários foi o favorecimento pessoal, tendem a alimentar uma extrema má vontade em relação a

---

2 O que é natural pode se opor tanto ao que é *inusitado, miraculoso,* quanto ao que é *artificial.* Nos dois primeiros sentidos, a justiça e a propriedade são sem dúvida naturais. Mas, como pressupõem razão, previsão, desígnio e uma união social e confederação entre os seres humanos, talvez o epíteto não se deva aplicar estritamente a elas no último sentido. Se os homens não vivessem em sociedade, a propriedade jamais teria sido conhecida, nem teriam existido justiça e injustiça. Mas a associação entre as criaturas humanas teria sido impossível sem a razão e a previsão. Animais inferiores que se unem são guiados pelo instinto, que supre o lugar da razão. Todas essas disputas, porém, são meramente verbais.

magistrados e juízes. Assim, quando a razão natural não aponta nenhuma regra fixa de utilidade pública pela qual se possa decidir uma controvérsia de propriedade, leis positivas são comumente promulgadas para ocupar o seu lugar e dirigir os procedimentos de todas as cortes de justiça. Quando também estas falham, como sucede muitas vezes, recorre-se a precedentes; e uma decisão anterior, embora ela própria tomada sem nenhuma razão suficiente, torna-se com justiça uma razão suficiente para uma nova decisão. Se faltam leis e precedentes diretos, busca-se o auxílio de outros imperfeitos e indiretos, e a controvérsia é subsumida a eles por meio de raciocínios analógicos, comparações, semelhanças e correspondências, muitas vezes mais fantasiosos que reais. Em geral, pode-se afirmar com segurança que a jurisprudência é, sob esse aspecto, diferente de todas as ciências, e que em muitas de suas questões mais sutis não se pode propriamente dizer que a verdade ou falsidade esteja deste ou daquele lado. Se um litigante, por meio de uma refinada analogia ou comparação, consegue enquadrar o caso em uma lei ou precedente anterior, o litigante contrário não tem dificuldades para encontrar uma analogia ou comparação opostas, e a preferência manifestada pelo juiz é muitas vezes fundada mais no gosto e na imaginação do que em algum argumento sólido. A utilidade pública é o objetivo geral de todas as cortes de justiça, e essa utilidade requer igualmente uma regra estável em todas as controvérsias; mas, quando diversas regras quase iguais e indistintas se apresentam, basta uma mínima inclinação do pensamento para decidir a questão em favor desta ou daquela parte.[3]

---

3   Que haja uma separação ou distinção das posses, e que essa separação seja firme e constante, é algo absolutamente requerido pelos in-

teresses da sociedade, e daí surgem a justiça e a propriedade. Quais posses são atribuídas a pessoas particulares é, em termos gerais, bastante indiferente, e se decide muitas vezes com base em considerações e pontos de vista muito frívolos. Mencionaremos a seguir alguns exemplos particulares.

Se uma sociedade se formasse entre diversos membros independentes, a regra mais óbvia sobre a qual se poderia concordar seria outorgar a propriedade às posses *presentes* e dar a cada um o direito àquilo de que presentemente usufrui. A relação de posse, que tem lugar entre a pessoa e o objeto, dá ensejo naturalmente à relação de propriedade.

Por uma razão semelhante, a ocupação ou primeira posse torna-se fundamento de propriedade.

Quando alguém dedica trabalho e esforço a um objeto que anteriormente não pertencia a ninguém, como ao cortar e talhar uma árvore, cultivar um campo etc., as alterações que produz estabelecem uma relação entre ele e o objeto, e naturalmente nos levam a outorgar-lhe esse objeto pela nova relação de propriedade. Essa causa associa-se aqui à utilidade pública, pelo incentivo dado à diligência e ao trabalho.

Talvez também considerações humanitárias privadas para com o possuidor somem-se, neste caso, aos outros motivos, e nos inclinem a deixar-lhe o que ele adquiriu com seu suor e trabalho e aquilo a que se apegou pelo constante usufruto. Pois, embora os sentimentos humanitários privados não possam de nenhum modo estar na origem da justiça, já que esta tantas vezes os contraria; contudo, logo que a regra das posses estáveis e separadas foi estabelecida pelas necessidades indispensáveis da sociedade, considerações humanitárias pessoais e uma aversão a causar prejuízo a outrem podem, num caso particular, dar origem a uma regra particular de propriedade.

Estou muito inclinado a pensar que o direito de sucessão ou herança depende em muito dessas associações da imaginação, e que o fato de uma relação de parentesco com o proprietário anterior gerar uma relação com o objeto é a causa pela qual a propriedade, após a morte de uma pessoa, é transferida a seus familiares. É verdade que a dedicação ao trabalho é mais incentivada quando a posse se transfere aos filhos ou parentes próximos, mas essa consideração só pode ter lugar em uma sociedade desenvolvida, ao passo que o direito de herança é reconhecido mesmo entre os povos mais bárbaros.

11   Podemos observar rapidamente, antes de concluir este assunto, que, após ter se fixado as leis da justiça com vista à utilidade geral, o dano, a opressão e o mal que resultam para cada indivíduo da violação dessas leis são levados muito a sé-

---

   A aquisição de propriedade por *acessão* não pode ser explicada de nenhum modo senão reconhecendo-se às relações e associações da imaginação.
   A propriedade dos rios, pelas leis da maioria das nações e por uma tendência natural de nosso pensamento, é atribuída aos proprietários de suas margens, exceto no caso de rios tão vastos como o Reno e o Danúbio, que parecem muito grandes para figurar como um acessório à propriedade dos campos vizinhos. E, no entanto, mesmo esses rios são considerados como propriedade da nação cujos domínios percorrem, já que a ideia de uma nação tem uma envergadura suficiente para corresponder a esses rios e manter com eles uma relação apropriada na imaginação.
   As acessões feitas à terra que margeia os rios integram-se à propriedade da terra, dizem os especialistas em direito civil, desde que provenham daquilo que chamam *aluvião*, isto é, ocorram de maneira insensível e imperceptível; circunstâncias que auxiliam a imaginação a fazer essa ligação.
   Quando uma porção considerável de terreno é arrancada de uma só vez de um banco de terra e acrescentada a outro, ela não se torna propriedade daquele em cuja terra desembocou até que se una ao terreno e até que as árvores e plantas tenham espalhado suas raízes em ambas as partes. Antes disso, o pensamento não é capaz de conectá-las suficientemente.
   Em suma, devemos sempre distinguir entre a necessidade de uma separação e constância nas posses das pessoas e as regras que atribuem objetos particulares a pessoas particulares. A primeira necessidade é clara, poderosa e invencível, a segunda pode depender de uma utilidade pública mais frívola e superficial, de um sentimento humanitário pessoal e uma aversão à opressão de indivíduos particulares, de leis positivas, de precedentes, analogias, e de associações e disposições muito sutis da imaginação.

rio e constituem uma importante fonte da reprovação universal que acompanha todo mal ou iniquidade. Pelas leis da sociedade, este casaco, ou este cavalo, é meu e *deve* permanecer perpetuamente em meu poder. Usufruir dele em segurança é algo com que eu conto. Alguém que me prive dele frustra minhas expectativas, e desagrada-me e ofende a todos os espectadores de maneira dupla. Trata-se de uma ofensa pública, por violar as leis da equidade, e trata-se também de um dano privado, por prejudicar um indivíduo. E embora a segunda consideração só possa ter lugar após o estabelecimento prévio da primeira — pois de outro modo a distinção entre o *meu* e o *teu* seria desconhecida na sociedade —, não há dúvida de que o cuidado com o bem geral é muito reforçado pelo respeito ao bem particular. Atos que prejudicam a comunidade sem causar dano a nenhum indivíduo em especial são muitas vezes tratados de modo mais leniente. Mas, quando um extremo prejuízo público está também associado a um dano privado considerável, não é de espantar que a máxima desaprovação acompanhe esse iníquo comportamento.

Apêndice 4
Algumas disputas verbais

1   Nada mais usual que filósofos ocuparem a província dos gramáticos e envolverem-se em disputas acerca de palavras enquanto imaginam estar lidando com controvérsias do mais profundo interesse e importância. Foi para evitar contendas tão fúteis e infindáveis que me esforcei para enunciar com o máximo cuidado o assunto de nossa presente investigação, e propus-me simplesmente a coletar, de um lado, uma lista das qualidades mentais que são objeto de amor ou estima e formam uma parte do mérito pessoal e, de outro, um catálogo dos atributos que são objeto de censura ou reprovação e que depreciam o caráter da pessoa que os possui, acrescentando algumas reflexões relativas à origem desses sentimentos de louvor ou censura. Em todas as ocasiões em que poderia surgir a mínima hesitação, evitei os termos "virtude" e "vício", porque alguns dos atributos que classifiquei entre os objetos de louvor são denominados em nossa língua *talentos*, e não virtudes, do mesmo modo como algumas das qualidades repreensíveis ou censuráveis são muitas vezes chamadas *defeitos*, e não vícios. Talvez se esteja esperan-

do que, antes de concluirmos esta investigação moral, viéssemos a separar exatamente um do outro, estabelecer a fronteira precisa entre virtudes e talentos, vícios e defeitos, e explicar a razão e a origem dessa distinção. Mas, para dispensar-me dessa tarefa, que se revelaria ao final como uma investigação puramente gramatical, vou acrescentar as quatro reflexões seguintes, que contêm tudo que pretendo dizer sobre o presente assunto.

2   *Em primeiro lugar,* não penso que em nossa língua, ou em qualquer outra língua moderna, haja fronteiras exatamente fixadas entre virtudes e talentos, vícios e defeitos, nem que se possa dar uma definição precisa de um deles para distingui-lo do outro. Se disséssemos, por exemplo, que só as qualidades louváveis voluntárias merecem a denominação de virtudes, logo nos recordaríamos da coragem, equanimidade, paciência, autocontrole e muitas outras qualidades que quase todas as linguagens classificam como virtudes embora pouco ou nada dependam de nossa escolha. Se afirmássemos que só são dignas dessa honrosa distinção as qualidades que nos fazem desempenhar nossa parte na sociedade, imediatamente nos ocorrerá que essas, de fato, são as qualidades mais valiosas, e são comumente denominadas virtudes *sociais,* mas que esse próprio epíteto pressupõe que há também virtudes de outra espécie. Se nos agarrássemos à distinção entre dotes *intelectuais* e *morais,* afirmando que só estes últimos são reais e genuínas virtudes, porque só eles conduzem à ação, descobriremos que muitas daquelas qualidades usualmente chamadas virtudes intelectuais, como a prudência, perspicácia, discernimento e discrição, também têm uma influência considerável na conduta. A distinção entre o *coração* e a *cabeça* poderia também ser adotada: as qualidades do primeiro podem ser definidas

como as que, no seu exercício imediato, são acompanhadas de uma sensação ou sentimento, e só essas podem ser chamadas genuínas virtudes; mas a diligência, frugalidade, temperança, circunspecção, perseverança e muitos outros louváveis poderes ou hábitos, geralmente denominados virtudes, são exercidos sem nenhum sentimento imediato da parte da pessoa que os possui, e só se manifestam a ela por seus efeitos. Felizmente, com toda essa aparente confusão, a questão é meramente verbal e não tem, por isso, nenhuma importância. Uma discussão moral, filosófica, não precisa entrar em todos esses caprichos da linguagem, tão variáveis em diferentes dialetos e em diferentes épocas do mesmo dialeto. Mas, no todo, parece-me que, embora se deva reconhecer que há virtudes de muitos tipos diferentes, sempre que alguém é chamado *virtuoso*, ou uma pessoa de virtudes, temos principalmente em mente suas qualidades sociais, que são de fato as mais valiosas. Ao mesmo tempo, é certo que qualquer defeito significativo em termos de coragem, temperança, organização, diligência, compreensão ou dignidade de caráter, privaria dessa honrosa denominação mesmo uma pessoa muito honesta e de boa índole. Quem jamais diria, a não ser de modo irônico, que alguém é um homem de grande virtude apesar de ser um egrégio mentecapto?

3   Mas, *em segundo lugar*, não é de admirar que as linguagens não sejam muito precisas na demarcação das fronteiras entre virtudes e talentos e entre vícios e defeitos, dado que tão pouca diferença existe em nossa apreciação interna deles. Parece de fato certo que o sentimento de uma consciência do próprio valor, a autossatisfação que um homem obtém ao contemplar sua própria conduta e caráter, parece certo, eu di-

zia que esse sentimento, que, embora o mais comum de todos, não tem um nome próprio em nossa linguagem,[1] surge dos dotes de coragem e aptidão, diligência e engenhosidade, assim como de quaisquer outras excelências mentais. Quem, entretanto, não se sente profundamente mortificado ao refletir sobre sua própria loucura e devassidão, e não experimenta um secreto remorso ou compunção quando sua memória lhe apresenta alguma ocorrência passada em que se comportou de forma estúpida ou grosseira? A passagem do tempo não apaga as cruéis lembranças de sua própria conduta insensata, ou das afrontas que a covardia ou a impudência lhe trouxeram. Elas continuam a assombrar suas horas solitárias, sufocam seus pensamentos mais ambiciosos e mostram-no, mesmo a seus próprios olhos, sob as cores mais odiosas e desprezíveis que se pode imaginar.

4 Quais são as coisas que mais ansiosamente procuramos ocultar dos outros, e mais tememos ver expostas pela zombaria e pela sátira, senão justamente esses deslizes, fraquezas e mesquinharias? E não são nossa coragem ou conhecimento, nosso espírito ou educação, nossa eloquência ou maneiras, nosso gosto ou habilidades o principal motivo de nossa vaidade? Exibimos esses dotes com zelo, se não com ostentação, e demonstramos em geral mais ambição de sobressairmos

---

[1] O termo "orgulho" é comumente usado em um sentido pejorativo, mas o sentimento que estamos discutindo parece indiferente, e pode ser bom ou mau, conforme esteja bem ou mal fundamentado, e conforme as outras circunstâncias que o acompanham. Os franceses expressam esse sentimento pelo termo *"amour propre"*, mas, como empregam esse mesmo termo para expressar também o amor de si mesmo e a vaidade, surge disso uma grande confusão em Rochefoucault e em muitos dos autores morais franceses.

neles do que nas próprias virtudes sociais, que, na realidade, têm um mérito superior. Uma boa índole e honestidade, especialmente esta última, são requisitos tão indispensáveis que, embora a violação desses deveres seja acompanhada das maiores censuras, nenhum notável elogio segue-se aos casos comuns que as exemplificam, que parecem tão essenciais para a preservação da sociedade humana. E daí a razão, em minha opinião, por que as pessoas, embora sejam com frequência muito liberais nos elogios às qualidades de seus próprios corações, são mais acanhadas ao louvar os dotes de suas cabeças: porque estas últimas virtudes, dado que são consideradas mais raras e extraordinárias, são vistas como os objetos mais comuns de orgulho e presunção, e, quando alardeadas, geram fortes suspeitas de tais sentimentos.

5   É difícil decidir se ofendemos mais o caráter de um homem chamando-o de patife ou de covarde, e se um glutão ou bêbado contumaz não é tão odioso e desprezível quanto um avarento egoísta e mesquinho. Se eu tivesse o poder de escolha, preferiria, para minha própria felicidade, ter um coração humano e afável a possuir todas as demais virtudes juntas de um Demóstenes e um Filipe; mas, diante da sociedade, preferiria aparecer como alguém dotado de um gênio grandioso e uma coragem indômita, podendo com isso esperar ocasiões mais intensas de aplauso e admiração gerais. A figura que alguém faz na vida, a recepção que encontra no convívio social, a estima que recebe de seus conhecidos, todas essas vantagens dependem tanto de seu bom senso e discernimento quanto de qualquer outra parte de seu caráter. Um homem com as melhores intenções do mundo, e o mais distanciado possível de toda injustiça e violência, jamais conseguiria obter muita

consideração sem uma moderada parcela, pelo menos, de talentos pessoais e sensibilidade.

6   Que há aqui, portanto, para se discutir? Se bom senso e coragem, temperança e diligência, prudência e conhecimento formam reconhecidamente uma boa parte do *mérito pessoal*; se um homem que possui essas qualidades está ao mesmo tempo mais satisfeito consigo próprio e mais bem qualificado para angariar a boa vontade, a estima e os préstimos de outros do que alguém inteiramente desprovido delas; se, em suma, os *sentimentos* ensejados por esses dons são similares aos que provêm das virtudes sociais, haveria alguma razão para hesitarmos tanto sobre uma *palavra* ou discutir se essas qualidades merecem a denominação de virtudes? Poder-se-ia na verdade alegar que os sentimentos de aprovação que elas produzem, além de serem *inferiores*, são também de algum modo *diferentes* dos que acompanham as virtudes da justiça e benevolência. Mas essa não parece uma razão suficiente para classificá-los inteiramente sob diferentes classes e denominações. O caráter de César e o de Catão, tais como representados por Salústio, são ambos virtuosos no sentido mais estrito e preciso da palavra, mas de diferentes modos; e os sentimentos que deles se originam não são inteiramente os mesmos. Um produz amor, outro admiração, um é amável, o outro impressionante. Gostaríamos de encontrar o primeiro caráter em um amigo, o outro ambicionaríamos para nós mesmos. Do mesmo modo, a aprovação que acompanha a temperança, ou a diligência, ou a frugalidade, pode ser diversa da que é dada às virtudes sociais, sem que com isso se tornem de espécies inteiramente diferentes. E podemos, na verdade, observar que esses dotes, mais que as outras virtudes, não produzem, todos eles, o mesmo tipo de parovação. Bom senso e força de espírito inspiram ad-

miração e respeito; humor e espirituosidade estimulam a afeição.²

7 Creio que a maioria das pessoas irá concordar naturalmente e sem premeditação com a definição do refinado e judicioso poeta:

> *Virtue (for mere good-nature is a fool)*
> *Is sense and spirit with humanity.*³

---

2 Amor e admiração são quase a mesma paixão e originam-se de causas similares. Em ambos os casos, as qualidades que os produzem são as que transmitem prazer; mas quando esse prazer é sério e severo, ou quando seu objeto é grandioso e causa uma forte impressão, ou quando produz um certo grau de humildade e reverência, em todos esses casos a paixão que se origina do prazer é mais apropriadamente denominada admiração do que amor. A benevolência acompanha ambos, mas se conecta ao amor em um grau mais elevado. Parece haver uma mescla ainda mais forte de orgulho no desprezo do que de humildade na admiração, e a razão não será difícil de perceber para alguém que tenha estudado corretamente as paixões. Todas essas variadas misturas, composições e aparências de sentimentos constituem um assunto muito estimulante para a especulação, mas estão fora de nossos presentes objetivos. Ao longo de toda esta investigação, sempre consideramos de forma geral quais qualidades são objetos de louvor ou censura, sem adentrar todas as minúsculas diferenças de sentimento que elas excitam. É evidente que tudo que é desprezado também é objeto de aversão, tanto como tudo que é odiado, e aqui nos esforçamos para considerar os objetos de acordo com seus aspectos e aparências mais simples. Essas ciências têm uma grande tendência a parecerem abstratas ao leitor comum, mesmo com todas as precauções que podemos tomar para isentá-las de especulações supérfluas e pô-las ao alcance de pessoas de qualquer capacidade.

3 "A virtude (pois a mera boa natureza é tola)
É bom senso e espírito, com humanidade."
[Dr. John Armstrong.] *The Art of preserving Health*, livro 4.

8   Que pode pretender de nossa generosa assistência ou bons préstimos um homem que dissipou sua riqueza em pródigas despesas, vaidades fúteis, projetos quiméricos, prazeres dissolutos ou jogatinas extravagantes? Esses vícios (pois não hesitamos em chamá-los assim) trazem desgraça não lamentada e desprezo a todos os que a eles se entregam.

9   Aqueu, um príncipe sábio e prudente, caiu em uma cilada fatal que lhe custou a coroa e a vida depois de ter tomado todas as precauções razoáveis para proteger-se contra isso. Por essa razão, diz o historiador, ele é com justiça um objeto de respeito e compaixão; e apenas os que o traíram merecem ódio e desprezo.[4]

10   A fuga precipitada e a imprudente negligência de Pompeu, no início das guerras civis, pareceram a Cícero descuidos tão notórios que fizeram empalidecer em muito sua amizade para com o grande homem; "da mesma maneira", diz ele, "que a falta de asseio, decência e reserva em uma amante faz que se perca o afeto por ela". Pois ele assim se expressa quando se dirige, não em caráter de filósofo, mas de estadista e homem público, a seu amigo Ático.[5]

11   Mas o mesmo Cícero, à semelhança de todos os moralistas da Antiguidade, amplia muito suas ideias de virtude quando raciocina como filósofo, e inclui sob essa honrosa denominação todas as qualidades e todos os dotes espirituais dignos de louvor. Isto nos leva à *terceira* reflexão que nos propomos a oferecer, ou seja, que os moralistas da Antiguidade, que são os melhores modelos, não estabeleceram nenhuma distinção

---

4   Políbio, livro 8, cap. 2.
5   Livro 9, carta 10.

substancial entre as diversas espécies de dotes e defeitos mentais, mas trataram todos do mesmo modo, sob a denominação de virtudes e vícios, e tomaram-nos indiscriminadamente como objeto de suas investigações morais. A prudência explicada nos *Ofícios* de Cícero[6] é a sagacidade que conduz à descoberta da verdade e nos protege do erro e engano. *Magnanimidade, temperança* e *decência* também são ali discutidas detalhadamente. E como esse eloquente moralista seguia a divisão comumente aceita das quatro virtudes cardeais, nossos deveres sociais constituem apenas um tópico na distribuição geral de seu assunto.[7]

---

6   Livro I, cap.6.

7   A seguinte passagem de Cícero é digna de citação, por ser a mais clara e decisiva que se possa imaginar para nosso propósito, e, em uma disputa que é principalmente verbal, deve, em vista do autor, carregar uma autoridade inquestionável:

"*Virtus autem, quæ est per se ipsa laudabilis, et sine qua nihil laudari potest, tamen habet plures partes, quarum alia est alia ad laudationem aptior. Sunt enim aliæ virtutes, quæ videntur in moribus hominum, et quadam comitate ac beneficientia positæ: aliæ quæ in ingenii aliqua facultate, aut animi magnitudine ac robore. Nam clementia, justitia, benignitas, fides, fortitudo in periculis communibus, jucunda est auditu in laudationibus. Omnes enim hæ virtutes non tam ipsis, qui eas in se habent, quam generi hominum fructuosæ putantur. Sapientia et magnitudo animi, qua omnes res humanæ tenues et pro nihilo putantur; et in cogitando vis quædam ingenii, et ipsa eloquentia admirationis habet non minus, jucunditatis minus. Ipsos enim magis videntur, quos laudamus, quam illos, apud quos laudamus, ornare ac tueri: sed tamen in laudanda jungenda sunt etiam hæc genera virtutum. Ferunt enim aures hominum, cum illa quæ jucunda et grata, tum etiam illa, quæ mirabilia sunt in virtute, laudari*" [A virtude, que é por si mesma louvável e sem a qual nada é digno de louvor, compreende diversas espécies, das quais umas se prestam mais do que as outras ao elogio. Há as que residem no caráter humano, como a brandura e a benevolência; há as que dizem respeito às faculdades do espírito ou à grandeza

12 Basta examinar os títulos dos capítulos da *Ética* de Aristóteles para nos convencermos de que ele classifica coragem, temperança, magnificência, magnanimidade, modéstia, prudência e uma franqueza viril entre as virtudes, assim como a justiça e a amizade.

13 *Suportar* e *abster-se* — isto é, ser paciente e continente — pareceu a alguns dos antigos constituir um resumo abrangente de toda a moral.

14 Epiteto quase não menciona o sentimento de humanidade e compaixão, exceto para pôr seus discípulos em guarda contra ele. A virtude dos estoicos parece consistir principalmente em um temperamento firme e um são entendimento. Para

---

e força da alma. Com efeito, a clemência, a justiça, a bondade, a retidão e a coragem em meio aos perigos comuns são virtudes que apreciamos ouvir louvadas nos panegíricos, pois parece que são ricas em frutos, mais ainda para a sociedade como um todo do que para aqueles que as possuem. A sabedoria e a elevação moral, que nos fazem considerar como pobres e insignificantes todas as coisas deste mundo, os dons da imaginação e da inteligência, e a própria eloquência, são igualmente admirados mas trazem menos prazer; pois a honra e os benefícios que proporcionam dirigem-se, ao que parece, mais àquele que é louvado do que aos que presenciam o elogio. No entanto, também estas virtudes devem ter seu lugar em um elogio, pois os homens apreciam ouvir não apenas louvores das virtudes que lhes inspiram simpatia e reconhecimento, mas também das que lhes produzem admiração] *(De oratoria,* Livro II, cap.89).

Suponho que, se Cícero estivesse hoje vivo, seria difícil aprisionar seus sentimentos morais em sistemas estreitos, ou persuadi-lo de que só deveriam ser admitidas como *virtudes*, ou reconhecidas como parte do mérito *pessoal*, aquelas qualidades recomendadas em *The Whole Duty of Man.* [Hume se refere aqui a um tratado sobre os deveres dos cristãos, de autoria desconhecida, publicado por volta de 1650 e extremamente popular desde então. (N. T.)]

eles, assim como para Salomão e os moralistas orientais, a loucura e a sabedoria são equivalentes ao vício e à virtude.

15 "Os homens te louvarão", diz Davi,[8] "sempre que procederes bem para contigo mesmo." E o poeta grego diz: "Odeio um homem sábio que não é sábio em relação a si mesmo".[9]

16 Plutarco não está mais coagido por sistemas em sua filosofia do que em sua história. Quando compara os grandes vultos da Grécia e de Roma, ele lista imparcialmente lado a lado todos os seus defeitos e talentos de qualquer espécie, e não omite nada de relevante que possa rebaixar ou exaltar seus caracteres. E seus discursos morais contêm a mesma censura livre e natural dos homens e dos costumes.

17 O caráter de Aníbal traçado por Tito Lívio[10] é considerado parcial, mas concede-lhe muitas virtudes eminentes. Nunca houve um gênio, diz o historiador, mais igualmente capacitado aos ofícios opostos de comandar e obedecer; e seria, portanto, difícil determinar se ele se tornou mais *caro* ao general ou ao exército. A ninguém Asdrúbal confiaria de melhor grado a condução de um empreendimento arriscado, e sob nenhum outro comandante os soldados revelaram mais coragem e confiança. Grande ousadia em face do perigo, grande prudência em meio a ele. Nenhum esforço podia fatigar seu corpo ou subjugar seu espírito. O calor e o frio eram-lhe indiferentes; via a comida e a bebida como meios para prover às necessidades da natureza, não como gratificações de apetites voluptuosos. Entregava-se indiscriminadamente à vigília e ao

---

8 Salmo 49.
9 Μισῶ σοφιστὴν ὅστις οὐκ αὑτῷ σοφός. Eurípedes [Fragmento 897, ed. Teubner].
10 Livro 21, cap.4.

repouso de dia ou à noite. Estas grandes *virtudes* foram contrabalançadas por grandes *vícios*: crueldade desumana, uma perfídia mais do que púnica, nenhum respeito pela verdade ou pela fé, nenhuma consideração por juramentos, promessas ou pela religião.

18   O caráter de Alexandre VI, como descrito em Guicciardini,[11] é bastante similar, embora mais fidedigno, e prova que também os modernos, quando falam com naturalidade, aderem à mesma linguagem que os antigos. Havia nesse papa, ele nos diz, uma singular aptidão e habilidade de raciocínio, uma admirável prudência, um maravilhoso talento de persuasão, e, em todos os empreendimentos de importância, uma incrível diligência e destreza. Mas essas *virtudes* foram infinitamente sobrepujadas por seus *vícios*: falta de fé e de religião, avareza insaciável, ambição exorbitante e uma crueldade mais do que bárbara.

19   Políbio,[12] ao repreender Timeu por sua parcialidade contra Agatocles, que ele próprio admitia ser o mais cruel e ímpio de todos os tiranos, diz: se ele buscou refúgio em Siracusa, como asseverado por aquele historiador, fugindo da sujeira, fumaça e fadiga de sua profissão anterior de oleiro, e se, partindo de origens tão modestas, tornou-se em pouco tempo senhor de toda a Sicília, pôs em extremo perigo o Estado cartaginês e morreu por fim em idade avançada e de posse de dignidade soberana, não se deveria atribuir-lhe algo de extraordinário e prodigioso, e reconhecer que possuía grandes talentos e habilidades para os negócios e a ação? Seu historiador, portanto, não deveria ter relatado apenas o que tendia a

---

11 [*História das guerras da Itália*] Livro I.
12 Livro 12 [cap.15].

trazer-lhe reprovação e infâmia, mas também o que poderia redundar em seu *louvor e honra*.

20 Podemos observar, em geral, que a distinção entre o voluntário e o involuntário foi pouco considerado pelos antigos em seus raciocínios morais, nos quais frequentemente trataram como muito duvidosa a questão sobre se a virtude poderia ou não ser ensinada.[13] Eles corretamente consideraram que a covardia, a baixeza, a leviandade, a ansiedade, a impaciência, a loucura e muitas outras qualidades mentais podem aparecer como ridículas e disformes, desprezíveis e odiosas, ainda que sejam independentes da vontade. E nem se poderia supor que estivesse ao alcance de qualquer homem, a qualquer momento, atingir toda espécie de beleza espiritual, mais do que está a seu alcance atingir a beleza física exterior.

21 E aqui chegamos à *quarta* reflexão que pretendo oferecer, ao sugerir a razão pela qual os filósofos modernos seguiram tantas vezes uma trajetória tão distinta da dos antigos, em suas investigações morais. Em tempos mais recentes, toda espécie de filosofia e em especial a ética têm estado mais estreitamente unidas à teologia do que jamais estiveram entre os pagãos; e como esta última ciência não faz quaisquer concessões às demais mas verga todos os ramos do conhecimento para seus propósitos particulares, sem dar muita atenção aos fenômenos da natureza ou a sentimentos mentais livres de preconceitos, segue-se que o raciocínio e mesmo a linguagem foram desviados de seu curso natural, e fez-se um esforço

---

13 Veja-se Platão no *Menon* [87b ss.] Sêneca em *De otio sapientia*, cap.31. Assim também Horácio: "*Virtutem doctrina paret, naturane donet*" [A virtude se adquire pela ciência ou é um dom da natureza]. *Cartas*, livro I, carta 18. Aeschines Socraticus, *Diálogos* I.

para estabelecer distinções em situações em que a diferença entre os objetos era quase imperceptível. Filósofos, ou antes teólogos sob esse disfarce, ao tratar toda a moral em pé de igualdade com as leis civis, protegidas pelas sanções de recompensa ou punição, foram necessariamente levados a fazer da característica do *voluntário* ou *involuntário* o fundamento de toda a sua teoria. Todos podem empregar *palavras* no sentido que bem lhes aprouver, mas deve-se reconhecer que todos os dias experimentamos *sentimentos* de censura e louvor cujos objetos estão além do domínio da vontade ou da escolha, para os quais nos cabe, se não como moralistas, ao menos como filósofos especulativos, fornecer alguma teoria ou explicação satisfatória.

22 Um defeito, uma falta, um vício, um crime; tais expressões parecem denotar diferentes graus de censura e desaprovação, que são todos eles, no fundo, quase do mesmo tipo ou espécie. A explicação de um deles já nos leva facilmente a uma correta apreensão dos demais, e é muito mais importante observar as coisas do que as denominações verbais. Que temos um dever em relação a nós mesmos é algo que até o mais vulgar sistema de moral reconhece, e deve ser relevante examinar esse dever para descobrir se ele tem alguma afinidade com o dever que temos para com a sociedade. É provável que a aprovação que acompanha a observância de ambos tenha uma natureza similar e origine-se de princípios similares, seja qual for o nome que damos a cada uma dessas excelências.

Um diálogo

1   Meu amigo Palamedes, que é tão divagante em seus princípios quanto em sua pessoa, e que já esgotou, pelo estudo e por viagem, quase todas as regiões do mundo intelectual e material, surpreendeu-me recentemente com um relato sobre uma nação na qual, segundo me disse, ele passara uma parte considerável de sua vida e cujo povo ele considerava, em sua maioria, extremamente civilizado e inteligente.

2   Contou-me ele: existe no mundo um país chamado Fourli — não importam sua latitude ou longitude — cujos habitantes têm sobre muitas coisas, particularmente a moral, concepções que são diametralmente opostas às nossas. Quando lá cheguei, descobri que tinha de enfrentar uma dupla dificuldade: inicialmente aprender o significado dos termos de sua linguagem e, em seguida, conhecer o valor desses termos e o elogio ou a censura a eles associados. Depois de uma palavra ter-me sido explicada, e o caráter que ela expressava ter sido descrito, concluí que esse epíteto devia ser seguramente o mais desabonador do mundo, e fiquei extremamente surpreso quando alguém o empregou em público aplicando-o a uma

pessoa com quem convivia na mais estreita amizade e intimidade. Em outro dia, eu disse a um conhecido: "Julgais que Changuis é vosso inimigo mortal; eu aprecio extinguir conflitos e devo, portanto, relatar-vos que o ouvi referir-se a vós da maneira mais cordial". Para meu grande espanto, todavia, quando repeti as palavras de Changuis, embora eu as recordasse e entendesse perfeitamente, descobri que foram tomadas como a afronta mais mortal e que eu havia, inocentemente, tornado irreparável o rompimento entre essas duas pessoas.

3   Como tive a fortuna de chegar entre esse povo munido das mais altas recomendações, fui imediatamente apresentado aos melhores círculos, e, tendo Alcheic manifestado seu desejo de que eu fosse residir com ele, prontamente aceitei o convite, pois observara que ele era universalmente estimado pelo seu mérito pessoal e, de fato, considerado por todos em Fourli como um homem de caráter perfeito.

4   Uma noite ele me convidou, à guisa de entretenimento, a acompanhá-lo em uma serenata que tencionava fazer a Gulki, por quem, me disse, estava perdidamente enamorado; e eu logo descobri que sua preferência não era inusitada, pois encontramos muitos de seus rivais que tinham vindo com o mesmo intento. Muito naturalmente concluí que sua amante deveria ser uma das mais belas mulheres da cidade, e já me sentia secretamente desejoso de vê-la e ser-lhe apresentado. Mas, quando a Lua começou a erguer-se, fiquei muito surpreso por descobrir que estávamos no centro da universidade onde Gulki estudava, e me senti algo envergonhado de ter acompanhado meu amigo em tal empreitada.

5   Fiquei sabendo mais tarde que a escolha de Gulki por Alcheic era muito bem-vista por toda a boa sociedade local, e

que se esperava que, enquanto satisfazia sua própria paixão, ele iria prestar a esse jovem o mesmo bom serviço que ele próprio recebera de Elcouf. Parece que Alcheic tinha sido muito belo em sua juventude, tinha sido cortejado por muitos amantes, mas concedera seus favores especialmente ao sábio Elcouf, a quem se supunha que ele devia o espantoso progresso que fizera em filosofia e na virtude.

6   Surpreendeu-me também o fato de que a esposa de Alcheic (que, aliás, era também sua irmã) não se mostrasse minimamente escandalizada com essa espécie de infidelidade.

7   Mais ou menos à mesma época descobri (pois não se procurava fazer segredo disso para mim ou qualquer pessoa) que Alcheic era um assassino e um parricida, e que mandara para a morte uma pessoa inocente, que lhe era estreitamente aparentada e a quem estava obrigado a proteger e defender por todos os laços da natureza e humanidade. Quando lhe perguntei, com todo o cuidado e deferência imagináveis, qual fora seu motivo para essa ação, ele me respondeu friamente que não estava à época em tão boa situação como no presente, e que tinha agido, nesse caso, a conselho de todos seus amigos.

8   Tendo ouvido tantos elogios à virtude de Alcheic, fingi juntar-me à aclamação geral e apenas perguntei, a título de curiosidade, enquanto estrangeiro, qual de suas nobres ações era a mais aplaudida, e logo descobri que as opiniões eram unânimes em preferir o assassinato de Usbek. Esse Usbek havia sido até o último instante um íntimo amigo de Alcheic, prestara-lhe importantes favores, até mesmo salvara sua vida em certa ocasião, e fizera-o, em um testamento encontrado logo após sua morte, herdeiro de uma parte considerável de sua fortuna. Alcheic, ao que parece, conspirou com vinte ou

trinta outros, em sua maioria também amigos de Usbek; e lançando-se todos juntos sobre o infeliz quando este estava desatento, estraçalharam-no com uma centena de feridas, como recompensa por todos os seus passados favores e obséquios. A voz geral do povo dizia que Usbek tinha muitas boas e elevadas qualidades, e mesmo seus vícios eram brilhantes, magníficentes e nobres, mas essa ação de Alcheic alça-o muito acima de Usbek aos olhos de todos os juízes do mérito, e é talvez um dos mais nobres atos que jamais viram a luz do dia.

9 Outra parte da conduta de Alcheic que também verifiquei ser grandemente aplaudida foi seu comportamento em relação a Calish, com quem estava associado em um projeto ou empreendimento de alguma importância. Calish, sendo um homem muito emocional, havia dado em Alcheic uma bela surra, que este suportou pacientemente; em seguida, aguardou o retorno do bom humor de Calish, manteve calmamente as boas relações com ele e com isso conseguiu um bom resultado para o negócio em que estavam associados, conquistando uma honra imortal por seu notável equilíbrio e moderação.

10 Recebi recentemente uma carta de um correspondente em Fourli, pela qual fiquei sabendo que, após minha partida, Alcheic, tendo um grave problema de saúde, apropriadamente se enforcou, e morreu universalmente lamentado e aplaudido em todo o país. Uma vida tão nobre e virtuosa, disse cada habitante, não poderia ser mais bem coroada do que por um fim assim nobre; e Alcheic provou com isso, assim como por seus outros atos, aquilo que fora uma constante máxima na vida, e aquilo de que se gabou próximo ao fim da vida: que um homem sábio não é inferior ao grande deus Vitzli, o nome da suprema deidade entre os habitantes de Fourli.

11   As ideias desse povo – continuou Palamedes – são tão extraordinárias com relação às boas maneiras e à sociabilidade como o são em relação à moral. Meu amigo Alcheic reuniu uma vez um grupo para meu entretenimento, composto por todos os espíritos mais brilhantes e filosóficos de Fourli, e cada um de nós trouxe consigo sua ceia para o lugar em que nos reunimos. Notei que um deles estava menos bem provido que os demais, e ofereci-lhe uma parte de minha ceia, que consistia em um frango grelhado, e não pude deixar de observar que ele e o resto do grupo sorriram diante de minha simploriedade. Foi-me relatado, então, que Alcheic tinha em uma época tanto interesse nesse clube que convencera os membros a fazerem suas refeições em conjunto, e havia usado um artifício para esse propósito. Ele persuadiu os que observara estarem *menos bem* providos a oferecer sua ceia ao grupo, com o que os outros, que haviam trazido iguarias mais delicadas, ficariam envergonhados de não fazer a mesma oferta. Esse acontecimento foi considerado tão notável que foi registrado na história da vida de Alcheic, composta por um dos maiores gênios de Fourli.

12   Dizei-me – disse eu a Palamedes – quando estivestes em Fourli, aprendestes também a arte de ridicularizar vossos amigos contando-lhes estranhas histórias e então rindo deles se vos dessem crédito? Asseguro-vos – respondeu ele – que, se estivesse disposto a aprender semelhante lição, nenhum lugar no mundo seria mais apropriado. Meu amigo, que tantas vezes mencionei, não fazia nada de manhã até a noite senão escarnecer, caçoar e gracejar, e mal poderíeis distinguir se ele estava zombando ou falando sério. Mas supondes, então, que minha história é improvável e que usei, ou melhor, abusei, dos privilégios de viajante? Com certeza – disse eu – estais apenas gracejando. Essas maneiras bárbaras e selvagens não são apenas incompatíveis com um povo civilizado e inteligente, como vós mesmos dissestes que eram, mas dificilmente se conciliariam com a própria natureza humana. Elas ultrapassam tudo o que jamais lemos sobre os mingrelianos e os tupinambás.

13   Cuidado – gritou ele – tende cuidado! Não percebeis que estais blasfemando e insultando os vossos favoritos, os gregos, especialmente os atenienses, que eu ocultei o tempo todo sob os nomes bizarros que empreguei? Uma correta consideração mostrar-vos-á que não há um único traço no caráter aqui descrito que não possa ser encontrado no homem mais meritório de Atenas, sem diminuir em nada o brilho de seu caráter. Os *amours* dos gregos, seus casamentos[1] e o abandono das crianças devem vir imediatamente à vossa memória. A morte de Usbek é uma exata contrapartida da morte de César.

14   Tudo para enganar-me – disse eu, interrompendo-o –, não dissestes que Usbek era um usurpador.

15   Não o fiz – disse ele – para que não descobrísseis o paralelo que eu tinha em mente. Mas, mesmo acrescentando essa circunstância, não deveríamos hesitar, de acordo com nosso sentimento de moral, em classificar Bruto e Cássio como traidores ingratos e assassinos, embora saibais que são talvez as mais altas personalidades de toda a Antiguidade, e que os atenienses erigiram-lhes estátuas, colocadas próximas às de Harmódio e Aristogiton, seus próprios libertadores. E se pensais que essa circunstância que mencionais é tão importante para

---

[1] As leis de Atenas permitiam a um homem casar com sua irmã por parte de pai. As leis de Sólon proibiam a pederastia com escravos, por ser um ato de demasiada dignidade para pessoas tão baixas.

absolver esses patriotas, posso compensá-las por outra, não mencionada, que vai igualmente agravar seu crime. Poucos dias antes da execução de seu fatal propósito, todos eles juram fidelidade a César e, declarando que considerariam sua pessoa para sempre sagrada, tocaram o altar com as mãos que já tinham armado para sua destruição.[2]

16 Não preciso lembrar-vos da famosa e muito aplaudida história de Temístocles e de sua paciência em relação a Euribíades, o espartano, seu oficial em comando que, irritado pelo debate, ergueu seu bastão contra ele em um conselho de guerra (que é o mesmo que se o tivesse golpeado). "Batei!", grita o ateniense, "batei mas ouvi-me."

17 Sois muito erudito para não perceberdes o irônico Sócrates e seu clube ateniense em minha última história, e certamente observareis que ela está copiada exatamente de Xenofonte, apenas com os nomes mudados.[3] Creio que com justiça mostrei que um ateniense de mérito poderia ser alguém que entre nós passaria hoje por incestuoso, parricida, assassino, ingrato, pérfido traidor e outra coisa demasiado abominável para ser nomeada; sem contar sua rusticidade e maus modos. E tendo vivido dessa maneira, sua morte poderia ser inteiramente adequada: ele poderia ter concluído a cena com um ato desesperado de suicídio, e morrer com as mais absurdas blasfêmias em sua boca. E apesar de tudo isso, ele terá estátuas, quando não altares, erigidos em sua memória, poemas e orações serão compostos em seu louvor, grandes seitas ficarão orgulhosas de chamarem-se por seu nome, e a mais dis-

---

2 Apiano, *História de Roma*, livro 2. Suetônio, *Vidas dos Césares* [livro 2].
3 *Memorabilia*, livro 3. [cap.14].

tante posteridade preservará cegamente sua admiração, embora, se alguém como esse nascesse entre eles, estivessem justificados em considerá-lo com horror e execração.

18   Posso ter estado consciente – repliquei eu – de vosso artifício. Pareceis deliciar-vos com este tópico, e sois na verdade o único homem que conheço que está bem familiarizado com os antigos e não os toma como objeto de extrema admiração. Mas, em vez de atacar sua filosofia, sua eloquência ou poesia, os tópicos usuais de controvérsia entre nós, pareceis agora condenar sua moral e acusá-los de ignorância em uma ciência que é a única, em minha opinião, na qual não são ultrapassados pelos modernos. Geometria, física, astronomia, anatomia, botânica, geografia, navegação: em todas estas reivindicamos com razão a superioridade. Mas que temos a opor a seus moralistas? Vossa representação das coisas é falaciosa. Não tendes indulgência para com as maneiras e os costumes de diferentes épocas. Levaríeis a julgamento um grego ou um romano pela *common law* da Inglaterra? Ouvi-o defender-se por suas próprias máximas, e então decidi.

19   Não há costumes tão inocentes ou razoáveis que não possam ser tornados odiosos ou ridículos se medidos por um padrão desconhecido para as pessoas; especialmente se empregardes um pouco de arte e eloquência para agravar algumas circunstâncias e atenuar outras, conforme convier ao propósito de vosso discurso. Mas todos esses artifícios podem facilmente ser voltados contra vós. Ser-me-ia permitido informar aos atenienses de que houve uma nação em que o adultério, tanto ativo como passivo, por assim dizer, gozava da mais alta popularidade e estima? Na qual cada homem educado escolhia para sua amante uma mulher casada, talvez a

esposa de seu amigo e companheiro, e vangloriava-se dessas infames conquistas tanto quanto se tivesse sido várias vezes vencedor no boxe ou na luta nos Jogos Olímpicos? Na qual cada homem também se orgulhava de sua mansidão e desprendimento com relação à sua própria mulher, e alegrava-se de fazer amigos e obter vantagens permitindo que ela prostituísse seus encantos; e, mesmo sem nenhum desses motivos, dava-lhe plena liberdade e indulgência? Pergunto, então, que sentimentos os atenienses experimentariam por um tal povo, eles que nunca mencionavam o crime de adultério senão em conjunção com roubo e envenenamento. O que os espantaria mais: a maldade ou a baixeza de uma tal conduta?

20   Ser-me-ia preciso acrescentar que esse mesmo povo era tão orgulhoso de sua escravidão e dependência como os atenienses de sua liberdade, e embora um homem desse povo estivesse oprimido, desgraçado, empobrecido, insultado ou aprisionado pelo tirano, ainda consideraria altamente meritório amá-lo, servi-lo e obedecer-lhe, e mesmo morrer em vista de sua mais ínfima glória e satisfação? Os nobres gregos provavelmente perguntariam se eu estava falando de uma sociedade humana ou de alguma espécie inferior e servil.

21   Nesse ponto eu poderia informar minha audiência ateniense que a esse povo, entretanto, não faltava brio e coragem. Se em uma reunião privada um homem, ainda que seu íntimo amigo, dirigisse-lhes um gracejo que se aproximasse minimamente desses que vossos generais e demagogos lançam todos os dias uns aos outros diante da cidade toda, eles nunca lhe perdoariam, e, para se vingar, obrigariam-no imediatamente a atravessá-los com a espada ou ser ele próprio assassinado. E se um homem que lhes é absolutamente estranho desejasse

que, sob ameaça de morte, cortassem a garganta de um velho amigo, eles imediatamente obedeceriam e se julgariam altamente favorecidos e honrados por essa comissão. São essas suas máximas de honra; é essa sua moralidade favorita.

22   Mas, embora estejam tão prontos a sacar sua espada contra seus amigos e compatriotas, nenhuma desgraça, nenhuma infâmia, nenhuma dor, nenhuma miséria jamais levarão essas pessoas a apontarem-na contra seu próprio peito. Um homem de posição irá remar nas galés, irá mendigar seu pão, irá definhar na prisão, irá sofrer todas as torturas, tudo para conservar sua ignóbil existência. Em lugar de escapar de seus inimigos por um nobre desprezo da morte, preferirá que essa mesma morte lhe seja infligida vergonhosamente por seus inimigos, agravada por seus insultos triunfantes e pelos mais refinados sofrimentos.

23   É também muito usual entre esse povo, prossigo, construir prisões nas quais todas as artes de afligir e atormentar os infelizes prisioneiros são cuidadosamente estudadas e praticadas. E é comum que pais voluntariamente encerrem vários de seus filhos nessas prisões, a fim de que um outro filho, que admitem não ter mais mérito, ou até tê-lo menos, que os outros, possa gozar integralmente de sua fortuna e chafurdar em toda espécie de voluptuosidade e prazeres. Nada é tão virtuoso, em sua opinião, quanto essa bárbara parcialidade.

24   Mas o que é mais singular nessa caprichosa nação, digo aos atenienses, é que vossos folguedos durante as saturnais,[4] quando os escravos são servidos por seus senhores, são se-

---

[4] Os gregos realizavam a festa de Saturno, ou Cronos, assim como os romanos. Ver Luciano, *Saturnalia* [§§ 10-39].

riamente estendidos por eles de modo a cobrir o ano inteiro e todo o tempo de sua vida, acompanhados ainda de algumas circunstâncias que aumentam o absurdo e o ridículo. Vossa diversão apenas eleva por alguns dias aqueles a quem a fortuna rebaixou e que, igualmente por diversão, poderia realmente elevar para sempre acima de vós. Mas essa nação exalta solenemente aqueles que a natureza a eles submeteu, e cuja inferioridade e fraquezas são absolutamente incuráveis. As mulheres, embora sem virtude, são suas senhoras e soberanas; são reverenciadas, louvadas e exaltadas. A elas, eles prestam as maiores reverências e respeito, e por toda parte e em todo o tempo a superioridade das mulheres é prontamente reconhecida e aceita por todos os que têm a mínima pretensão à educação e polidez. Dificilmente um crime seria mais universalmente condenado do que uma infração a essa regra.

25 Não é preciso que vos estendais mais – replicou Palamedes –, posso facilmente imaginar o povo que tendes em mente. Os traços com os quais o pintastes são bastante justos, e, contudo, deveis reconhecer que dificilmente se encontrará um povo, tanto nas épocas antigas como nas modernas, cujo caráter nacional se revele, em seu todo, menos suscetível de objeção. Mas agradeço-vos por ajudar-me em meu argumento. Não tive a intenção de exaltar os modernos à custa dos antigos. Pretendi apenas mostrar a incerteza de todos os julgamentos relativos aos caracteres e convencer-vos de que a moda, a voga, os hábitos e a lei foram o principal fundamento de todas as determinações morais. Os atenienses foram certamente um povo civilizado e inteligente, se jamais houve um; e, contudo, seus homens de mérito seriam em nossa época olhados com horror e execração. Também os franceses, sem dúvida, são um povo muito civilizado e inteligente; no entan-

to, seus homens de mérito poderiam, entre os atenienses, ser objetos do maior desprezo e ridículo, e mesmo de ódio. O que torna a questão mais extraordinária é que esses dois povos são considerados os mais similares em seu caráter nacional entre todos os povos antigos e modernos. E enquanto os ingleses se gabam de assemelhar-se aos romanos, seus vizinhos no continente traçam um paralelo entre os cultivados gregos e si próprios. Que vasta diferença nos sentimentos morais deve-se encontrar, portanto, entre nações civilizadas e os bárbaros, ou entre nações cujos caracteres pouco têm em comum? Como podemos pretender estabelecer um padrão de julgamento dessa espécie?

26 Remetendo as coisas – repliquei – a um nível mais elevado e examinando os princípios básicos de reprimenda e censura que cada nação estabelece. O Reno corre para o norte, o Ródano para o sul; contudo, ambos nascem na *mesma* montanha e seus percursos opostos são afetados pelo *mesmo* princípio de gravidade. As diferentes inclinações do solo sobre o qual correm causam toda a diferença em seus cursos.

27 Em quantas circunstâncias se assemelhariam dois homens de mérito, um ateniense e um francês? Bom senso, conhecimento, espirituosidade, eloquência, benevolência, lealdade, fidedignidade, justiça, coragem, temperança, constância, nobreza de espírito. Todas estas omitistes, para concentrar--vos apenas nos pontos em que eles podem acidentalmente diferir. Muito bem, estou disposto a seguir-vos, e esforçar--me-ei para explicar essas diferenças a partir dos mais universais e bem estabelecidos princípios de moral.

28 Não pretendo examinar os amores gregos de forma detalhada, apenas observo que, por mais censuráveis que sejam,

eles provêm de uma causa muito inocente, a frequência dos exercícios de ginástica entre esse povo, e eram recomendados, embora absurdamente, como uma fonte de amizade, simpatia, apego mútuo e fidelidade;[5] qualidades estimadas em todas as épocas e nações.

29   O casamento de meios-irmãos não parece trazer dificuldades. O amor entre os parentes mais próximos é contrário à razão e à utilidade pública, mas o ponto exato em que devemos traçar a demarcação não pode ser determinado pela razão natural, e é, portanto, um assunto a ser tratado pelas leis civis e pelo costume. Se os atenienses foram um pouco longe demais em uma direção, a lei canônica certamente deslocou muito as coisas para o outro extremo.[6]

30   Se tivésseis perguntado a um pai por que privava seu filho da vida que recentemente lhe dera, ele responderia que "é porque o amo e considero a pobreza que herdará de mim um mal maior que a morte, que ele não é capaz de temer, sentir ou lamentar".[7]

31   Como se poderia recuperar a liberdade pública, a mais valiosa de todas as bênçãos, das mãos de um usurpador ou tirano, se seu poder o protege da rebelião pública e de nossos escrúpulos da vingança privada? Reconheceis que ele cometeu, pela lei, um crime capital. Mas deveria o fato de ter se colocado acima da lei, agravante extremo de seu crime, formar agora sua plena segurança? Não tendes outra resposta senão mostrar os grandes inconvenientes de um assassinato, e se alguém

---

5   Platão, *Banquete* [182a-185c].
6   Ver *Investigação*, Seção 4 [Seção 4, § 9].
7   Plutarco, "Do amor pela prole" [*Moralia*, cap.5].

os tivesse exposto claramente aos homens da Antiguidade, teria modificado seus sentimentos sobre esse assunto.

32   Voltando agora ao quadro que tracei dos costumes modernos, reconheço que há uma dificuldade quase tão grande de justificar a galanteria francesa quanto a grega, exceto, talvez, que a primeira é muito mais natural e agradável que a segunda. Mas nossos vizinhos, parece, decidiram sacrificar alguns dos prazeres domésticos aos prazeres sociáveis, e preferir a despreocupação, a liberdade e uma abertura nas relações a uma estrita fidelidade e constância. Esses fins são ambos bons e difíceis de conciliar, e não devemos nos surpreender se os costumes das nações se inclinam às vezes demasiadamente para um lado, às vezes para outro.

33   Uma ligação inviolável às leis de nosso país é em toda parte reconhecida como uma virtude capital, e onde as pessoas não se contentam com nenhuma legislatura exceto a de uma única pessoa; a lealdade mais estrita é, nesse caso, o patriotismo mais verdadeiro.

34   Certamente nada pode ser mais absurdo e bárbaro que a prática do duelo, mas seus defensores dizem que ele gera civilidade e boas maneiras. E podeis observar que um duelista sempre atribui um valor a si mesmo com base em sua coragem, seu senso de honra, sua fidelidade e amizade; qualidades que aqui estão, é verdade, muito mal direcionadas, mas que têm sido universalmente estimadas desde a criação do mundo.

35   Os deuses proibiram o suicídio? Um ateniense admite que devemos renunciar a ele. A divindade o permitiu? Um francês admite que a morte é preferível à dor e à infâmia.

36   Vedes então – continuei – que os princípios a partir dos quais os homens raciocinam em moral são sempre os mes-

mos, embora muitas vezes extraiam deles conclusões muito diferentes. Mas não é tarefa do moralista mostrar que todos eles raciocinam corretamente sobre esse assunto, mais do que sobre qualquer outro. É suficiente que os princípios originais de censura e repreenda sejam uniformes e que as conclusões errôneas sejam corrigidas por raciocínios mais justos e uma experiência mais ampla. Embora muitas eras tenham passado desde a queda da Grécia e de Roma, embora muitas mudanças tenham ocorrido na religião, na linguagem, nas leis e nos costumes, nenhuma dessas revoluções jamais produziu qualquer considerável inovação nos sentimentos primitivos da moral, mais do que nos da beleza exterior, ainda que talvez algumas minúsculas diferenças possam ser observadas em ambas. Horácio[8] enalteceu uma testa baixa, e Anacreonte sobrancelhas unidas;[9] mas o Apolo e a Vênus da Antiguidade são ainda nossos modelos de beleza masculina e feminina, do mesmo modo que o caráter de Cipião continua sendo nosso padrão para a glória de um herói, e o de Cornélia para a honra das mulheres casadas.

37   Parece que jamais houve qualidades recomendadas por alguém como uma virtude ou excelência moral senão pelo fato de ser *útil* ou *agradável* para o *próprio* homem que a possui ou para *outros*. Pois qual outra razão poderia jamais ser dada para o louvor ou para a aprovação? Ou qual seria o sentido de enaltecer um *bom* caráter ou uma *boa* ação se ao mesmo tempo se admitisse que *não servem para nada*? Portanto, todas as diferenças em moral podem ser reduzidas a esse único fundamento

---

8   *Cartas*, livro I, carta 7; também [*Odes*] Livro I, ode 33.
9   [*Anatomia*] Ode 28. Petrônio ([*Styricon*] cap.126) reúne ambas as características em um modelo de beleza.

moral, e podem ser explicadas pelas diferentes perspectivas que as pessoas adotam sobre essas circunstâncias.

38   Algumas vezes os homens diferem em seus julgamentos sobre a utilidade de algum hábito ou ação; e algumas vezes também as circunstâncias particulares das coisas tornam uma qualidade moral mais útil que outras, e dão-lhe uma preferência particular.

39   Não é de surpreender que, durante um período de guerra e desordem, as virtudes militares sejam mais celebradas que as virtudes pacíficas e atraiam maior admiração e atenção da humanidade. "Como é comum", diz Túlio,[10] "encontrar címbrios, celtiberos e outros bárbaros que suportam com inflexível obstinação todas as fadigas e perigos do campo de batalha, mas deixam-se imediatamente abater pelas dores e percalços de uma doença extenuante; ao passo que os gregos suportam pacientemente a lenta aproximação da morte quando adoecem, mas fogem atemorizados de sua presença quando ela os ataca com espadas e alfanjes!" Como é diferente até mesmo a própria virtude da coragem entre nações guerreiras ou pacíficas! De fato, podemos observar que, dado que a diferença entre guerra e paz é a maior que surge entre nações e sociedades, também produz as maiores variações no sentimento moral e diversifica ao máximo nossas ideias de virtude e mérito pessoal.

40   Algumas vezes, igualmente, a magnanimidade, a grandeza de espírito, o desprezo pela servidão, o rigor e a integridade inflexíveis podem adequar-se melhor às circunstâncias de uma época que às de outra, e ter uma influência mais favorável

---

10 [Cícero] *Disputas tusculanas*, livro 2 [cap.27, § 65].

tanto nos assuntos públicos como na própria segurança e progresso de um homem. Nossa ideia de mérito, portanto, também variará um pouco segundo essas variações, e Labeo será talvez censurado pelas mesmas qualidades que trouxeram os maiores aplausos a Catão.

41 Um dado grau de luxo pode ser nocivo e pernicioso em um nativo da Suíça e, ao mesmo tempo, promover as artes e encorajar a diligência em um francês ou inglês. Não devemos, portanto, esperar encontrar em Berna os mesmos sentimentos ou as mesmas leis que vigoram em Londres ou Paris.

42 Diferentes costumes têm também alguma influência bem como diferentes utilidades, e, ao dar desde o início uma certa inclinação à mente, podem produzir uma maior propensão seja para as qualidades úteis, seja para as agradáveis; seja para as que tomam em consideração o próprio sujeito, seja as que se estendem à sociedade. Essas quatro fontes do sentimento moral continuam todas subsistindo, mas acidentes particulares podem ocasionalmente fazer que uma delas flua com mais abundância que as outras.

43 Os costumes de algumas nações segregam as mulheres de todo convívio social, e os de outras fazem delas uma parte tão essencial da sociedade e da conversação que, exceto nas transações comerciais, o sexo masculino, isoladamente, é considerado quase totalmente incapaz de conversas e entretenimentos mútuos. Como essa é a diferença mais importante que pode ocorrer na vida privada, deve também produzir a maior variação em nossos sentimentos morais.

44 De todas as nações do mundo nas quais não se permitia a poligamia, os gregos parecem ter sido os mais reservados em suas relações com o belo sexo, e os que a ele impuseram as

mais estritas leis de modéstia e decência. Temos um forte exemplo disso em um discurso de Lísias.[11] Uma viúva injustiçada e arruinada convoca uma reunião de alguns de seus amigos e parentes mais próximos, e, embora nunca tivesse tido antes a experiência, diz o orador, de falar diante de homens, a dificuldade de sua situação obrigou-a a apresentar sua causa diante deles. O mero fato de abrir a boca nesse grupo requeria, ao que parece, uma apologia.

45   Quando Demóstenes processou seus tutores para fazê-los restituir seu patrimônio, foi necessário para ele, no curso da ação judicial, provar que o casamento da irmã de Afobos com Oneter fora inteiramente fraudulento, e que, apesar desse pretenso casamento, tinha vivido com seu irmão em Atenas nos dois anos que se seguiram a seu divórcio de seu primeiro marido. E é notável que, embora essas fossem pessoas da mais alta fortuna e distinção na cidade, o orador não tinha outra forma de provar sua alegação senão solicitando que as escravas dessa mulher fossem interrogadas, e pelo testemunho de um médico que a havia visto na casa de seu irmão quando estava adoentada.[12] A tal ponto chegava a reserva dos costumes gregos.

46   Podemos estar seguros de que uma extrema pureza de hábitos era o resultado dessa reserva. Consequentemente vemos que, exceto pelas fabulosas histórias de Helena e Citemnestra, quase não há nenhum acontecimento na história grega que decorra das intrigas femininas. Nos tempos modernos, entretanto, particularmente em uma nação vizinha, as mulheres participam de todas as transações e arranjos da Igreja e do Estado, e nenhum homem pode esperar sucesso se não cuidar de obter

---

11 Oração 33 ["Contra Diogeiton", §§ 11-12].
12 [Demóstenes] *Contra Oneter* [cap.I, §§ 33-36].

suas boas graças. Henrique III da França pôs em perigo sua coroa e perdeu sua vida por ter incorrido no desagrado das mulheres, tanto quanto por sua indulgência ante a heresia.

47 Não há como dissimular: um relacionamento muito livre entre os sexos e uma convivência muito próxima entre eles frequentemente resultarão em intrigas e galanteria. Devemos sacrificar algo das qualidades *úteis*, se estivermos muito preocupados em obter todas as agradáveis; e não podemos esperar alcançar igualmente todas as espécies de vantagens. Exemplos de licenciosidade, multiplicados diariamente, enfraquecerão a sensibilidade ao escândalo em um sexo, e ensinarão gradualmente o outro a adotar a famosa máxima de La Fontaine, em relação à infidelidade feminina, "que, se é conhecida, é uma questão de pouca importância, e se não é conhecida, não tem importância nenhuma".[13]

48 Algumas pessoas tendem a pensar que a melhor maneira de conciliar todas as dificuldades e preservar um equilíbrio apropriado entre as qualidades agradáveis e as úteis é conviver com elas à maneira dos romanos e dos ingleses (pois os costumes dessas duas nações parecem semelhantes a esse respeito),[14]

---

13 *"Quand on le sçait c'est peu chose:*
   Quand on l'ignore, ce n'est rien." ["La coupe enchantée". *Contes et nouvelles en vers*].

14 Durante a época dos imperadores, os romanos parecem ter se entregue mais a intrigas e galanterias do que os ingleses no presente. E as mulheres de condição, a fim de conservar seus amantes, esforçaram-se por fazer circular uma denominação pejorativa para aqueles que costumavam frequentar servas e prostitutas; eles eram chamados *Ancillarioli*. Ver Sêneca, *De beneficiis*, livro I, cap.9, e também Marcial [*Epigramas*], livro 12, epigrama 58.

isto é, sem galanteria[15] e sem ciúmes. Pela mesma razão, os costumes dos espanhóis e dos italianos de uma época passada (pois os atuais são muito diferentes) deviam ser os piores de todos, pois incentivavam ao mesmo tempo a galanteria e o ciúme.

49 Esses diferentes costumes das nações não afetam apenas um dos sexos: sua ideia de mérito pessoal nos homens deve também ser um tanto diferente, no que diz respeito, pelo menos, à conversação, aos modos e ao humor. A nação em que os homens vivem muito apartados dará naturalmente mais aprovação à prudência; a outra, à jovialidade. Em uma, a simplicidade dos costumes será tida em alta estima; na outra, a polidez. Uma se distinguirá por um bom senso e sólido julgamento; a outra pelo gosto e pela delicadeza. A eloquência da primeira brilhará mais no Senado; a da outra, no teatro.

50 Estes – digo – são os efeitos *naturais* de tais costumes. Pois deve-se confessar que o acaso tem uma grande influência nos hábitos nacionais; e muitos dos eventos que ocorrem na sociedade não podem ser explicados por meio de regras gerais. Quem poderia imaginar, por exemplo, que os romanos, que viviam livremente com suas mulheres, tivessem um tão grande desinteresse pela música e considerassem a dança aviltante; ao passo que os gregos, que quase nunca viam uma mulher a não ser em suas próprias casas, passassem todo o tempo a tocar flauta, cantar e dançar?

51 São também muito óbvias as diferenças de sentimento moral que naturalmente surgem de um governo republicano ou monárquico, assim como as que procedem de uma riqueza

---

15 A galanteria que se tem aqui em mente é a dos *amours* e ligações, não a do trato cortês, que é dispensado ao belo sexo na Inglaterra tanto quanto em qualquer outro país.

ou pobreza gerais, da união ou sectarismo, da ignorância ou educação. Concluo este longo discurso com a observação de que diferentes costumes e situações não afetam as ideias originais de mérito (ainda que afetem algumas de suas consequências) em nenhum ponto essencial, e prevalecem principalmente entre os jovens, que aspiram às qualidades agradáveis e tentam agradar. Os *modos*, os *adornos*, as *graças* que têm sucesso sob essa forma são mais arbitrários e casuais; mas o mérito da idade madura é em quase toda parte o mesmo, e consiste principalmente em integridade, benevolência, capacidade, conhecimento e outras qualidades mais sólidas e úteis da mente humana.

52 O que afirmais – replicou Palamedes – pode ter algum fundamento quando aderis às máximas da vida comum e da conduta ordinária. A experiência e a prática do mundo logo corrigem qualquer extravagância de um dos lados. Mas que tendes a dizer sobre vidas e costumes *artificiais*? Como reconciliais as máximas sobre as quais, em diferentes épocas e nações, essas vidas são fundadas?

53 Que entendeis por vidas e costumes artificiais? – perguntei. Explico-me melhor – ele respondeu. Sabeis que a religião tinha, em tempos passados, muito pouca influência sobre a vida ordinária, e que, depois de cumprir seus deveres com sacrifícios e orações no templo, os homens julgavam que os deuses deixavam a eles próprios o restante de sua conduta, e pouco se alegravam ou ofendiam com suas virtudes e vícios, que só afetavam a paz e a felicidade da sociedade humana. Nessas épocas, a tarefa de regular o comportamento e a postura ordinários dos homens cabia apenas à filosofia; e, consequentemente, podemos observar que, sendo este o único princípio pelo qual um homem podia elevar-se acima de seus compa-

nheiros, a filosofia adquiriu uma poderosa ascendência sobre muitos e produziu exemplos muito singulares de máximas e condutas. Hoje, quando a filosofia perdeu a atração da novidade, não tem mais uma influência tão extensa, mas parece confinar-se principalmente a especulações de gabinete, da mesma maneira como a antiga religião estava limitada a sacrifícios no templo. Seu lugar está agora ocupado pela moderna religião, que inspeciona por inteiro nossa conduta e prescreve uma regra universal a nossas ações, a nossas palavras, a nossos próprios pensamentos e inclinações; uma regra tanto mais austera por ser respaldada por recompensas e punições infinitas, ainda que distantes; e da qual nenhuma infração pode jamais ser escondida ou disfarçada.

54 Diógenes é o modelo mais célebre de filosofia extravagante. Procuremos um seu paralelo nos tempos modernos. Não devemos desonrar nenhum autor filosófico comparando-o com os Domingos ou Loyolas,* ou algum padre ou monge canonizado. Comparemo-lo a Pascal, um homem de talento e de gênio, como o próprio Diógenes, e talvez também um homem de virtude, se ao menos tivesse deixado suas inclinações virtuosas se exercerem e revelarem.

55 O fundamento da conduta de Diógenes era um esforço para tornar-se um ser tão independente quanto possível, e confinar todas as suas necessidades, desejos e prazeres no interior de si mesmo e de sua mente. O objetivo de Pascal era manter um perpétuo sentido de sua dependência diante dos olhos e nunca esquecer suas inúmeras necessidades e fraque-

---

* São Domingos (Dominic), padre espanhol (1170-1221), fundador da ordem dos dominicanos. Santo Inácio de Loyola (1491-1556), padre espanhol, fundador da Companhia de Jesus.

zas. O filósofo antigo se sustentava por sua magnanimidade, exibição, orgulho, e pela ideia de sua própria superioridade perante seus conterrâneos. O filósofo moderno professava constantemente humildade e aviltamento, desprezo e ódio de si mesmo, e esforçava-se por alcançar essas supostas virtudes, tanto quanto fosse possível alcançá-las. As austeridades do grego visavam habituá-lo aos desconfortos e impedir que jamais viesse a sofrer. As do francês eram adotadas meramente por elas próprias, com o fito de fazê-lo sofrer o máximo possível. O filósofo entregava-se aos prazeres mais bestiais, mesmo em público; o santo recusava a si próprio os mais inocentes deles, mesmo em privado. O primeiro julgava seu dever amar seus amigos, ralhar com eles, censurá-los, descompô-los. O último esforçava-se por tornar-se absolutamente indiferente às pessoas que lhe eram mais próximas, e amar e falar bem de seus inimigos. O grande alvo dos sarcasmos de Diógenes era a superstição de qualquer tipo, isto é, todo tipo de religião conhecida em sua época. A mortalidade da alma era seu princípio padrão, e mesmo seu sentimento de uma divina providência parece ter sido licencioso. As mais ridículas superstições dirigiam a fé e os atos de Pascal, e um extremo desprezo desta vida, em comparação com uma vida futura, era o principal fundamento de sua conduta.

56 Que notável contraste entre esses dois homens! E, contudo, ambos granjearam uma admiração geral em suas diferentes épocas e foram propostos como modelos para imitação. Onde está, então, o padrão universal da moral de que falais, e que regra devemos estabelecer para os sentimentos tão diversos, e até mesmo contraditórios, da humanidade?

57 Um experimento – disse eu – que é bem-sucedido em meio ao ar não será sempre o mesmo sucesso no vácuo. Quando os

homens se afastam das máximas da razão comum e aparentam adotar essas vidas *artificiais*, como vós as chamastes, ninguém pode responder sobre o que os agrada ou desagrada. Eles se movem em um elemento distinto do resto da humanidade, e os princípios naturais de sua mente não operam com a mesma regularidade que apresentariam se fossem deixados a si mesmos, livres das ilusões da superstição religiosa e do entusiasmo filosófico.

SOBRE O LIVRO

Formato: 14 x 21 cm
Mancha: 23 x 42 paicas
Tipologia: Venetian 301 12,5/15
Papel: Off-white 80 g/m² (miolo)
Cartão Supremo 250 g/m² (capa)
1ª *edição*: 2004

EQUIPE DE REALIZAÇÃO
Edição de Texto
Nelson Luís Barbosa (Assistente Editorial)
Armando Olivetti (Preparação de Original)
Carlos Villarruel e Jane Pessoa (Revisão)
Camilla Bazzoni de Medeiros (Atualização Ortográfica)

Editoração Eletrônica
Lourdes Guacira da Silva Simonelli (Supervisão)
Luís Carlos Gomes (Diagramação)

IMPRESSÃO E ACABAMENTO
Hawaií Gráfica e Editora